... und wünschen für die Zukunft alles Gute.

Überreicht durch:

MITGLIEDSCHAFT
SEMINARE
NETZWERK

AUB e.V. Bundesgeschäftsstelle
Kontumazgarten 3 - 90429 Nürnberg
Telefon: 0911/287080 - Telefax: 0911/2870820
E-Mail: service@aub.de - www.aub.de
www.facebook/DieAUB - Instagram: aub_e.v

Impressum

Bibliografische Informationen der Deutschen Nationalbibliothek
Die Deutsche Nationalbibliothek verzeichnet diese Publikation in der Deutschen National-
bibliografie; detaillierte bibliografische Daten sind im Internet über
http://dnb.d-nb.de abrufbar.

ISBN: 978-3-95894-134-2 (Print) // 978-3-95894-135-9 (E-Book)

© Copyright: Omnino Verlag, Berlin / 2019/20

Alle Rechte, auch die des Nachdrucks von Auszügen, der fotomechanischen und digitalen
Wiedergabe und der Übersetzung, vorbehalten.
E-Book-Herstellung: Open Publishing GmbH

Ingrid Brand-Hückstädt

... und wünschen für die Zukunft alles Gute.

Als Inga aufwachte, registrierte sie mit Mühe, dass sie zu Hause in ihrem Bett lag. Die Sonne schien hell ins Schlafzimmer, weil sie wie immer am Abend zuvor die Vorhänge nicht zugezogen hatte.

Einen Augenblick später klingelte der Wecker. 6.30 Uhr. Offenbar war es ein Tag mitten in der Woche. *Aber welcher?*

„Himmel, wie spät ist es?", grunzte Harry neben ihr und drehte sich auf die andere Seite.

„Sechs Uhr dreißig mitteleuropäischer Zeit. Du bist in Hamburg. Ich bin deine Frau und dein Sohn muss zur Schule." Das klang schärfer, als sie beabsichtigt hatte.

Sie schwang sich aus dem Bett. Wie immer spulte ihr innerer Computer in der richtigen Reihenfolge alles ab, was man als arbeitende Mutter eines 15-jährigen Schulkindes morgens zu tun hatte. Dass der Ehemann zufällig auch mal zu Hause war, würde das eingespielte morgendliche Prozedere ganz sicher fürchterlich durcheinanderbringen.

Sie hatte merkwürdigerweise von einer Betriebsfeier geträumt, auf der sie, die Betriebsratsvorsitzende, eng umschlungen mit dem Vorstandsvorsitzenden getanzt hatte.

Was zum Teufel hatte Robert Mittag, mit dem sie normalerweise nicht viel zu tun hatte und dem sie eigentlich nicht allzu große Sympathie entgegenbrachte, in ihren Träumen zu suchen? Und dann noch in solch einem Traum?

Sie ging in Ollis Zimmer und machte das Radio an.

„Guten Morgen, es ist Mittwoch, der 22. März, ein wunderschöner Sonnentag mit bereits 12 Grad, für Hamburg im März nicht schlecht ...", grölte der gut gelaunte Moderator des „Morgen-Magazins".

„Leiser", grölte Olli unter der Bettdecke zurück.

Gehorsam machte sie das Radio leiser. Wenigstens wusste sie jetzt, was für ein Tag heute war.

„Guten Morgen. Alles klar?", sagte sie zu ihrem Sohn und strich ihm übers Haar.

Die Antwort war nicht zu definieren.

Sie ging in die Küche und machte die Kaffeemaschine an. Mechanisch strich sie ein Schulbrot für Olli und schnippelte ein paar Gurkenscheiben in seine Brot-Box.

Die Erregung beim Tanz mit dem Vorstandsvorsitzenden Robert Mittag, die sie im Traum gespürt hatte, verunsicherte sie ziemlich. Sie spürte sie immer noch.

„Kaffee fertig?", gähnte Harry und kam verschlafen die Treppe von oben herunter.

Sie hielt einen Becher unter die Kaffeemaschine, drückte mechanisch auf den Start-Knopf, dachte an Robert Mittag und stellte Harry den gefüllten Kaffeebecher auf den Küchentresen.

Er stand von dem Barhocker noch mal auf, auf den er sich bereits gesetzt hatte, ging um den Küchentresen herum, küsste sie auf die Wange und sagte: „Guten Morgen, mein Schatz."

„Ich habe von Robert Mittag geträumt. Ich habe mit ihm auf einem Betriebsfest getanzt und es war ... hm ... also ... es war mehr als nett", sagte Inga und drückte erneut auf die Kaffeemaschine. Das Riesengetöse des Automaten verschaffte ihr Zeit nachzudenken. Aber das Einzige, was ihr durch den Kopf schoss, war: *Himmel, warum erzähle ich meinem Mann das denn?*

Harry hatte offenbar noch mit seinem Jetlag aus Kabul zu kämpfen, wo er bis vorgestern gewesen war. „Was?"

„Vergiss es", sagte sie schnell.

Olli polterte die Treppe herunter.

„Moin", grummelte er und setzte sich auf den Hocker vor dem Küchentresen.

„Zitronentee, Marmeladentoast, Madam, the same procedure as every morning."

Inga bestrich den Toast mit Marmelade und bereitete ihm den Zitronentee, ohne ein Wort zu sagen.

„Please, Mr. Winterbottom."

„Sag mal, was ist denn das für ein Benehmen am frühen Morgen", raunzte Harry seinen Sohn an. „Und wo ist überhaupt die Zeitung?"

„Harry, das machen wir jeden Morgen. Das haben wir uns vor ein paar Wochen angewöhnt. Es ist ein Spiel", sagte Inga. „Und die Zeitung ist im Briefkasten."

Normalerweise holte sie die Zeitung. Heute Morgen hatte sie es vergessen.

„Wo ist denn der Briefkastenschlüssel?", brüllte Harry aus der Diele. Olli sah theatralisch an die Decke.

„Mann, er war doch nur Korrespondent in Afghanistan und kein Krieger, der sein Gedächtnis verloren hat."

Dann rief er: „Der Schlüssel liegt immer noch da, wo er vor sechs Wochen auch lag. Same procedure as every morning, Daddy."

„Seht zu, dass ihr fertig werdet, meine Herren, ich habe um neun Uhr Betriebsratssitzung. Haut ab. Ich gehe unter die Dusche."

„Fragen zur Tagesordnung?", fragte Inga in die Runde. Allgemeines Kopfschütteln. Wie immer, dachte sie resigniert.

„Anmerkungen zum Protokoll der letzten Sitzung?"

Die zehn anderen Betriebsratsmitglieder schüttelten alle den Kopf und sahen angestrengt auf ihre Unterlagen. Sie wusste, dass einige – immer dieselben – das Protokoll gar nicht gelesen hatten.

„Herr Mittag hat um eine Stunde in der heutigen Sitzung gebeten. Ich habe ihm gesagt, dass das in Ordnung geht, und er kommt in zehn Minuten", erläuterte Inga weiter den Ablauf der Betriebsratssitzung.

Im selben Moment wurde die Tür mit Schwung aufgerissen und der Vorstandsvorsitzende des Unternehmens fragte laut: „Kann ich schon reinkommen?"

Inga stand auf und begrüßte Robert Mittag und Dr. Schriefer, den Personalchef, der sich mit einem Aktenberg unter dem Arm hinter Mittag durch die Tür schob.

Sie schenkte ihnen Kaffee ein und schob Mittag Milch und Zucker zu.

„Herr Mittag, dann erteile ich Ihnen das Wort. Sie werden wie immer sicher nicht so viel Zeit haben."

„Stimmt. Ich wollte mit Ihnen darüber reden, dass wir ein paar Umstrukturierungsmaßnahmen durchführen wollen, und zwar hauptsächlich im Personalbereich. Es geht dabei nicht um Kündigungen, sondern um Aufstockungen in bestimmten Bereichen mit bereits vorhandenem Personal aus anderen Abteilungen, die wir aber für geeignet halten würden."

„Also Versetzungen?", fragte Scheithauer mit dem üblichen aggressiven Unterton in der Stimme.

„Wenn Sie so wollen, ja. Das ist ja aber erst der zweite Schritt, wenn ich das Betriebsverfassungsgesetz richtig verstanden habe", sagte Mittag süffisant. *Was für ein arroganter Idiot – aber Punkt für den Vorstandsvorsitzenden.*

„Ich muss Sie doch als Betriebsrat erst mal allgemein über die Pläne des Vorstandes informieren, oder?" Mittag grinste jetzt Scheithauer an. Aber seine Augen waren eiskalt, als er zu ihm sagte: „Da bin ich ja froh, dass Sie auch manchmal Schwierigkeiten mit dem Betriebsverfassungsgesetz haben." Und fügte dann hinzu: „Es ist ja auch alles nicht so einfach zu verstehen, nicht? Dass man erst gemäß § 90 den Betriebsrat informieren und mit ihm beraten muss und dann noch für die individuelle Versetzung eines Arbeitnehmers vom Betriebsrat die Zustimmung braucht. § 99, wenn ich mich nicht irre. Also, mir fällt das auch ganz schön schwer."

Trotz des besserwisserischen Tons gab es unterdrücktes schadenfrohes Grinsen auf fast allen Gesichtern.

Der Vorstandsvorsitzende hatte den Schlaumeier Scheithauer vorgeführt.

Inga ärgerte sich.

Wieder einmal musste der Vorstandvorsitzende in seiner arroganten Art über ein Betriebsratsmitglied herfallen. *Wie konnte ich bloß von dem träumen?*

Dem angeblich immer bestens informierten Gewerkschaftsmitglied Scheithauer gefiel das offenbar auch nicht. Er setzte sich gerade hin und wollte etwas sagen. Inga war schneller.

„Herr Mittag, welche Abteilungen betrifft das?"

Mittag wandte sich ihr zu und sah sie irritiert an. Offenbar wollte er sich gern mit Scheithauer streiten und schien enttäuscht über die Ablenkung.

Sie hielt seinem Blick stand.

Ich entscheide hier, ob Sie sich streiten oder nicht. Und ich habe auf Streit heute keine Lust.

Mittag sah auf seine Unterlagen, die auf dem Tisch lagen, und räusperte sich.

„Hauptsächlich den Vertrieb. Die Herren Schneider und Beck sind seit letzter Woche abberufen aus der Logistik und ..."

„Die arbeiten also schon da?", fragte Inga scharf.

„Natürlich – wir haben ja auch seit einer Woche schon den Engpass wegen der Krankheit von Frau Seibert da und ..."

Inga holte tief Luft.

„Herr Mittag, haben wir nicht schon einige Male besprochen, dass derartige Maßnahmen vorher – ich betone – vorher – vom Betriebsrat abgesegnet werden müssen?"

„Überschätzen Sie sich da nicht ein bisschen? Von ‚segnen' kann ja wohl keine Rede sein."

Inga rollte innerlich mit den Augen, ließ sich aber, wie sie hoffte, nicht anmerken, dass derartige Sätze sie komplett nervten. Natürlich hatte sie mit dem Begriff „absegnen" danebengegriffen. Aber musste er ihr das so unter die Nase reiben?

Als es an der Tür klopfte, rief Mittag ein forsches „Herein", um im selben Moment entschuldigend zu Inga zu sagen: „Tut mir leid. Ich bin hier ja gar nicht der Hausherr."

„Richtig, im Betriebsratsbüro habe ich das Sagen", sagte Inga.

Der lernt es wirklich nie.

„Sie brauchen sich aber deshalb nicht gleich zu erschrecken."

„Betriebsräte können mich nicht erschrecken, Frau Mackenroth. Da müssen Sie schon andere Kaliber auffahren", sagte Mittag und sein Blick war jetzt ein bisschen provozierend.

Warum muss der immer so auf die Tonne hauen? Wir wissen doch alle, dass er der Chef ist.

Ein Mitarbeiter aus dem Vertrieb schob den Kopf durch die Tür.

„Entschuldigt die Störung. Ich muss unbedingt mal Inga haben."

Allgemeines Lachen.

„Kannst du das mal anders formulieren, damit die hier nicht sonst was denken", sagte Inga vorwurfsvoll, lächelte aber dabei.

„Entschuldigung, ihr wisst schon, wie ich das meine. O, Herr Mittag, ich habe Sie gar nicht gesehen. Dann geht das wohl nicht, dass Inga ... äh ... Frau Mackenroth eben mit in den Vertrieb kommt?"

„Kommt drauf an, was Sie von ihr wollen", sagte Mittag, der sich nun zu amüsieren schien. Inga war schon aufgestanden.

„Da sind Amerikaner am Telefon, die kein Mensch versteht. Könntest du vielleicht ...?"

„Ich mache die Sitzung weiter", sagte Scheithauer schnell.

Mittag sah fragend Dr. Schriefer an.

Beim Rausgehen hörte Inga den Personalchef sagen: „Sie war fünf Jahre in Amerika und versteht wirklich jeden Amerikaner am Telefon. Das trifft nicht auf alle bei uns zu."

Inga hatte keine Lust mehr. Es war ein nerviger Tag gewesen. Anscheinend hatten sich alle notorischen Nörgler des Verlages verschworen, heute in ihr Büro zu kommen und sich auszumisten. Über ihre Chefs, die Bezahlung, die Überstunden, die privaten Probleme zu Hause.

Ich hasse solche Tage. Ich komme mir vor wie auf einer Sozialstation. Ich kann nicht alle Probleme lösen, ich kann es nicht jedem recht machen. Ich bin nicht der Chef in dem Laden, ich bin nur die Betriebsratsvorsitzende. Zuständig dafür, dass das Betriebsverfassungsgesetz eingehalten wird und die Mitarbeiter nicht übermäßigen ungerechten Belastungen ausgesetzt werden. Fertig. Mehr nicht. Ich bin nicht zuständig für euer Leben, liebe Kollegen.

Sie wollte jetzt nur nach Hause. Sie würde sich gemütlich mit einem Glas Wein und ihrem Buch auf den Balkon setzen und die Füße hochlegen.

Sie fuhr mit dem Lift in die Tiefgarage des Verlagsgebäudes und kramte in ihrer großen Handtasche nach dem Autoschlüssel.

Irgendwo knallte eine Autotür.

Als sie mit ihrem Mini Cooper langsam Richtung Ausfahrt fuhr, suchte sie mit der rechten Hand auf dem Beifahrersitz ihren Einkaufszettel von heute Morgen, um festzustellen, ob sie wirklich noch einkaufen musste oder sich das auch auf morgen verschieben ließ.

Das Nächste, was sie aus den Augenwinkeln mitbekam, war das Heck eines schwarzen Autos, das mit Schwung in ihren linken Kotflügel stieß. Es gab einen ziemlichen Knall, sie wurde nach vorne geschleudert, ihr Kopf prallte leicht gegen die Windschutzscheibe und der Motor ihres Wagens ging aus.

Ihre Knie zitterten etwas, als sie nach kurzem Zögern und Einatmen ausstieg. Im gleichen Moment sah sie in das entsetzte Gesicht von Robert Mittag, der auf sie zueilte.

„Du meine Güte, Frau Mackenroth, es tut mir so leid. Ist Ihnen was passiert?"

Er berührte sie am Arm, fuhr sich dann mit der rechten Hand durch die sehr kurzen grau melierten Haare und sah sie besorgt an.

Inga schüttelte den Kopf und war erstaunt, ihn zu sehen. Es hieß, er wäre zwei Wochen im Urlaub, und sie hatte ihn auch mindestens so lange nicht gesehen.

Neuer Haarschnitt, verdammt kurz, na ja, wenn man das mag ...

„Nein, nein, das ist doch alles nicht so schlimm."

„Ein Grund, so zu strahlen, ist es aber auch nicht, wenn ich Ihr Auto zerlege."

Sie war sich nicht bewusst, dass sie strahlte. Aber irgendwas in ihr freute sich ungemein.

Sie begutachteten gemeinsam den Schaden. Ihr Mini war auf der linken Seite ziemlich zerbeult, an seinem Audi war nicht viel zu sehen.

„Englische Autos, na ja. Läuft der Motor noch?", fragte er.

„Ich weiß nicht. Kann sein, dass ich nur vor Schreck den Fuß vom Pedal genommen habe."

Sie setzte sich ins Auto und versuchte den Motor zu starten. Der gab aber nur ein leises Jaulen von sich.

„So ein Mist", sagte Mittag und hatte sich gegen ihre Fahrertür gelehnt. „Entschuldigung. Ich schimpfe über mich selbst. Das ist ja schließlich meine Schuld."

„Wir schieben mein Auto jetzt einfach in die nächste Parklücke und ich lasse ihn morgen von meiner Werkstatt abschleppen."

Inga war praktisch veranlagt. Was sollten sie hier lange in der Parkgarage rumstehen? Er würde vor der Versicherung ja wohl nicht abstreiten, dass er Schuld gehabt hatte.

„Und ich fahre Sie nach Hause. Meine Versicherungsnummer gebe ich Ihnen morgen."

Als sie in seinem Wagen saß, überkam sie ein merkwürdiges Gefühl. *Mackenroth, irgendwas ist im Busch und du weißt nicht, was.*

Sie bemerkte, dass er sie von der Seite ansah.

„Es tut mir wirklich leid. Ich war mit meinen Gedanken irgendwo anders. Normalerweise gucke ich schon, wenn ich aus der Parklücke fahre. Und ich hatte auch keinen Vorsatz, der Betriebsratsvorsitzenden den Abend zu verderben, geschweige denn, ihr Auto in seine Bestandteile zu zerlegen."

Schade eigentlich.

Er warf ihr einen Blick zu und schien nachzudenken. Dann fragte er beinahe zögernd, als traute er sich nicht so richtig: „Darf ich Sie als Entschädigung zum Abendessen einladen? Oder müssen Sie gleich nach Hause?"

Merkwürdigerweise machte ihr Herz einen Hopser und sie fürchtete schon, ihre Stimme würde versagen.

„Eigentlich nicht. Ich müsste nur mal kurz telefonieren."

„Ihr Mann ist doch in Afghanistan, nicht?"

„Sie wissen aber gut Bescheid über Ihre Mitarbeiter."

„Im Allgemeinen nicht. Aber erstens sind Sie die Betriebsratsvorsitzende, da weiß ich gern, mit wem ich es zu tun habe, und zweitens habe ich gerade einen Bericht Ihres Mannes in der Zeitung gelesen. Gute Schreibe."

Inga erzählte Ollie am Telefon, was passiert war und dass sie etwas später kommen würde. Er solle gefälligst trotzdem rechtzeitig ins Bett gehen und vorher seine Hausaufgaben machen.

„Sohn oder Tochter?"

„Sohn. 15. Verwöhntes, pubertierendes Einzelexemplar."

Mittag lachte. „Das sagen wohl alle Mütter von ihren Söhnen. Und irgendwann sind sie weg und dann ist es auch nicht richtig."

„Wohl wahr, das ist mir auch schon klar geworden."

Merkwürdiger Abend. Da saßen der Vorstandsvorsitzende und die Betriebsratsvorsitzende nun in einem italienischen Lokal und sprachen über Kindererziehung.

Mittag erzählte ihr, dass er eine Schwester hatte, die vier Jahre älter war als er, und sie erst viel später, als sie beide nicht mehr zu Hause waren, ein gutes Verhältnis zueinander aufgebaut hatten und er Einzelkinder immer beneidet hatte. Inga erzählte ihm, dass sie selbst ein Einzelkind war und eigentlich immer gern Geschwister gehabt hätte. Sie erzählte ihm nicht, dass sie nach Ollies Geburt keine Kinder mehr bekommen konnte. Das ging ja wohl etwas zu weit an Intimität.

Sie bestellten beide das Gleiche, Tomate mit Mozzarella und dann Venezianische Leber. Weißwein Pinot.

Mittag beugte sich über den kleinen Tisch zu ihr und sie bemerkte das erste Mal viele Falten auf seiner Stirn und um seine Mundwinkel, als er spöttisch sagte: „Ich muss ja feststellen, wenn man Betriebsräte nicht in ihrer Funktion erlebt, können die anscheinend ganz nett sein."

„Wenn es dazu beigetragen hat, Ihre Vorurteile abzubauen, hat sich der Unfall ja gelohnt."

Mittag verzog das Gesicht.

„Vermutlich hätte ich das auch billiger haben können. Und ich muss mich korrigieren – das trifft wahrscheinlich nicht auf alle Betriebsräte zu, wenn ich da so an einige Kollegen von Ihnen denke."

Inga war erleichtert, als der Kellner die Vorspeise und den Wein brachte. Sie prosteten sich zu.

„Danke, dass Sie so reagiert haben, wie Sie reagiert haben."

„Bitte. Es fiel mir leicht."

Mensch, jetzt ist aber gut.

„Sind Sie eigentlich zu allen Menschen so freundlich? Also ich meine ...", Mittag kam etwas ins Stocken. „Sie sind ja selbst als Betriebsratsvorsitzende sachlich und zuvorkommend."

„Ich habe festgestellt, dass man damit weiter kommt als mit Unsachlichkeit und Unfreundlichkeit", sagte sie.

„Und ich musste leider schon feststellen, dass das stimmt." Er lächelte sie an und schob sein Weinglas in die Mitte des Tischs.

Inga registrierte es leicht amüsiert und gleichzeitig besorgt.

Spieleröffnung. Um im Schachsprachgebrauch zu reden: Der Bauer schiebt sich in die andere Spielhälfte.
„Kapieren das auch die Mitarbeiter?"
„Ich glaube schon. Sie haben mich schließlich schon zum zweiten Mal gewählt."
„Wollen Sie nächstes Jahr wieder antreten zur Betriebsratswahl?"
„Ehrlich gesagt, wohl nicht. Ich müsste mal wieder was anderes machen. Ich hatte nicht vor, als Berufsbetriebsrätin in Rente zu gehen. Das ist auf die Dauer nicht das Karrierebild, das ich von mir habe."
„Und Ihr Stellvertreter, dieser Scheithauer? Der tritt doch bestimmt noch mal an, oder?"
„Wir reden über so was nicht."
Inga überlegte. Internes aus dem Betriebsrat konnte die Geschäftsleitung später immer gegen einen verwenden.
„Der Gewerkschafter und ich sind nicht gerade auf einer Wellenlänge."
„Schön zu hören. Hätte mich aber, ehrlich gesagt, auch gewundert."
„Schon vor dem heutigen Abend?" – „Schon vor dem heutigen Abend."
„Ach ja, Sie wissen ja gern über die Betriebsratsvorsitzenden, mit denen Sie es zu tun haben, Bescheid."
„Na klar. Das ist ja wohl nur verständlich, oder? Genauso wissen Sie doch bestimmt über mich Bescheid, oder etwa nicht?"
Achtung, zweiter Bauer kommt ins gegnerische Feld.
Mackenroth, wenn du auf diese Frage eingehst, präsentierst du ihm eine offene Flanke.
Und zu ihrer Überraschung hörte sie sich sagen: „Eigentlich weiß ich nicht viel mehr, als was man sich so erzählt."
O Gott, wie blöd. Jetzt wollte er bestimmt gleich diese Gerüchte wissen.
Und tatsächlich fragte er interessiert: „Na los, was wird denn da erzählt?"
Mist.
Mittag beugte sich über den kleinen Bistrotisch weit zu ihr hinüber und sah etwas schadenfroh aus.
„Tja. Selber schuld. Sie hätten ja was anderes antworten können."

Anscheinend hatte sie ein Laufband auf ihrer Stirn, auf dem ihre Gedanken in roter Neonfarbe für ihn abzulesen waren.

Er schüttelte amüsiert den Kopf.

„Ich kann normalerweise keine Gedanken lesen, aber in Ihrem ... äh ... Gesicht kann man eine Menge lesen. Also ... äh ... ich meine, wenn man will."

Dritter Bauer rast auf die Königin zu. Die wackelt bereits.

Mackenroth, reiß dich zusammen. Du sitzt hier nur, weil dein Chef mit seinem Auto in deins geknallt ist.

Mittag lehnte sich entspannt in seinem Stuhl zurück und sagte: „Okay. Ich helfe Ihnen. Es ist ja nicht so, dass ich nicht wüsste, was über mich erzählt wird." Er machte eine Pause und fuhr dann fort: „Dass ich Deutsch-Kanadier bin, ist ja bekannt. Man weiß nur nicht, ob und wann der eine oder andere Teil in mir mehr durchschlägt, und das ist auch gut so. Ich hab immer mal hier, mal da gelebt und suche mir aus, was gerade passt. Als Deutscher bin ich ja durchaus pünktlich, zuverlässig und ..."

„Na ja, der durchschnittliche Kanadier ist ja auch nicht gerade unzivilisiert, soweit ich weiß."

„Ich bin aber bestimmt nicht der durchschnittliche Kanadier. Ich bin ..."

Er beugte sich wieder zu ihr hinüber und spielte jetzt mit seinem Weinglas, indem er es ein bisschen vor ihr hin und her drehte.

Komplette Eroberung der gegnerischen Tischhälfte!

Ingas Hände spielten mit ihrem eigenen Weinglas. Irgendwie stand das dicht bei seinem.

Wenn es stimmt, was in den Psychologie-Büchern steht, die sie mal gelesen hatte, saßen hier zwei Menschen, die sich zueinander hingezogen fühlten.

Mackenroth, du hast 'nen Knall.

„Also ich finde, ich bin ziemlich intelligent, ein bisschen attraktiv und ...", fuhr Mittag breit grinsend fort und Inga war sich nicht ganz klar, wie ernst er das meinte.

Sie musste lachen und sagte: „Und selbstbewusst. Nun ja, wie sie halt so sind, die Manager um die fünfzig. Artenschutz kriegen Sie aber nicht bei mir."

Er sah sie beeindruckt an. „Guter Konter", knurrte er. „Und haarscharf an der Beleidigung eines Vorgesetzten vorbei. Na ja, und dann wird natürlich erzählt, dass der Mittag der typische Manager ist, der durch die menschenverachtende amerikanische Business-School gegangen ist und nur Zahlen und Rendite kennt. Alles Menschliche ist ihm fremd ... und überhaupt. Manchmal ist er ganz nett, aber dann bezweckt er etwas Unanständiges. Humor scheint er zu haben, aber das ist eigentlich mehr Zynismus und man darf ihm nicht allein gegenübersitzen, dann macht er einen rhetorisch fertig. Dass er nicht verheiratet ist, macht ihn umso suspekter, kein Familientyp und so weiter. Sehr bedenklich. Tja, über Chefs von Unternehmen wird überall in der Welt derselbe Mist erzählt ... Hallo, ich frage mich gerade, ob Sie mir überhaupt zuhören? Immerhin breite ich hier gerade mein Leben vor Ihnen aus."

Inga versuchte kühl zu wirken.

„Ich denke, das waren nur die Gerüchte. Die kenne ich in der Tat. Und der wirkliche Robert Mittag? Den wollen Sie mir doch jetzt wahrscheinlich auch noch vorstellen."

Es sollte gar nicht so ironisch klingen. Sie wollte, dass er weiter über sich sprach.

Er sah sie nachdenklich an und schwieg einen Augenblick.

„Frau Mackenroth, Sie glauben doch nicht im Ernst, dass ich Ihnen meinen wahren Charakter offenbare. Ich würde mich damit ja komplett in die Hände der Betriebsratsvorsitzenden begeben, die, wie ich Sie einschätze, das bei der nächsten Gelegenheit schamlos ausnutzen würde. So betrunken bin ich noch nicht."

„Schade. Sie haben eine einmalige Chance vertan. Ich hätte ja vielleicht was für Ihr Image tun können bei den Mitarbeitern und beim Betriebsrat."

„Werden Sie nicht frech." Er lachte, dann wurde sein Gesichtsausdruck ernst und er schien zu überlegen.

Der Kellner brachte die Venezianische Leber und schenkte Wein und Wasser nach.

„Sie lassen aber bitte keine Alkoholprobe heute Nacht bei mir machen, oder? Ich habe ja schon zugegeben, dass ich an dem Unfall schuld war."

„Leider nur unter vier Augen. Das nützt mir im Zweifel juristisch gar nichts", gab sie zurück.

Er zog wortlos einen Kugelschreiber aus seiner Jackentasche und schrieb mit schnellen Zügen etwas auf einen Bierdeckel, der auf dem Tisch lag. Als er ihr den über den Tisch reichte, sagte er: „Hier, mein schriftliches Schuldanerkenntnis. Das müsste reichen."

Diese Folge ihrer Schlagfertigkeit war ihr peinlich.

„Das war ein Witz, Herr Mittag."

Er schob sich ungerührt eine Gabel mit Fleisch in den Mund und sagte kauend: „Man weiß bei Betriebsräten nie."

Das war offenbar der geordnete Rückzug in die geschäftliche Beziehung. Schade eigentlich.

„Gucken Sie nicht so entsetzt. Das war auch ein Witz."

Inga musste lachen. Und war erleichtert.

„Wollen Sie immer noch etwas über mein wirkliches Ich wissen?"

„Zu gerne." Das hatte sie zu schnell herausgeschossen. Das wurde ihr in dem Moment klar, in dem er sie erstaunt anguckte.

„Ich meine, ... es wäre doch nett ... wenn ..." Sie kam ins Stottern und er lächelte sie beruhigend an.

Der Kellner räumte die Teller ab und Mittag beugte sich wieder weit zu ihr hinüber. Sie registrierte erstaunt, dass sie dasselbe in seine Richtung tat.

„Ich mach's. Unter der Bedingung, dass Sie mir dann etwas von sich erzählen."

„Sie wissen doch alles, haben Sie vorhin gesagt."

„Quatsch. Ich stelle mit jeder Minute heute Abend mehr fest, dass ich gar nichts über Sie weiß. Oder besser, dass das, was ich weiß, mir zu wenig ist."

Was war das denn jetzt? Frontal-Angriff aller Bauern auf einmal.

Mittag schien über seine Worte genauso irritiert zu sein wie Inga. Er blickte etwas verunsichert und fuhr sich mit beiden Händen durch die Haare. Wieder fiel ihr auf, dass die im Verhältnis zu seiner früheren Frisur verdammt kurz geschnitten waren.

„Also, ich wollte damit sagen, dass ..."

„Ich weiß, was Sie meinen", half sie ihm freundlich. „Man wundert sich manchmal, wenn man Leute etwas besser und in anderen Situationen kennenlernt." Und nach einer Pause setzte sie leise hinzu: „Es geht mir übrigens mit Ihnen genauso wie Ihnen mit mir."

Hoffentlich war dieses Geständnis nicht zu intim.

Er war offensichtlich erleichtert und sah sie lange schweigend an. Das beunruhigte sie etwas. Sie schob ihr Glas in die Mitte des Tischs, neben seins.

„Wenn wir beide hier noch länger zusammensitzen, könnte das eine unerwartete Wendung in der Beziehung zwischen Vorstandsvorsitzendem und Betriebsratsvorsitzender haben", sagte er dann leise.

Wir flirten miteinander! Das kann doch nicht wahr sein! Mackenroth, fahr nach Hause, ganz schnell.

Stattdessen sagte sie: „Ich nehme doch nicht an, dass Sie das beunruhigt."

„Ehrlich gesagt, doch."

Er drehte mit beiden Händen jetzt ihr Glas hin und her und ließ sie nicht aus den Augen.

Nicht nur gegnerisches Feld komplett erobert, sondern auch noch andere Besitztümer. Na, Prost Mahlzeit.

Sie hatte das Gefühl, er würde sich in ihre Gedanken und Gefühle saugen, so intensiv forschte er in ihrem Gesicht. Es kostete sie äußerste Mühe, diesen stahlblauen Augen standzuhalten, die jetzt gar nicht eiskalt guckten.

„Dann sollten wir vielleicht lieber zahlen und den Abend beenden."

Das wollte sie gar nicht sagen.

Er zog die Augenbrauen hoch.

„Ihre Augen sagen aber das Gegenteil."

Sie seufzte.

„Vielleicht sollten Sie Ihr Glück mal als Gedankenleser versuchen."

„Ich glaube nicht, dass mir das bei allen Mitmenschen so gelingt wie bei Ihnen. Bisher hatte ich jedenfalls noch nicht so ein Erlebnis. Ich vermute, man braucht eine gewisse gemeinsame Wellenlänge. Kaffee oder noch ein Glas Wein? Sie müssen ja nicht mehr fahren."

Damit war die Frage über die Beendigung des Abends erledigt. Sie bestellten Kaffee und Inga wusste jetzt schon, dass sie die ganze Nacht senkrecht im Bett stehen würde – und vermutlich nicht nur wegen des

Kaffees um diese Zeit. Mittag lehnte sich in seinem Stuhl zurück und fragte: „Soll ich nun etwas von meinem wahren Charakter offenbaren, oder nicht?"

„Wenn ich die vergangenen zwei Stunden so Revue passieren lasse, ist das nicht unbedingt mehr nötig."

„Himmel, sagen Sie nicht, Sie haben mich jetzt doch als Arbeitgeberschwein entlarvt!"

„Ganz im Gegenteil."

„Danke. Ich fasse das als Kompliment auf. Aber vermutlich wollen Sie sich nur davor drücken, mir mehr von sich zu erzählen."

„Was wollen Sie denn wissen zu dem, was Sie heute Abend schon erfahren haben?"

„Da habe ich ja erfahren, dass Sie sehr charmant sind, sehr unterhaltsam, interessant, witzig..." Er machte eine Pause, als ob er überlegte, ob er das Folgende sagen sollte. „Und dass Sie sehr schöne Augen haben."

Er hob sofort abwehrend die Hände, als Inga Luft holte. „Schon gut, schon gut, ich weiß, das hätte ich nicht sagen sollen. Tut mir leid."

„Männer, die sich für die gemachten Komplimente entschuldigen, haben Angst vor den unkalkulierbaren Reaktionen der Frauen, stimmt's? Keine Sorge, ich habe nichts gegen Komplimente."

Mackenroth, du bringst dich mit deinem Gerede heute wirklich nur in unmögliche Situationen.

Das Spiel wurde unübersichtlich. Von einem geordneten Rückzug seinerseits konnte keine Rede mehr sein. Und dass sie in den hinteren Reihen irgendeine Abwehr versuchte, konnte man auch nicht gerade behaupten.

Und nach einer Pause, in der seine Augen in ihren versanken und sie den Blick nicht abwenden konnte und dabei in Atemnot geriet, sagte er: „Und jetzt werde ich aufgrund meiner Fürsorgepflicht als Arbeitgeber den sehr schönen Abend mit Ihnen beenden und Sie nach Hause fahren. Und ich darf noch hinzufügen: Ich glaube, diese Fürsorgepflicht schützt ausnahmsweise auch mal mich."

Sie ahnte, nein, sie wusste sofort, was er meinte, und errötete ein bisschen. Himmel, wie peinlich für eine fast fünfzigjährige Frau. Reaktionen wie ein Teenager.

„Ich kann mir auch ein Taxi nehmen. Sie müssen nicht quer durch Hamburg fahren, um mich nach Hause zu bringen", sagte sie, um wieder Boden unter die Füße zu kriegen und sich und ihm zu beweisen, dass sie sich durchaus selbst organisieren konnte.

„Ich muss nach Blankenese."

Natürlich, wohin sonst als ins teuerste Viertel Hamburgs!

„Jetzt gucken Sie nicht so angewidert. Ich habe da eine Vier-Zimmer-Wohnung vor zehn Jahren gekauft. An Miete würde ich das Gleiche heute in Eppendorf bezahlen."

„Ich gucke nicht angewidert, sondern begeistert. Und Sie sind mir nun wirklich keine Rechenschaft schuldig, wo Sie warum wohnen."

„Sehen Sie, so weit kommt es, wenn man mit der Betriebsratsvorsitzenden nett essen geht."

Er sah ihr schon wieder tief in die Augen und sie hielt schon wieder die Luft an.

„Wobei ich den heutigen Abend nicht unter ‚Essen mit der Betriebsratsvorsitzenden' in meinem Gedächtnis abspeichern werde."

„Da bin ich aber froh. Ich werde nämlich auch nicht draufhaben, dass Sie der Vorstandsvorsitzende sind."

„Sondern?"

„Derjenige, der mein Auto kaputt gefahren hat." Sie lachte ihn an.

Mittag verzog theatralisch das Gesicht.

„Das habe ich befürchtet."

Sie spielte weiter.

„Was haben Sie denn gedacht?"

Er antwortete nicht, sondern winkte dem Kellner.

„Ich glaube, ich bin hier nicht der Einzige heute Abend, der Gedanken lesen kann. Sie wissen genau, was ich gedacht habe oder denke. Aber ich werde den Teufel tun, das laut zu sagen."

Er hatte das sehr leise, beinahe ein bisschen wütend gesagt, als der Kellner weg war.

In Ingas Hinterkopf war leiser Trommelwirbel zu hören.

Großer Gott, was war denn jetzt passiert?

Mittag war offensichtlich wütend, dass er sie ... na ja, anscheinend ganz nett fand.

„Und warum sind Sie dann so sauer auf mich?"
Mackenroth, du kannst wohl gar nicht aufhören. Lass es gut sein!
„Das wüsste ich auch gern. Vielleicht, weil mein Weltbild über Betriebsräte ins Wanken geraten ist und ich mich in meinem hohen Alter ungern auf etwas Neues einstelle."

Sie sahen sich schweigend an und auch das fand sie ganz normal.

Ihr Hals war trocken, als sie schließlich leise sagte: „Vielleicht sollten wir jetzt doch besser gehen."

Seine Stimme war rau, als er ebenso leise antwortete: „Wenn Sie es sagen." Es klang sehr bedauernd als er fragte: „Wo wohnen Sie denn nun?"

„In Eppendorf."

Er prustete vor Lachen.

„Sie wollten also die ganze Zeit bloß davon ablenken, dass Sie im zweitteuersten Stadtteil Hamburgs wohnen", sagte er beim Hinausgehen, als er ihr die Tür öffnete.

„Ich habe nicht abgelenkt. Sie wollten die letzte halbe Stunde nicht nach Hause."

Inga lehnte sich im Autositz zurück. Sie atmete tief durch.

„Ganz ruhig." Seine Stimme klang plötzlich, als würde er mit einem jungen Hund sprechen, den man beruhigen musste. „Morgen im Büro können Sie mich wieder als den natürlichen Feind des Betriebsrates betrachten."

„Das glaube ich nicht."

Er sah sie von der Seite an und lächelte.

„Verstehe."

Sie waren vor Ingas Haustür angelangt.

„Wie kommen Sie morgen ins Büro?"

Sie wusste erst gar nicht, was er meinte, so verwirrt war sie.

Dann dämmerte es ihr. „Mit dem Bus. Oder ich komme mit dem Abschleppdienst. Wenn Sie nicht gleich um 8.00 Uhr einen Termin mit dem Betriebsrat wollen, ist das kein Problem."

„Mit dem ganzen Betriebsrat bestimmt nicht. Ansonsten keine schlechte Idee. Ich danke Ihnen für den schönen Abend. Und noch mal Entschuldigung für meine rabiate Art und Weise, aus der Parklücke zu fahren. Aber wie mir scheint, war es das beste Missgeschick, das ich seit Langem hatte. Gute Nacht. Schlafen Sie gut."

Am nächsten Morgen rief Mittags Sekretärin, Frau Olsen, an.

„Inga, ich soll dir die Versicherungsnummer von Herrn Mittag durchgeben."

Schade, aus irgendeinem Grund hatte Inga sich eingebildet, dass er selbst vorbeikommen würde.

Mackenroth, du hast wieder mal was falsch verstanden.

„Er wollte eigentlich selbst vorbeikommen, aber ihm ist was dazwischengekommen. Er meinte, du solltest das aber heute Morgen gleich wissen."

Also doch. In ihr hüpfte etwas begeistert und versetzte sie in Hochstimmung.

„Was ist denn eigentlich passiert?", fragte Simone Olsen neugierig.

Inga erzählte kurz von ihrem Zusammentreffen in der Garage, das gemeinsame Essen danach erwähnte sie aus ihr selbst nicht erklärlichen Gründen aber nicht.

„Er hat noch gesagt, ich soll dich schön grüßen und wenn es Probleme gibt, sollst du dich unbedingt melden."

„Mach ich." *Hoffentlich gibt es Probleme.*

Sie bearbeitete ein paar Anfragen von Mitarbeitern, saß drei Stunden im Personalausschuss mit Scheithauer und drei anderen Mitgliedern des Betriebsrates, mit denen sie gemeinsam seine ideologischen Attacken hinsichtlich der Personalplanung im Verlag abwehrten, und ging dann noch in die Vertriebsabteilung, um dort mit dem Abteilungsleiter über die Überstundenproblematik seiner Mitarbeiter zu reden.

Im Lift stand Mittag. Er war offensichtlich erfreut, sie zu sehen, was ihre Hochstimmung noch steigerte.

„Hallo. Alles klar mit dem Auto? Hat Frau Olsen Ihnen meine Versicherungsnummer gegeben?"

„Ja. Natürlich. Also, ich weiß nicht, wie Sie das sehen. Aber ich habe nur erzählt, dass wir im Parkhaus zusammengestoßen sind, von dem Rest des Abends habe ich nichts erwähnt", sagte sie vorsichtig und sah ihn fragend an.

Er hatte sich lässig an die Liftwand gelehnt und lächelte jetzt sehr breit.

„Es war nicht der Rest des Abends. Aber Sie haben wohl recht. Wir sollten es besser für uns behalten."

Mit einem Ruck war der Lift im zweiten Stock angekommen und die Tür ging auf. Sie musste sich zwingen auszusteigen.

„Wir können auch im Fahrstuhl auf und ab fahren, wenn Sie wollen", sagte Mittag, seine Augen blitzten und der Tonfall war leicht amüsiert.

Verdammt, der Mann kann ja deine Gedanken lesen – vergiss das nicht.

Sie drehte sich beim Rausgehen zu ihm um.

„Auf Dauer vielleicht etwas unbequem, finden Sie nicht?"

Als die Fahrstuhltür schon fast geschlossen war, sagte er noch: „Besser als nichts."

Das Gespräch mit dem Abteilungsleiter des Vertriebs war eine Katastrophe.

Inga war mit ihren Gedanken ganz woanders und der Vertriebschef zählte sie aus.

Was sie eigentlich wollte? Er sorge hier schließlich für Arbeit, alle sollten froh sein, dass sie überhaupt einen Job hätten, und er mache seinen Job. Sie solle sich gefälligst um ihre Sachen kümmern und ihn mit dem Betriebsverfassungsgesetz in Ruhe lassen. Überstunden würde er anordnen und was der Betriebsrat dazu sage, sei ihm völlig egal.

Inga versuchte ihm zu erklären, dass er vor der Anordnung von Überstunden den Betriebsrat zu fragen hätte und der ja auch ganz bestimmt nichts dagegen hätte und diese wohl auch im Normalfall genehmigen würde, aber er müsse die gesetzlichen Vorgaben nun mal einhalten. Andernfalls bräuchten seine Mitarbeiter die Überstunden gar nicht zu machen.

Daraufhin rief der Abteilungsleiter den Personalchef an und fragte, ob er wisse, dass die Betriebsratsvorsitzende jetzt völlig durchgeknallt sei, und er möge sich bitte um sie kümmern. Der ließ sich Inga an den Telefonhörer geben und sagte, sie solle zu ihm kommen und er würde das Problem schon lösen, aber sie solle jetzt aus dem Vertriebsbüro verschwinden, sonst würde der Abteilungsleiter vermutlich einen Herzinfarkt bekommen, und das wäre sehr unschön.

Also verließ sie das Büro.

Du solltest mal lieber die Treppe gehen, Mackenroth, das wäre wohl gesünder.

Sie wollte sich gerade in Richtung Treppenhaus bewegen, als der Lift kam und die Tür leise schnurrend aufging.

Da stand schon wieder Mittag.

„Sind Sie hier die ganze Zeit auf und ab gefahren?", fragte sie leicht verwirrt.

„Ja, ich hab auf Sie gewartet. Ich hab ja sonst nichts anderes zu tun."

Inga lachte.

„Wie ich schon sagte, auf Dauer vielleicht etwas unbequem."

„Stimmt, aber wie ich auch schon sagte: besser als nichts."

„Besser als was nichts?", wagte sie jetzt zu fragen.

Darauf antwortete er nicht, sondern sah sie nur an.

Sie standen sich schweigend und bewegungslos gegenüber, keiner von ihnen drückte den Knopf, um den Lift in Bewegung zu setzen. Sie versuchte seinem Blick standzuhalten und dachte, wenn jetzt jemand zusteigt, wird er merken, dass es im Fahrstuhl knistert.

„Es steigt keiner zu", stellte er fest und lächelte sie an.

„Das mit Ihrem Gedankenlesen bei mir gewöhnen Sie sich bitte ab, ja?"

„Warum sollte ich? Es erleichtert mir einiges."

Er drückte den Abwärtsknopf.

Schade, aber wir können ja hier nicht einziehen.

Unten angekommen, sagte er beim Hinausgehen: „Sagen Sie mir Bescheid, wenn Sie heute Abend aus dem Parkhaus fahren?"

„Warum?"

„Damit ich rechtzeitig aus der Parklücke setze, um Sie wieder zum Abendessen einladen zu können."

Sie lachte. Befreit, erleichtert, glücklich und er schien sich darüber zu freuen.

„Das wird auf die Dauer aber ein teures Vergnügen."

Sie standen im Flur und zwei Mitarbeiter gingen grüßend an ihnen vorbei.

Hoffentlich vermitteln wir den Eindruck, als ob wir über eine Betriebsvereinbarung reden.

„Macht nichts. Aber wenn's auch einfacher geht, soll es mir recht sein. Donnerstagabend beim Italiener?"

Und ehe sie nachgedacht hatte, hatte sie „Ja, gern" gesagt.

„Mensch, Inga, du weißt doch, dass der Schmidt auf die Betriebsräte nicht gut zu sprechen ist", sagte der Personalchef, Dr. Schriefer. „Warum lässt du mich das nicht machen?"

„Doktor, du versprichst mir seit vier Wochen, mit ihm darüber zu reden. Aber getan hast du es nicht." Inga stand vor seinem völlig mit Akten und Papieren überfüllten Schreibtisch und hatte beide Hände aufgestützt.

„Also habe ich ihm mal einen Schrecken eingejagt. Hast du Kaffee fertig?"

„Sarah, Inga will Kaffee", brüllte der Personalchef durch die geöffnete Tür in sein Vorzimmer. „Wir haben doch keinen mehr, oder? Wir wollen unsere Betriebsräte schließlich nicht verwöhnen."

Seine Assistentin kam schon mit einem Becher herein.

„Mit viel Milch, Frau Mackenroth, oder?"

„Dafür, dass Sie erst drei Monate hier sind, nicht schlecht. Danke. Und Sie sind viel netter als Ihr Chef."

Inga lächelte den Personalchef freundschaftlich an, warf sich in den Besuchersessel und sagte: „Rolf, wir müssen über den Schmidt reden. Das geht so nicht. Der kapiert ja gar nichts von der Betriebsratsarbeit. Ich kann den Scheithauer und seine Leute nicht länger ruhig halten."

„Weiß ich ja."

Dr. Schriefer war mit seinem Ledersessel auf Rollen zu Inga in die Besucherecke gerollt, ohne sich von dem Stuhl zu erheben. „Ich muss mit dem reden, aber ich habe zurzeit so viele Baustellen, dass ..."

Durch die geöffnete Tür trat wie auf ein Stichwort im Theater Scheithauer.

„Ach nee, die Betriebsratsvorsitzende kungelt wieder mal mit dem Personalchef. Sehr interessant", sagte er süffisant.

Dr. Schriefer zuckte erschrocken zusammen.

„Mann, Herr Scheithauer, man klopft ja wohl an, oder?"

„Die Tür war offen."

„Na und? Das heißt noch lange nicht, dass sie für jeden offen ist."

„Was machst du denn überhaupt hier?", fragte Inga kampfeslustig. Hinter Scheithauer tauchte Mittag auf.

„Herr Scheithauer will wahrscheinlich mit dem Personalchef kungeln", sagte er und setzte sich ohne Weiteres und wie selbstverständlich auf den zweiten Besuchersessel neben Inga.

„Anscheinend komme ich gerade richtig, um bestimmte Problemzonen in diesem Unternehmen hautnah mitzukriegen."

Mackenroth, sag nichts Falsches. Du musst den Scheithauer beschwichtigen, sonst gibt's Ärger für alle.

„Wir haben da so ein Problem mit Herrn Schmidt im Vertrieb", setzte sie an. „Vielleicht können wir das kurz zusammen besprechen, wo wir schon alle hier sind."

Dr. Schriefer bedeutete Scheithauer mit widerwilligem Gesichtsausdruck, sich ebenfalls zu setzen.

„Ich bin eigentlich wegen was anderem gekommen", sagte der nörgelnd.

Mittag fiel offenbar aus allen Wolken, als Inga von den Problemen zwischen Betriebsrat und Vertriebschef berichtete hatte.

„Was fällt dem denn ein? Haben wir nicht eine Unternehmenskultur, in der wir Betriebsräte nicht nur akzeptieren, sondern mit ihnen zusammenarbeiten?"

„Hört, hört", sagte Scheithauer sarkastisch und Mittag sah Inga indigniert an. Sie zuckte unmerklich die Schultern: *Ich bin für den nicht verantwortlich.*

„Dr. Schriefer, Sie machen jetzt mal Nägel mit Köpfen. Wenn der Schmidt nicht nach einem Gespräch mit Ihnen spurt, kriegt er 'ne Massage von mir, das können Sie ihm gleich sagen. Ich will, dass das Betriebsverfassungsgesetz hier eingehalten wird. Ich habe überhaupt keine Lust, Ärger mit dem Betriebsrat oder der Gewerkschaft zu bekommen, wegen irgendeinem uneinsichtigen Abteilungsleiter."

Inga wunderte sich. *Das sind ja ganz neue Töne. Das müssen wir ausnutzen.*

Sie sagte: „Was halten Sie davon, wenn wir diese sogenannte mittlere Führungsebene mal auf ein Betriebsverfassungsrechts-Seminar schicken?"

Das war denn wohl doch ein bisschen viel. Mittag fiel die Kinnlade runter und Dr. Schriefer rollte mit den Augen.

„Inga, das haben wir doch schon ein paar Mal besprochen."

Mittag beugte sich auf seinem Stuhl zu ihr vor und sagte: „Finden Sie nicht, dass das etwas übertrieben ist? Es langt doch, wenn wir da intern eine kleine Schulung machen, oder? Ich meine, man muss ja mal die Kirche im Dorf lassen und die Kosten fürs Unternehmen im Auge behalten."

Inga holte tief Luft und sah ihn eindringlich an.

„Wenn wir ein Seminar machen, in dem wir Betriebsräte und die Abteilungsleiter teilnehmen, dann sind wir alle auf dem gleichen Stand und gewisse Fragen, was darf der Betriebsrat, was darf er nicht, sind dann obsolet. Wir brauchen dann nicht mehr diese stundenlangen Diskussionen, sodass wir auf Dauer vielleicht doch Geld sparen. Aus betriebswirtschaftlicher Sicht, meine ich."

„Was ist mit dem Vorstand?" Mittag hatte die Arme vor der Brust verschränkt und in seinen Augen stand der Schalk. „Was machen Sie mit dem – aus betriebswirtschaftlicher Sicht?"

Bevor Inga sich eine Antwort auf diese süffisante Frage überlegt hatte, sagte Scheithauer: „Wäre hilfreich, wenn der auch teilnimmt."

„Aber nicht bei der Gewerkschaft", sagte Mittag scharf.

„Die können so was gar nicht. Da gibt es andere Dienstleister, die ...", fing Inga an.

„Na, na, na", unterbrach sie Scheithauer. „Die können das."

„Will ich aber nicht. Basta. Schlagen Sie mir einen ordentlichen Anbieter zu einem vernünftigen Preis vor, dann denken wir darüber nach."

Mittag stand auf.

„Herr Dr. Schriefer, ich muss mal mit Ihnen kurz über zwei andere Dinge sprechen."

Inga und Scheithauer standen ebenfalls auf.

„Alles klar. Ich kümmere mich drum", sagte Inga und wandte sich zur Tür.

Mittag redete schon auf Dr. Schriefer ein und sie fand das unhöflich und hatte eigentlich erwartet, dass er irgendetwas zu ihr sagen würde. Aber erst als Scheithauer schon draußen war, hörte sie ihn sagen: „Wahrscheinlich ist das eine gute Idee, Frau Mackenroth. Danke."

Und ihr fiel ein Stein vom Herzen, dass er mit ihr gesprochen hatte.
Was soll das denn werden, Mackenroth?
Sie musste dringend wieder einen klaren Kopf bekommen.
Als sie in ihr Büro kam, klingelte das Telefon.
„Es tut mir unendlich leid, Frau Mackenroth, ich kann am Donnerstag gar nicht. Ich bin die ganze nächste Woche nicht da." Mittags Stimme klang wirklich bedauernd.
Mist. Gott sei Dank. Geordneter Rückzug. Wegfall aller Probleme. Alles nur Einbildung. Danke, Herr Mittag, dass Sie das am selben Tag noch erledigen und nicht erst in drei Monaten, wenn ich über beide Ohren offenbar verknallt sein werde.
„Ich habe allerdings heute noch gar nichts gegessen und wollte Sie fragen, ob Sie jetzt gleich mit mir zum Griechen um die Ecke wollen. Wir können dann über das Seminar noch mal reden."
Sie schnappte nach Luft. Aber ihr „Ja" kam so schnell, dass es ihr peinlich war. Und als sie sein befreites und erleichtertes Lachen im Telefon hörte, wusste sie, dass da Dinge in Gang kamen, die nicht mehr zu stoppen waren.

„Ich schicke dir gleich eine Praktikantin vorbei, eine Frau Susanne Clausen", sagte Dr. Schriefer durchs Telefon und es klang gestresst und entnervt. „Sie ist den ersten Tag hier und ich habe überhaupt keine Zeit. Erklär ihr, wie das bei uns hier läuft, und die Arbeit des Betriebsrats kannst du ihr meinetwegen auch gleich verklickern."
„Wieso soll ich deinen Job machen?"
„Weil du meine Freundin bist und weil du nett bist."
Inga musste schmunzeln. „Hör auf mit dem Rumgesabber. Schick sie vorbei."
Ein erleichterter Seufzer kam durchs Telefon.
„Falls ich je in meinem Leben aus diesem Aktenberg lebend wieder hervorkomme, lade ich dich zum Essen ein. In die Kantine natürlich."
„Wahrscheinlich haben Sie eine Menge Fragen, oder?", fragte Inga wenig später Frau Clausen, die nicht älter als achtzehn Jahre war, und schenkte ihr Kaffee ein. Bei den jungen Praktikanten ging man am besten immer vom Wissenstand null aus.

Die sah sich interessiert in ihrem Büro um und sagte: „Nett haben Sie's hier. Eigentlich sind die ganzen Büros in ihrer Ausstattung sehr angenehm."

„Nun, Sie werden bald merken, dass hier im Hamburger Verlag einiges sehr angenehm ist", schmunzelte Inga und schüttete viel Milch in ihren Kaffee.

Bis hin zum Vorstandsvorsitzenden.

„Also, dass wir Bücher verlegen, wissen Sie ja wahrscheinlich. Und ,verlegen' heißt nicht drucken. Wir kaufen und verkaufen Rechte von Autoren, drucken aber natürlich auch selbst bzw. in anderen Druckereien. Wir sind ungefähr 500 Mitarbeiter und haben einen Vorstand aus drei Mitgliedern, der sagt, wo es geschäftlich langgeht. Zwei Vorstandsmitgliedern gehört der Verlag, wir haben aber auch ein paar Einzelaktionäre. Der Vorstandsvorsitzende, Herr Mittag, ist sozusagen der Oberboss und bestimmt die Geschäftspolitik." *... Und der charmanteste und interessanteste Mann, der derzeit in Hamburg rumläuft.*

„Das weiß ich schon alles, ich hab mich im Internet informiert."

Ach ja, die Internet-Plattform des Verlages. Immer wieder Gesprächsthema in verschiedenen Meetings und Anlass ausgiebiger Streitereien zwischen der Marketing-Abteilung und der Werbeagentur und den Abteilungsleitern, weil die nicht rechtzeitig die erforderlichen News lieferten.

Das Telefon klingelte und Inga sagte einer Kollegin, dass sie mit ihrer Abmahnung, die sie gerade bekommen hatte, bei ihr vorbeikommen sollte, um zu prüfen, ob man etwas machen könnte und sollte.

„Ist das Ihre Betriebsratsarbeit?", fragte Frau Clausen und es klang interessiert.

„Na ja, irgendwie schon. Wir kümmern uns eben um die Probleme der Mitarbeiter. Eigentlich hauptsächlich. Man schließt nicht jeden Tag eine Betriebsvereinbarung mit dem Arbeitgeber ab."

Da Frau Clausen sie verständnislos anguckte, erklärte sie: „Wir haben als Betriebsrat bestimmte sogenannte Mitbestimmungsrechte, d. h., der Arbeitgeber, also der Verlag, kann z. B. nicht von sich aus einfach und allein die Arbeitszeit festlegen, sondern wir als Betriebsrat müssen zustimmen. Das steht alles im Betriebsverfassungsgesetz."

„Richtig", sagte Scheithauer, der durch die geöffnete Tür kam, Frau Clausen die Hand schüttelte und dann seine Jacke an den Hacken hing.

„Tag, ich bin Stefan Scheithauer, der stellvertretende Betriebsratsvorsitzende. Im Gegensatz zu Frau Mackenroth bin ich Mitglied in der Gewerkschaft und wir können Ihnen immer helfen. Zum Beispiel, wenn Sie ein Problem mit Ihrem Vorgesetzten haben, wenn Sie gemobbt werden oder wenn Sie die falsche Bezahlung bekommen."

Inga rollte mit den Augen.

„Der Betriebsrat ist für alle da und nicht nur für diejenigen, die Mitglieder in der Gewerkschaft sind, hören Sie nicht auf ihn", sagte Inga. „Und Frau Clausen wird hier von niemandem gemobbt, weil eigentlich gar keiner hier gemobbt wird", sagte sie dann etwas säuerlich zu Scheithauer.

„Na ja, wenn man von einer heilen Welt ausgeht und so arbeitgeberfreundlich ist wie du und deine Kollegen im Betriebsrat ..."

„Er befürchtet den Untergang des Abendlandes und Anarchie in der Republik, wenn man als Betriebsrat die Argumente der Arbeitgeber prüft und manchmal sogar für richtig befindet", sagte Inga ein bisschen verschwörerisch zu Frau Clausen.

Scheithauer hatte gerade wieder den altbekannten und so nervenden Machtkampf zwischen ihnen begonnen und sie gedachte nicht, den als Verlierer zu beenden.

Frau Clausen guckte jetzt völlig verständnislos und stotterte: „Also ... ich dachte ... also ... ist denn der Betriebsrat nicht immer einer Meinung?"

„Nein, leider nicht. Darf ich reinkommen?", fragte Mittag, der kurz an die stets offene Tür des Betriebsratszimmers geklopft hatte und dann eintrat, eine kurze leicht gönnerhafte Verbeugung allen gegenüber machte und damit Ingas Herz erst zum Rasen und dann beinahe zum Stillstand brachte.

„Ich nehme nicht an, dass Sie den Vorstandsvorsitzenden, Herrn Mittag, schon kennen?"

Sie formulierte es als eher rhetorische Frage und bemerkte ein süffisantes Lächeln auf Mittags Lippen, das sofort wieder verschwand.

Frau Clausen stand auf und reichte Mittag die Hand, die er locker ergriff.

Noch einmal achtzehn sein, dachte Inga, als sie ihn beobachtete. Ist es das? Lächelt der Vorstandsvorsitzende nur deshalb so freundlich und guckt so interessiert, weil die Praktikantin so unschuldig und jung ist?

Sie bemerkte, dass Frau Clausen etwas errötete, als sie hölzern sagte: „Es ist mir eine Ehre, Sie kennenzulernen."

Inga drehte sich um, damit niemand sah, dass sie ein Lachen unterdrücken musste.

Himmel, Mädel, er ist nur der Vorstandsvorsitzende, er ist ein Mensch wie du und ich, er denkt wie du und ich und macht seinen Job wie du und ich, nur mit mehr Risiko, er hat Probleme ohne Ende mit seinen Mitarbeitern, dem Verlag und wahrscheinlich privat auch noch. Es fehlt nur noch, dass du einen Hofknicks machst.

Inga wunderte sich über ihre eigenen Gedanken, die sie vor ein paar Wochen noch nicht gehabt hätte. Da waren die Vorstandsmitglieder und insbesondere Herr Mittag nach ihrer Vorstellung bei allem Verständnis für die arbeitgeberseitigen Interessen eher skrupellose Manager mit dem Hang zur Geldgier. Zudem musste man bei ihnen aufpassen, dass sie dabei nicht die Interessen der Mitarbeiter an guter und gerechter Bezahlung und sozialen Arbeitsplätzen vergaßen.

Mittag sagte: „Ich bin nur der Vorstandsvorsitzende, ich mache nur meinen Job und habe hier Probleme ohne Ende. Sie brauchen keinen Hofknicks vor mir zu machen."

Inga fuhr herum.

Das kann doch nicht wahr sein!

Mittag lehnte lässig und ziemlich arrogant mit übereinandergeschlagenen Armen am Türrahmen und sah sie an. Und niemand anders.

Sie starrte zurück und er lächelte. Seine Augen sogen sie zu ihm, sie fühlte sich ausgezogen und geröngt und der Spruch „Die Gedanken sind frei" fiel ihr ein und ihr brach der Schweiß aus.

Was passiert hier? Was passiert mit uns?

Du musst dir in Zukunft genau überlegen, was du denkst. Der Mann könnte im Zirkus auftreten und du als sein Medium.

Das Ganze war allerdings nicht unangenehm. Das Kribbeln im Bauch erinnerte sie an etwas. Ungefähr zwanzig Jahre her ...

„Ich wollte nur sagen, dass ich mich freue, Sie kennenzulernen", säuselte Frau Clausen jetzt mit hochrotem Kopf, stand auf und sagte zu Inga: „Wenn ich das richtig verstanden habe, kann ich immer zu Ihnen kommen, wenn ich Probleme habe?"

„Sie können auch zu mir kommen", meldete sich Scheithauer zu Wort und erschreckte Inga damit zu Tode, weil sie völlig vergessen hatte, dass er auch im Raum war.

„Gehen Sie zu demjenigen, der Ihnen am sympathischsten ist ... Und haben Sie keine Angst: Es wird Ihnen hier niemand den Kopf abreißen, wir schmeißen Sie nur raus, wenn es nicht funktioniert", sagte Mittag. An seiner Miene war deutlich zu erkennen, dass er das spaßig meinte.

Frau Clausen verließ fluchtartig den Raum.

„Die Dame verbreitet jetzt bestimmt im Verlag, dass der Vorstandsvorsitzende nicht ganz dicht ist", sagte Mittag und schien sich darüber zu amüsieren.

„Ich nehme nicht an, dass Sie im Betriebsratsbüro sind, um neue Praktikantinnen auf unverschämte Weise zu begrüßen und zu erschrecken", sagte Inga und musste lachen. „Was kann ich für Sie tun?"

„Sie könnten mir erst mal einen Stuhl anbieten. Ich bin schließlich schon fünfundfünfzig."

Jetzt kokettier bloß nicht mit deinem Alter, du machst doch sonst auf jung, dynamisch und flexibel, Mittag.

„Ich bin natürlich dynamisch und flexibel", grinste Mittag. „Aber das geht im Sitzen auch."

So, Mackenroth, am besten hörst du auf zu denken, dann gehst du auch kein Risiko mehr ein. Wenn du mit diesem Typen in einem Raum bist, denkt der für dich.

Sie fuhr sich mit den Händen durch die üblicherweise und ihrer Frisur entsprechend zerwühlten Haare und Mittag sagte: „Sie scheinen etwas verwirrt zu sein, Frau Mackenroth. Vielleicht ist es besser, ich gehe jetzt. Das, was ich mit Ihnen besprechen wollte, können wir auch noch morgen machen."

Morgen???

Ihr Gesichtsausdruck bewegte ihn anscheinend dazu zu sagen: „Morgen ist in ungefähr sechs Stunden – 24 Uhr – Sie wissen schon – Greenwich und so."

Sie hatte Lust, ihm den dicken Kommentar für das Betriebsverfassungsgesetz, der immer auf ihrem Schreibtisch lag, auf den Kopf zu hauen.

Was bildete der Kerl sich eigentlich ein? Und wieso zieht er diese verdammte Nummer im Beisein von Scheithauer ab? Wenn er schon mit mir flirten will oder was immer das ist, was er da gerade macht – warum nicht dann, wenn wir alleine sind?

Er hatte vor ein paar Tagen beim gemeinsamen Essen im griechischen Restaurant genug Zeit dazu gehabt, hatte aber in diese Richtung keinerlei Vorstöße gemacht. Sie hatten sich die ganze Zeit sachlich über den Verlag und seine Probleme unterhalten, ohne dass nur irgendein persönliches Wort von ihm gekommen war. Geschweige denn, dass er sie so angeguckt hatte wie gerade eben, als er an der Tür gelehnt hatte und es ihr vorgekommen war, als wären sie allein im Raum.

„Ich würde gern wissen, worum es geht", meldete sich wieder Scheithauer und sie fand das ausnahmsweise berechtigt. Sie sah Mittag erwartungsvoll an.

Na, Herr Vorstandsvorsitzender, wie kommen wir da denn jetzt raus?

„Ich wollte gern mit Ihnen besprechen, ob wir nicht irgendein soziales Projekt machen könnten."

Inga sah ihn stirnrunzelnd an. *Wie bitte?*

„Na ja, ich hab keine Lust mehr, das Geld nur in die Werbung zu stecken, die sowieso nichts bringt. Wir müssen uns irgendetwas anderes einfallen lassen. Sponsoring oder so, und ich meine was anderes als diesen Literaturpreis, den wir ja sowieso schon bezahlen. Bilder oder Sport ... das ist mir völlig egal. Bloß nichts Politisches, das ist mir zu heiß. Ich dachte, wenn Sie Lust haben, könnten Sie sich als Betriebsrat mal darüber Gedanken machen. Zusammen mit der Personalabteilung und der Marketingabteilung am besten."

Er sah Inga an, nicht Scheithauer, und seine Augen sagten: *Hilfe!*

Wobei?

Und als er sie immer noch ansah, begriff sie.

Und wurde rot wie die Praktikantin eben. Aber sie war älter und hatte mehr Lebenserfahrung, mehr Lockerheit, mehr Gelassenheit, mehr Ruhe, und ... ja, mehr Nähe zu diesem Mann.

Du wolltest mit mir reden, Mittag. Einfach über irgendwas, bist in dieses Betriebsratsbüro marschiert und dachtest, ich wäre allein. Aber hier herrscht gerade Überbevölkerung wie in China und jetzt weißt du nicht weiter. Und ganz spontan ist dir die Idee mit dem Sponsoring gekommen.
Na gut, wenn wir auf diese Art und Weise die soziale Ader des Vorstandsvorsitzenden und damit des Verlages anzapfen – warum nicht? Selber schuld!

„Gute Idee", sagte Scheithauer von seinem Schreibtisch aus begeistert in ihre Gedanken, während sie Mittag ansah und auf dem Stuhl ihr gegenüber und mit dem Rücken zu Scheithauer seine Augen in ihre tauchte.

Sie stand auf, weil sie diesem Blick nicht mehr standhalten konnte.

„Ja, das ist eine gute Idee, Herr Mittag. Ich finde auch, dass wir mit dem gleichen Geld, das wir jetzt für Werbung ausgeben, etwas Positives für die Gesellschaft machen könnten."

O Gott, was sülze ich denn da rum?

Sie riss sich zusammen, als sie in Mittags jetzt ziemlich amüsiertes Gesicht sah.

„Aber ich würde es gut finden, wenn wir etwas für irgendwelche Vereine vor Ort machen und nicht Geld für dubiose Projekte in der Dritten Welt spenden, bei denen niemand weiß, wo das Geld bleibt."

Mehr Hilfe geht auf die Schnelle nicht, Herr Vorstandsvorsitzender. Mehr fällt mir nämlich im Moment überhaupt nicht ein. Ich bin schon froh, dass ich überhaupt in ganzen Sätzen reden kann.

„Was?", fragte Scheithauer empört. „Bei uns weiß doch auch keiner, wo das Geld bleibt. Diese Sport- oder Kunstvereine mit ihren korrupten Hierarchien sollen wir auch noch unterstützen?"

„Besser als einen korrupten Präsidenten, der die Einwohner seines Landes umbringen lässt, wenn sie nicht das Gleiche denken wie er."

Sie sah Mittag an. Er guckte plötzlich überhaupt nicht mehr amüsiert. Er hatte die Arme wieder übereinandergeschlagen und sah sie eindringlich an. Scheithauer schien für ihn immer noch nicht zu existieren.

„Wenn jemand nicht das Gleiche denkt wie der andere, heißt das noch lange nicht, dass man ihn umbringen muss", sagte er, ohne sie aus den Augen zu lassen.

„Das finde ich auch. Aber es soll ja das Leben ungemein erleichtern, wenn man die Gedanken des anderen lesen kann. Hat mir jemand vor Kurzem gesagt."

Mit einem Schachspiel hat das hier nichts mehr zu tun, Mackenroth. Das ist Pokern. Und zwar unter höchstem Einsatz. Wenn du jetzt nämlich verlierst, kannst du deine Sachen packen und nach Hause gehen – und zwar vermutlich für immer.

Mittag stand auf, schob den Stuhl an seinen Platz zurück und sagte zu Scheithauer: „Also sind wir uns einig, dass wir uns gemeinsam ein Projekt überlegen. Die Einzelheiten können Sie mit Herrn Dr. Schriefer besprechen. Ich sag ihm gleich Bescheid."

Na klar, der weiß ja noch von gar nichts, der Arme. Noch eine Aufgabe für den überlasteten Personalchef.

Schon an der Tür drehte Mittag sich noch mal um und sagte zu Inga gewandt: „Natürlich sind die Gedanken frei. Aber es hat auch einen gewissen Charme, wenn andere daran teilhaben. Finden Sie nicht?"

Und dann war er weg.

Sie musste sich setzen und starrte ihm fassungslos hinterher.

Flash. Gewonnen.

Und sie hörte Scheithauer wie durch eine Nebelwand völlig irritiert fragen: „Was hat er gesagt?"

Harry war seit zehn Tagen zu Hause. Das Leben veränderte sich. Inga versuchte früher zu Hause zu sein, hatte Stress beim Einkaufen und Kochen, erinnerte sich an seine Lieblingsgerichte, traf wieder nur deshalb mit Leuten zusammen, weil der Auslandkorrespondent Mackenroth in Hamburg war und interessante Geschichten erzählte, musste Ollie in seiner Begeisterung über seinen Vater, den Kriegshelden, bändigen und Margrit trösten, weil sie sich überflüssig fühlte.

„Ich werde noch wahnsinnig", sagte sie zu Meike, ihrer Vertrauten im Betriebsrat und Fast-Freundin, beim Mittagessen in der Kantine.

„Freust du dich denn gar nicht, dass dein Mann wieder da ist?"

„Doch, natürlich. Aber wir haben uns ein bisschen auseinandergelebt", sagte sie vorsichtig, um dieses nette Mädchen im Alter von 25 Jahren in ihrem Glauben an den Märchenprinzen nicht zu sehr zu erschüttern.

„Das verstehe ich nicht." Meike fuchtelte mit ihrer Gabel in der Luft herum, wie alle jungen Leute, die keine richtigen Manieren hatten.

„Wenn mein Mann nach drei Monaten aus Afghanistan – also Afghanistan, das ist so weit weg wie der Mond –, also, wenn der von da gesund wiederkäme, würde ich hier nicht so locker in der Kantine sitzen wie du."

„Was würdest du denn dann machen?"

„Ich würde nur mit ihm im Bett liegen. Also ... ich meine ... ich würde nur zu Hause bei ihm sein wollen."

Wie sollte man einer 25-Jährigen erklären, dass es darauf nicht ankam? Dass man einen Job hatte, den man immer und jederzeit zu erfüllen hatte, und das auch wollte? Dass sich Wertigkeiten im Laufe des Lebens und insbesondere eines Zusammenlebens veränderten? Dass einem die Liebe zu einem Partner, dem man ewige Treue geschworen hatte, abhandenkommen konnte? Oder dass es sogar möglich war, dass sich Liebe zu einem Menschen verschob auf einen anderen Menschen? Und dass sie, Inga Mackenroth, mit einem ganz anderen Mann als ihrem Ehemann eigentlich auch nur im Bett liegen wollte, es aber bisher noch nicht dazu gekommen war? Und dieser Mann auch noch der

Vorstandsvorsitzende war, was an sich ja schon völlig idiotisch war?

Inga trank einen Schluck Wasser. Es half nicht wirklich, ihre Gedanken frei zu bekommen.

Robert Mittag kam in die Kantine und Inga merkte es, ohne dass sie ihn gesehen hatte. Sie spürte seine Blicke in ihrem Rücken. Es kostete sie zwar Anstrengung, aber sie wollte sich nicht zu ihm umdrehen.

„Der Mittag kommt", zischte Meike. „Der will was von dir."

Als Meike aufstehen wollte, sagte Mittag, der auf einem Tablett einen Teller mit Bauernfrühstück und ein Glas Wasser vor sich her balancierte, zu ihr: „Bleiben Sie bloß sitzen. Sonst heißt es noch, ich kungele mit der Betriebsratsvorsitzenden."

Er setzte sich an ihren Tisch und strahlte Inga an.

Gehorsam setzte Meike sich wieder hin. Zu Ingas grenzenloser Erleichterung folgte auch Dr. Schriefer und setzte sich an ihren Tisch, nachdem er zu Inga gesagt hatte: „Hey, Inga, dein Weltenbummler ist ja wieder zu Hause. Wann gibt's denn die Filme?"

„Was?", fragte Mittag verständnislos.

„Herr Mackenroth schreibt nicht nur für Zeitungen, sondern macht Superfilme über die Kriegsgebiete. Das, was Sie im Fernsehen oder in den Zeitungen sehen, ist nur ein Teil davon", erklärte Dr. Schriefer Mittag mit halb vollem Mund.

„Verstehe. Sie machen also zu Hause Filmvorführungen?"

Inga schüttelte den Kopf. „Nein."

Nicht für Sie.

„Nicht für mich. Verstehe."

Sie verstehen gar nichts.

„Sie meinen, dass da nur eine bestimmte interessierte Klientel zugelassen ist."

Mackenroth, stopp dein Leuchtband auf der Stirn.

„Na klar", sagte Dr. Schriefer. „Jeder, der sich dafür interessiert. Warum lädst du Herrn Mittag nicht ein?"

Dr. Schriefer, dich erschlag ich gleich, und als Mittag sich vor Lachen fast am Essen verschluckte, wusste sie, dass er auch das auf ihrer Stirn oder in ihren Augen gelesen hatte.

Dieser Mann macht dich wahnsinnig.

„Danke, ehrlich gesagt, interessiere ich mich für so was nicht", sagte er, nachdem er sich wieder beruhigt hatte, und sah Inga an.
Das ist gelogen, aber danke. Er nickte freundlich.

„Wo wir hier so nett zusammensitzen: Ich würde gern noch diese Woche mit dem Betriebsrat über ein paar Dinge reden. Darf ich mich zu Ihrer Sitzung morgen einladen?"

„Gern doch. Wie lange brauchen Sie?"

„Eine halbe Stunde dürfte reichen." Mittag winkte ab, weil Inga offensichtlich hellhörig wurde. „Regen Sie sich ab. Es ist nichts Dramatisches."

Und zu Dr. Schriefer gewandt, sagte er ironisch: „Warum denken Betriebsräte eigentlich immer gleich das Allerschlimmste, wenn Arbeitgeber offensiv auf sie zukommen? Sogar Frau Mackenroth tut das anscheinend, von der ich das eigentlich gar nicht erwartet hätte."

Inga war beleidigt.

„Das liegt daran, weil Arbeitgeber immer sagen, es sei nichts Dramatisches, und sich spätestens zwei Monate später herausstellt, dass es doch was Dramatisches war", gab sie bissig zurück.

„Gemach, gemach. Sie können mir nicht vorwerfen, dass ich Sie schon mal belogen habe", sagte Mittag.

„Das will ich doch stark hoffen, Herr Mittag. Schließlich legen Sie doch besonderen Wert auf vertrauensvolle Zusammenarbeit zwischen Betriebsrat und Arbeitgeber. Jedenfalls erzählen Sie das auf jeder Betriebsversammlung."

Mittag wandte sich wieder an Dr. Schriefer, der Inga verständnislos ansah.

„Haben Sie ihr heute was getan?"

Der schüttelte den Kopf.

„Nicht, dass ich wüsste. Sie ist eigentlich ganz nett." Und er grinste Inga an.

„Das weiß ich. Aber bevor sie ihre Wut gegen die ganze Welt an mir ablässt, verschwinde ich lieber." Mittag stand auf, nahm sein Tablett und sah Inga an.

„Falls Sie wieder bessere Laune haben, rufen Sie mich an."

Und dann ging er.

„Was ist denn mit dir los?", fragte Meike pikiert und Dr. Schriefer sagte kopfschüttelnd: „Ich habe dich schon lange nicht mehr so schlecht gelaunt erlebt. Wenn es was mit Harry zu tun hat, brauchst du doch den Mittag nicht anzugiften. Der kann ja wohl nichts dafür."

Wenn du wüsstest!

Inga stand auf. „Tut mir leid. Ich weiß auch nicht."

Sie brachte ihr Tablett mit dem noch halb vollen Teller auf den Transportwagen. Sie hatte keinen Hunger mehr.

Zu ihrem Entsetzen stellte sie fest, dass Mittag auf dem Flur vor der Kantine stand und mit einem Mitarbeiter sprach. Sie hoffte ungesehen an ihm vorbeizukommen, aber er sagte zu dem Abteilungsleiter: „Ich rufe Sie nachher an. Wir müssen darüber noch mal reden", und wandte sich dann Inga zu.

„Offenbar habe ich was falsch gemacht?"

Sie seufzte und war sich im Klaren, was er meinte. Und es irritierte und beunruhigte sie, dass er sie darauf ansprach.

„Nein. Es tut mir leid, ich habe keine Ahnung, warum ich so giftig war. Entschuldigung."

Ich schon, sagten seine Augen spöttisch und sie musste den Blick senken.

„Wahrscheinlich bin ich etwas im Stress, weil Harry ... weil mein Mann zu Hause ist. Ich bin das Zusammenleben wohl nicht mehr gewohnt."

Himmel, warum erzählst du ihm denn den Quatsch?

Und als er amüsiert den Kopf schüttelte, wollte sie nur noch aus seiner Nähe verschwinden. Die Spannung zwischen ihnen bildete sie sich doch nicht nur ein, oder?

„Also kein Abendessen diese Woche?", fragte er.

„Leider nicht ... also, ich meine, nein, das wird nicht gehen." Sie kam ins Stottern. „Und es tut mir leid, ich ... ich will Sie auch nicht zu Hause – also zu diesen Filmen – haben, wenn mein Mann da ist."

Als es raus war, wurde ihr klar, wie das für ihn geklungen haben musste. Sie wurde rot, aber es war nicht mehr zu retten.

Er stutzte, dann lachte er schallend, schließlich wurde sein Blick ernst und versank in ihren Augen. Bevor sie etwas sagen konnte, murmelte er sehr leise: „Ich habe Sie sehr genau verstanden, Frau Mackenroth. Sehr genau. Besser als Sie selbst. Und darf ich Ihnen noch was sagen? Ich freue mich ungemein darüber."

Dann drehte er sich um und ging.

„Wir könnten doch mal nett irgendwo hinfahren ein paar Tage", schlug Harry vor.

Inga zuckte zusammen. Sie wollte nicht weg, nicht weg aus dem Büro, aus dieser Nähe zu Mittag, und nicht weg mit Harry, an den sie sich nur schwer wieder gewöhnen konnte.

„Ich kann jetzt nicht. Ich habe unheimlich viel zu tun."

„Was haben denn Betriebsräte schon zu tun? So ein Quatsch. Außerdem hast du doch einen Stellvertreter."

„Harry, ich weiß, dass du meine Arbeit als Betriebsrat völlig absurd und überflüssig findest, aber ich habe tatsächlich was zu tun."

„Glaube ich nicht."

Harry grinste sie an. Sie wusste, dass er sie nur freundschaftlich ärgern wollte, aber es war aus ihrer Sicht ein denkbar ungünstiger Tag für freundschaftliches Ärgern.

„Natürlich ist deine Aufgabe für die Menschheit wichtiger. Ohne deine blöden Berichte über Afghanistan wüssten wir ja gar nicht, was wir machen sollten!", explodierte sie und fing an den Geschirrspüler einzuräumen.

„Na, na, na", sagte Harry beruhigend, stand vom Küchentisch auf und nahm sie in den Arm. Sie ließ es geschehen und hätte fast angefangen zu weinen. Und sie wusste überhaupt nicht, warum.

Jedenfalls nicht offiziell, sozusagen. Ganz unten, in ihrem Innersten, versteckt unter und hinter Alltagsgerümpel, Terminen, Stress und Ängsten, schien etwas hervor, das sie äußerst beunruhigte. Nichts war klar, obwohl sie Harry das Gegenteil versicherte. Sie spürte mit jedem Blick von Robert Mittag mehr, dass ihr geregeltes Leben aus der Bahn geriet.

Harry ging mit ihnen jedenfalls öfter „nett essen" in Restaurants, in denen sie früher mal Stammgäste waren, sie bummelten mit Ollie über den Fischmarkt und gingen ins Kino. Er ging mit Ollie zum

HSV-Bundesliga-Spiel, was den zu Begeisterungsstürmen veranlasste, insbesondere auch deshalb, weil keiner seiner Kumpels eine Karte mehr gekriegt hatte und sein Vater die Beziehungen zu Journalisten-Kollegen hatte spielen lassen.

Harry wollte unbedingt ins Fischlokal „Helgoländer Stuben" und Krabbenbrot essen, angeblich „das beste auf der Welt".

Inga wollte eigentlich ihren Schreibtisch zu Hause aufräumen und bügeln, ließ sich aber schließlich doch überreden.

Und als sie ins Lokal kam, wusste sie, warum sie so ein ungutes Gefühl gehabt hatte. Genau in ihrer Blickrichtung saß Robert Mittag mit zwei Frauen und einem anderen Mann, die sich alle lebhaft unterhielten.

Sie hatte ihn bestimmt eine Woche nicht gesehen, es hieß, er wäre auf Geschäftsreisen in Europa unterwegs.

Ihr Verstand sagte ihr, dass es völlig egal war, dass er nun in dem Restaurant saß. Schließlich konnte der Mann sich in Hamburg frei bewegen – so auch in einem Lokal, in dem sie zur gleichen Zeit mit ihrem Mann essen ging. Und ganz sicher auch mit anderen Frauen.

Und ihr Gefühl sagte ihr, dass das jetzt eine ganz blöde Situation werden würde, weil eine Frau mit ihrem Ehemann auf einen Mann traf, mit dem sie gerade heftigst flirtete und der dazu noch ihr Chef war.

Und im Übrigen: Was macht der da mit zwei Frauen?

Er hatte sie gesehen. Und zu ihrem Erstaunen spiegelten sich ihre Gefühle in seinem Gesicht. Sein Verstand arbeitete ganz offensichtlich gegen sein Gefühl oder umgekehrt. Als Freude, sie zu sehen, und offenbar Ärger über diese Freude aus seinem Gesicht gewichen waren, nickte er ihr überrascht lächelnd zu und wandte sich gleich wieder an seine Begleiterin zur Rechten, eine hübsche Frau, höchstens dreißig, mit blondem langem Haar und strahlenden Zähnen, die zu sehen waren, wenn sie lachte, was sie häufig tat.

„War das nicht der Mittag?", fragte Harry, als sie vom Kellner an einen Tisch mit wunderbarem Blick auf den Vorstandsvorsitzenden und seine Begleitung geleitet wurden.

Inga konnte nur wortlos nicken und vertiefte sich in die Speisekarte.

Verdammt, verdammt, verdammt. Wärst du doch bloß bügelnd zu Hause geblieben.

Warum eigentlich, Mackenroth? Du hast nichts mit ihm außer ein paar kleinen Flirtgeschichten, warst zweimal mit ihm zum Essen und sonst nichts. Du bildest dir das doch alles nur ein.

Er sah zu ihr hinüber, beobachtete sie aus den Augenwinkeln und unterhielt sich gleichzeitig mit seinen Leuten am Tisch. Aber er war nicht ganz bei der Sache. Inga merkte das, weil sie genau das Gleiche in seine Richtung machte und ansonsten mühsam versuchte, Harrys Sätzen inhaltlich zu folgen.

Wie gut, dass der nicht darauf ausgerichtet war, festzustellen, ob seine Frau ihm zuhörte oder nicht. Er erzählte sowieso.

Sie bestellten zweimal Krabbenbrot und Weißwein und Harry sagte, dass es schön wäre, endlich mal wieder in einem typischen Hamburger Lokal zu essen. Er beugte sich über den Tisch, nahm Ingas Hand und sagte: „Und außerdem ist es schön, mal wieder mit dir allein einen netten Abend zu verbringen."

Was ist denn jetzt los? Das hatten wir aber lange nicht, geradezu eine Gefühlswallung.

Inga musste beinahe lachen. Das passte ja wunderbar.

Jetzt denkt der Mittag noch, du bist glücklich verheiratet, obwohl das gar nicht stimmt. Womöglich bremst das seine Flirt-Aktivitäten, was wirklich schade wäre.

Sie spürte seinen Blick, ohne ihn ansehen zu müssen.

Hoffentlich leuchtet das Leuchtband nicht, dann lacht der sich gleich kaputt.

So war's. Mittag grinste sie plötzlich offen an und wandte sich dann an den Herrn an seinem Tisch. Er sagte irgendetwas und lachte.

Unglücklicherweise musste sie zur Toilette und hoffte nur, dass sie nicht genau vor seinem Tisch auf ihren neuen Stilettos ausrutschen würde.

Das wäre ja eine tolle Nummer.

Als sie aus der Damentoilette kam, stand Mittag in dem kleinen Vorflur, der die Herren- und Damen-Toilette verband, und wusch sich die Hände.

„Nett, Sie zu sehen."

„Gleichfalls", sagte sie schmallippig und wartete, dass er fertig würde und das Waschbecken freigab. Er machte nicht den Eindruck, als hätte er das vor, rieb seine Hände unter dem Wasserstrahl und lächelte sie schweigend an.

So was konnte sie nicht gut ab.

„Habe ich mein Leuchtband auf der Stirn?", fragte sie und ärgerte sich, dass sie es fragte.

Jetzt lachte er laut, drehte den Wasserhahn ab und trocknete sich die Hände mit Papier.

„Kann man so sagen", sagte er.

Inga seufzte. „Das habe ich befürchtet. Es tut mir leid. Vermutlich ist darauf zu sehen, dass ich etwas verwirrt bin."

„Ja", sagte er und sah sie mit seinen strahlenden Augen mehr als freundlich an.

„Vielleicht darf ich anmerken, dass ich langsam bei Ihnen auch in Übung komme und sehen kann, was Sie denken?" Das stimmte allerdings nur ein bisschen.

„Ich weiß." Pause. „Dann gibt's ja nichts mehr zu sagen."

„Nein, eigentlich nicht." Ihre Stimme war irgendwie verschwunden, wurde jedenfalls immer leiser.

„Sind Sie – äh – morgen im Büro?", fragte er genauso leise und setzte übergangslos aber lauter hinzu: „Mein Gott, was für eine blöde Frage!"

Sie musste lachen. Er lachte etwas gequält.

„Ich finde, dies ist irgendwie nicht der richtige Ort, um unsere – äh – Gespräche fortzusetzen. Da ist mir ja die Kantine sogar lieber, obwohl das schon schlimm genug ist. Also, bis morgen. Und einen schönen Abend noch mit Ihrem Mann."

Sie musste wieder an seinem Tisch vorbei. Er sah kurz auf und lächelte ihr zu, warm, herzlich und irgendwie entspannter als vor ihrem Treffen in der Toilette, unterbrach das Gespräch mit seinen Leuten aber nicht. Ihr fiel auf, dass er blass und müde aussah. Offenbar war die Geschäftsreise ziemlich anstrengend gewesen.

Während Harry aus Afghanistan Geschichten erzählte, dachte sie über Mittags Worte nach. So ganz daneben lag sie anscheinend nicht. War er ihr auf die Toilette gefolgt, um drei Sätze mit ihr zu reden? Zumindest war er wohl genauso verwirrt gewesen wie sie selbst. Gelassen war er jedenfalls nicht. Und dass es mit ihr zu tun hatte, war offensichtlich. Ein leichtes Glücksgefühl durchströmte sie. Es kribbelte bis in die Zehen.

Sie strahlte Harry an, der das natürlich auf sich bezog, und das war auch in Ordnung.

„Lass uns nach Hause."

Ja bitte, alles ist besser, als hier weiter unter der Beobachtung von Mittag zu sein. Oder doch nicht?

Du willst hier eigentlich nicht weg. So, Mackenroth, jetzt reicht's aber. Reiß dich gefälligst zusammen.

„Tschüss", sagte sie also, als sie an Mittag vorbeigingen und das Restaurant verließen. Es kam keine Antwort.

„Wie lange brauchen Sie, um bei mir im Büro zu sein?", fragte Mittag ein paar Tage später freundlich am Telefon.

„Da mein Büro ein Stockwerk unter Ihrem liegt, wie Sie vielleicht wissen, drei Minuten", antwortete Inga und fragte sich dann erschreckt, ob das vielleicht etwas zu forsch war.

„Das ist zu lange. Ich warte." Das war auch forsch. Dann hatte er aufgelegt.

Hatte sie was falsch gemacht? Sie war verunsichert.

„Ich muss zum Vorstand. Wir vertagen uns auf morgen früh", sagte sie zu Scheithauer, mit dem sie gerade die weitere Vorgehensweise im Betriebsrat bezüglich der von Mittag angekündigten Umstrukturierung im Verlag durchgegangen war.

„Ha, typisch. Klingelingeling und du springst auf", schnarrte Scheithauer.

„He, ich bin die Betriebsratsvorsitzende. Ich brauche Gespräche mit dem Vorstand. Das wirst du nie verstehen mit deinem ewigen Konfrontationskurs."

Als sie auf dem Flur war, fiel ihr ein, dass ihr Computer noch an war.

Als sie in ihr Zimmer zurückkam, sah sie, wie Scheithauer sich gerade über die Tastatur ihres Bildschirms beugte.

Er sah sie erschrocken an.

„Na, neugierig, was hier so läuft?" Sie machte den Computer aus und sagte wütend: „Wir hatten doch ausgemacht, dass du deine Arbeit machst und ich meine. Meine Angelegenheiten möchte ich nicht zur Gewerkschaft getragen wissen, ist das klar? Was du mit deinen machst, ist mir schnuppe."

Dann rauschte sie wütend aus dem Raum.

Genauso geladen kam sie bei Mittag im Vorzimmer an.

„Hallo, Inga, er wartet auf dich", sagte Frau Olsen und öffnete die Tür zu Mittags Büro. Perfekte Vorstandssekretärin eben.

Mittag sah von seinem Tisch auf, ein Strahlen ging über sein Gesicht, er stand auf und kam um den Schreibtisch herum auf sie zu.

„Das war länger als drei Minuten", sagte er und deutete auf die Ledersitzgruppe.

„Ich darf doch wohl annehmen, dass Sie sich die Zeit irgendwie hier vertreiben konnten."

Er sah sie grinsend an.

„Nicht wirklich. Kaffee?"

Was wird das denn?

„Ich will mit Ihnen über Ihre Zukunft reden."

Aha. Schön. Welche, die berufliche oder die private?

„Also, ich meine, über Ihre berufliche Zukunft."

Sie mussten beide lachen.

„Also, ich komme mal gleich zur Sache. Was mir vorschwebt, ist Folgendes: Sie haben anscheinend Englisch-Kenntnisse, die wir hier im Hause gut gebrauchen können. Brauchen Sie die eigentlich als Betriebsratsvorsitzende?" Das klang mindestens ironisch.

Worauf will er hinaus?

„Könnten Sie sich denn vorstellen, einen Job zu machen, in dem man auch mal nach Amerika müsste? Dass Sie sich vorstellen können, etwas anderes als Betriebsrat zu machen, haben Sie mir ja schon gesagt."

Ingas Herz hüpfte hoch.

„Kommt sicher auf den Job an", sagte sie trotzdem.

„Marketing, Presse- und Öffentlichkeitsarbeit. Ich brauche da drüben Leute, die sich auskennen."

Er hatte nicht „wir" gesagt wie sonst, wenn er von Unternehmensentscheidungen sprach. Hatte er das selbst registriert?

Hatte er.

„Also, ich meine … das Unternehmen …"

Sie wusste genau, was er meinte. Aber den Vorstandsvorsitzenden etwas in der Bredouille zu sehen, gefiel ihr und sie lächelte ihn freundlich an.

„Ich soll also für Sie alleine, den Vorstandsvorsitzenden, arbeiten?"

Mackenroth, übertreib es nicht.

Mittag kniff den Mund zusammen und seine Augen wurden zu kleinen Schlitzen.

„Wenn Sie das wollen, gern. Ich könnte mir nichts Schöneres vorstellen, als mit Ihnen zusammenzuarbeiten." Das klang schon wieder ironisch – aber irgendwie auch nicht.

Plötzlich stand Mittag auf und ging zu seinem Schreibtisch. Als wollte er Abstand von ihr haben, lehnte er sich dagegen und verschränkte die Arme vor der Brust. Er fixierte sie lange mit einem strengen Blick und Inga begann sich unwohl zu fühlen. Sie wollte aufstehen.

„Bleiben Sie da ja sitzen", sagte er drohend.

Was ist jetzt denn los? Spinnt der?

Sie hatte es übertrieben. Sie hatte gedacht, sie könnte diesen Flirt vom Abendessen und Treffen im Lift fortsetzen. Es hatte ihr Spaß gemacht, ihm doch offensichtlich auch, sie mochte ihn, es prickelte, wenn sie sich sahen … hatte sie jedenfalls gedacht. Und im Übrigen: Er war der Chef – einer, den sie bis vor wenigen Wochen noch nicht mal wirklich ausstehen konnte. Und sie war die Betriebsratsvorsitzende.

Was hast du dir bloß eingebildet?

Das alles war ihr plötzlich sehr peinlich und sie schaute angestrengt auf den Teppich.

„Es braucht Ihnen nichts peinlich zu sein. Es ist ja auch meine Schuld, sofern man da von Schuld reden kann", hörte sie ihn leise sagen.

Er rührte sich nicht, sah sie nur sehr ernst an.

Na klar war es auch seine Schuld – er flirtete schließlich genauso mit ihr wie sie mit ihm.

„Also noch mal von vorn: Wir, der Vorstand und besonders ich," – er lachte sie jetzt an, um gleich danach etwas wütend zu gucken – „könnten uns gut vorstellen, dass Sie diesen Job machen. Das wäre dann allerdings mit Ihrem Betriebsratsamt und der Freistellung wohl etwas schwierig."

„Wie lange darf ich mir das überlegen?"

Sie hatte wieder festen Boden unter den Füßen.

„Ein, zwei Wochen. Wir – ich ..." – und er lachte wieder – „planen den Job ja auch erst. Aber je eher Sie sich entscheiden, desto eher könnten wir Sie einbinden."

Sie atmete tief durch. Ihr Traumjob lag ihr zu Füßen. Aber es gab eine Menge logistischer Probleme, die sie klären musste.

Ollie, ihre Mutter – was würde Harry sagen?

„Besprechen Sie das in Ruhe mit Ihrer Familie", sagte Mittag jetzt fürsorglich und löste sich vom Schreibtisch. Er kam auf sie zu und blieb vor ihr stehen. Sie stand jetzt auch auf und sie sahen sich an.

Mackenroth, da ist was, da kannst du sagen, was du willst.

Ihre Knie fingen an zu zittern.

„Sie brauchen vor mir nicht zu zittern. Ich würde Ihnen im Leben nichts tun. Jedenfalls nichts Schlechtes", setzte er grinsend hinzu.

„Davon gehe ich aus." Sie machte eine Pause und sagte: „Ich danke Ihnen für das Vertrauen, das Sie in mich haben."

Sie holte tief Luft.

Und jetzt sieh zu, dass du hier rauskommst, Mackenroth.

Er ging hinter seinen Schreibtisch und grinste sie an.

„Wenn Sie noch Fragen haben, rufen Sie mich an."

Ich habe hunderttausend Fragen, Mann.

Er sagte: „Ich werde nicht alle hunderttausend Fragen beantworten können. Aber es wird sich alles ergeben."

Sie schwebte ins Betriebsratsbüro zurück.

„Der will dich loswerden", stellte Meike sachlich fest, als Inga ihr im Büro von dem neuen Job-Angebot erzählte.

„Warum sollte er?"

„Hallo!? Seit wann bist du so naiv, Inga? Ein gutes Karriere-Angebot an ein Betriebsratsmitglied hat immer einen Hintergrund. Und zwar den, dass man ihn oder sie aus dem Betriebsrat kriegt", erklärte Meike.

Inga dachte darüber nach. Konnte das wirklich sein? Sie hatte eben noch angenommen, der Vorstandsvorsitzende wollte sie eher belobigen und – na ja, sie vielleicht sogar mehr in seiner Nähe haben. Sie erkannte plötzlich, dass das vielleicht doch ein bisschen dümmlich gewesen war, und schämte sich fast über ihre treuherzigen Gedanken, die zeigten, dass sie vom normalen Arbeitsleben mit seinen üblichen Positionskämpfen und Ränkespielen offenbar überhaupt keine Ahnung hatte. Noch dazu konnte man diese Ahnungslosigkeit als „typisch weiblich" deklarieren.

Und blond bist du auch noch!

„Aber warum will er gerade mich loswerden? Ich meine, der Scheithauer mit seinem Gewerkschaftsgedöns stört doch die Vorstandskreise viel mehr", musste sie doch noch einwerfen.

„Keine Ahnung", sagte Meike und wandte sich wieder ihrem Computer zu. „Die Denke des Vorstands ist wie immer unergründlich."

„Der Mittag hat angerufen. Du sollst zu ihm ins Büro kommen", sagte Meike, als Inga nach einem Gespräch mit Mitarbeitern aus der Abteilung Buchgestaltung wieder ins Betriebsratsbüro zurückkam.

Dort hatte man sich beschwert über die zu niedrige Bezahlung. Die meisten fühlten sich als kleine Künstler und nicht als normale Arbeitnehmer und wollten, dass der Betriebsrat eine gesonderte Betriebsvereinbarung mit besonderen Prämien für sie abschloss.

Sie hatte versucht, ihnen zu erklären, dass das nicht so einfach ging, schon gar nicht, wenn der Arbeitgeber das nicht wollte, aber sie würde sich Gedanken darüber machen.

Will Mittag etwa schon eine Entscheidung? Das Gespräch mit ihm über ihre – berufliche, bitte schön – Zukunft war erst ein paar Tage her.

Sie hatte sich noch nicht entschieden. Harry war schon wieder unterwegs. Diesmal in Nigeria, um dort für die UNO über die Hungerkatastrophe zu berichten. Er würde sicher vier oder fünf Wochen wegbleiben. Mit ihrer Mutter Margrit hatte sie auch noch nicht drüber sprechen können, weil sie drei Tage mit ihrem Kegelclub im Harz zu einer Wandertour unterwegs war. Und immer wieder umkreiste sie dieselbe Frage: *Kannst du das Ollie zumuten?*

„Achtung, er ist schlecht gelaunt", sagte Frau Olsen, als sie in ihr Büro trat.

„Ich auch", antwortete sie, klopfte an und machte die Tür zu seinem Büro auf.

Er stand am Fenster und telefonierte, drehte sich aber zu ihr um, als die Tür aufging, und winkte sie hinein.

Sie bedeutete ihm mit der Hand, ob sie noch mal hinausgehen solle, aber er schüttelte den Kopf. Also blieb sie an der Tür stehen. Er deutete auf den Sessel vor seinem Schreibtisch, dass sie sich hinsetzen sollte. Gleichzeitig redete er auf Englisch schnell und laut in sein Handy. Er stützte sich mit der linken Hand am Fensterrahmen ab und wandte ihr wieder den Rücken zu. Was er sagte, klang nicht freundlich.

Als er das Telefonat beendet hatte, drehte er sich zu ihr und lächelte gequält.

„Ich muss Sie warnen, ich bin heute sehr schlecht gelaunt."

„Das hat sich schon rumgesprochen. Wollen wir das Gespräch zu meiner eigenen Sicherheit auf morgen verschieben?"

Sie hatte es geschafft, dass er ein bisschen freundlicher lächelte.

Er setzte sich auf seinen Schreibtischsessel ihr gegenüber, streckte seine langen Beine aus und sagte: „Sie werden merken, dass es sich aus bestimmten Gründen nicht auf morgen verschieben lässt. Wie ich Sie kenne, macht es Ihnen nichts aus, wenn ich ohne Umschweife zum Thema komme, oder?"

Er sah sie abwartend an.

„Bitte."

„Übermorgen findet in New York ein Gespräch statt mit der Agentur, die uns in den amerikanischen Markt einführen soll. Es würde später unter anderem Ihr Job sein, mit ihnen zusammenzuarbeiten. Deshalb dachte ich – also wir –, es macht vielleicht Sinn, dass Sie mitkommen und Mr. Bancroft, den Boss, kennenlernen und gleich die Anfangsgespräche mitbekommen. Natürlich nur, wenn Sie sich nicht schon gegen den Job entschieden haben."

Ingas Gedanken rasten.

Das ist ja zu schön, um wahr zu sein.

Dass man ihr die Chance gab, den Job von Anfang an mitzugestalten, machte sie stolz. Anscheinend wurde ihre Arbeit geschätzt. Sie wollte den Job jetzt noch mehr, als sie eigentlich für sich selbst schon innerlich beschlossen hatte.

Von wegen, sie wollen eine Betriebsrätin loswerden! Sie wollen und brauchen dich tatsächlich in dem neuen Job! Stopp. Wie kriegst du das bis morgen mit Ollie geregelt?

Es muss irgendwie gehen, verdammt.

Zur Not würde er die drei Tage – mehr konnte es ja nicht dauern – bei seinem Freund Yannick schlafen. Mit dessen Eltern war sie so gut wie befreundet. Aber vielleicht war Margrit auch morgen schon zurück?

Anscheinend hatte sie zu lange geschwiegen. Mittag wippte ungeduldig in seinem Sessel hin und her und beobachtete sie jetzt interessiert.

Pah, was soll's, er kann ja sowieso deine Gedanken lesen, also soll er sich gefälligst gedulden.

Jetzt grinste er sie an.

„Sie werden das mit Ihrem Sohn schon hinkriegen. Es wären ja nur vier Tage."

Na bitte. Inga war schon nicht mehr verwundert.

„Ja, das glaube ich auch. Wann soll ich am Flughafen sein?"

Er hatte es anscheinend für selbstverständlich gehalten, dass sie mitkam. Ihr entging nicht eine gewisse Genugtuung in seinem Blick, allerdings war da auch etwas, was sie als mindestens leichte Unsicherheit bezeichnen würde.

„Um 7.05 Uhr geht der Flieger nach Frankfurt. Die Daten und das Ticket gibt Ihnen Frau Olsen heute Nachmittag. Und die Unterlagen, die wir hier so weit vorbereitet haben, lasse ich Ihnen auch heute noch zukommen."

„Auf wen treffe ich sonst noch am Flughafen?"

Und schon, als sie die Frage auch aus ihrer Sicht so merkwürdig formuliert hatte, wusste sie die Antwort.

„Auf mich."

Er hatte anscheinend die ganze Zeit darauf gewartet, ihr dieses mitteilen zu können. Seine Augen blitzten, er grinste amüsiert und jetzt anscheinend gut gelaunt über ihren wahrscheinlich idiotischen Gesichtsausdruck.

Ihre Gedanken waren etwas unsortiert. Begeisterung darüber, einige Tage mit ihm zusammen zu sein, und Angst vor irgendwelchen damit zusammenhängenden völlig unkalkulierbaren Folgen prallten zusammen. Als sie ein bisschen verzweifelt in sein Gesicht sah, glaubte sie zu erkennen, dass in ihm dasselbe vorging.

Er stand jetzt auf, kam um den Schreibtisch herum, beugte sich über Inga und sagte amüsiert: „Finden Sie nicht, dass es schlimmer hätte kommen können?"

Sie hatte sich wieder gefangen und lächelte ihn zuckersüß an.

„Das ist wohl wahr. Zum Beispiel, wenn ich mit dem Scheithauer losmüsste. Meinten Sie das?"

※

Inga betätigte vorsichtig die Rücklehne ihres Sessels im Flugzeug. Sie wandte den Kopf und fragte das hinter ihr sitzende Paar: „Geht es so?"
„O, everything's o.k. Thank you", kam es schnarrend zurück.
„Sie sind aber sehr freundlich", sagte Mittag auf dem Sitz neben ihr und sah sie an.
„Schlechte Erfahrung als Dahinter-Sitzender. Ich finde es schrecklich, wenn die Leute vor mir gleich nach dem Start den Sitz zurückschmeißen und ich acht Stunden wie eine Sardine dahinter klemme. Ein bisschen Rücksicht schadet ja nicht."
Mittag blätterte etwas gelangweilt, wie ihr schien, in der Zeitschrift „STERN". Aus den Augenwinkeln sah Inga die Bilder über deutsche Soldaten in Afghanistan. „Weltweit einsatzbereit" war die Überschrift des Artikels. Offenbar war Harry zum Sprachrohr des Verteidigungsministers geworden. Ihr fiel ein, dass sie lange nicht mehr über seine Arbeit geredet hatten.
Sie sah schweigend aus dem Fenster.
Ich muss es ihm sagen.
„Wir sollten vielleicht für unseren Aufenthalt in New York ein paar Regeln aufstellen."
„Ja?"
Mittag sah interessiert von der Zeitschrift auf.
„Welche denn?"
„Na ja, ich dachte, es könnte vielleicht ... ein paar ... äh ... Missverständnisse geben ... gegeben haben ..." Sie brach ab.
Er half ihr nicht.
Er blätterte weiter in der Zeitschrift und schien zu warten, wie sie ihren Satz beenden wollte.
In was hab' ich mich da jetzt reingeritten?
Offenbar gab es nichts, was er für besprechenswert hielt.
„Ich dachte, dass vielleicht der Eindruck entstanden ist, dass ..."
„Ja?" Er zog die rechte Augenbraue ein wenig hoch und grinste sie an.
Mistkerl!

Sie entschloss sich, den Punkt nicht weiter anzusprechen, und sah wieder aus dem Fenster.

Aus den Augenwinkeln sah sie, dass Mittag die Zeitschrift in das Netz vor seinem Sitz legte, seinen Sicherheitsgurt löste und sich zu ihr drehte.

Und als er sie ansah, war ihr schlagartig klar, was kam: dass er eine Hand um ihren Nacken legte, sie vorsichtig zu sich heranzog und – ihr blieb fast das Herz stehen – sie sehr zärtlich, warm und weich auf den Mund küsste.

Wenn sie nicht bereits im Flugzeug gesessen hätte, hätte sie geglaubt, sie würde fliegen. Im Bauch vibrierte es und sämtliche Gedanken waren weg. Mehr zu registrieren, war sie nicht in der Lage.

„Meintest du das?", fragte Robert und sah sie an. Sein Blick hatte sich verändert. Da war nichts mehr von neutralem Interesse, da war auch nichts Geschäftsmäßiges mehr – da war nur noch Gefühl, Sehnsucht, Suche, Lust auf Neues und mindestens so etwas wie Zuneigung.

„Kannst du das noch einmal machen?", flüsterte sie leicht benebelt.

„So oft du willst." Und das tat er dann.

„Ich dachte schon, es würde nichts mehr werden", sagte Inga atemlos, nachdem er ausgiebig und zärtlich mit seiner Zunge ihren Mund erforscht hatte.

„Ich wusste immer, dass es was werden würde. Ich war mir aber nicht sicher, ob ich es will", sagte er und sah ihr in die Augen. „Es gibt da ein paar Risiken, findest du nicht?"

Sie nickte.

Der Vorstandsvorsitzende und die Betriebsratsvorsitzende – du meine Güte!

„Aber als du sofort ja zu dieser New-York-Reise sagtest, wusste ich schon, dass ich verloren hatte."

„Man hat es dir angesehen."

„Ich sag dir später mal, was ich dir alles angesehen habe."

Sie konnte sich später an nicht viel von diesem Flug erinnern.

Offenbar hatten sie sich Stunden nur an der Hand gehalten, ohne ein Wort zu wechseln, sich geküsst und ein bisschen gestreichelt, wo und wie es eben in einem Flugzeugsitz ging. Zwischendurch hatten sie sich ein paar Informationen über ihr vergangenes Leben gegeben, Wein getrunken, über den Verlag und ihren neuen Job gesprochen, Hand in Hand müde vor sich hin gedämmert, zehn Minuten von einem langweiligen Film gesehen, den Musik-Kanal im Kopfhörer gefunden, den sie beide gut fanden, und sich wieder geküsst.

„Wenn wir nicht bald da sind, werde ich verrückt", sagte Robert schließlich.

„Ich könnte hier noch stundenlang mit dir sitzen bleiben", murmelte Inga leicht schläfrig.

Er drehte sich zu ihr und legte eine Hand auf ihr Gesicht.

„Wenn ich dich nicht bald überall berühren kann, flippe ich aus."

„Wenn ich darüber nachdenke, geht es mir ähnlich."

Die Wartereihe bei der Einreise am Flughafen erschien ihr endlos und sie waren wegen der ausgedehnten Sicherheitskontrollen nur langsam vorangekommen. Robert musste noch seinen Laptop anmachen, der auf Sprengstoff untersucht wurde, und Inga den gesamten Inhalt ihrer großen Handtasche auspacken.

Die Taxi-Fahrt zum Hotel dauerte ewig.

Sie sprachen fast nicht miteinander, aber Robert hielt ihre Hand fest umklammert. Sie lächelten sich an. Trotz einer gewissen Müdigkeit genoss Inga wie immer die Straßen von New York.

Und sie bedauerte ein bisschen, dass der Flug und damit die intime Zweisamkeit mit Robert zu Ende waren. Es war wie der Aufenthalt in einer kleinen Höhle fernab der übrigen Welt gewesen, in die jemand freundlich lächelnd ab und zu etwas zu essen und zu trinken reichte.

Ihr zitterten die Knie, wenn sie daran dachte, was als Nächstes kommen würde.

Im Hotel waren zwei getrennte Zimmer für sie gebucht, die noch dazu in zwei verschiedenen Stockwerken lagen.

Natürlich hat der Boss eine andere Kategorie als die zukünftige PR-Tante.

Robert gab ihr ihren Schlüssel.

„Es ist wohl besser, wir behalten das Zimmer", sagte er. „Der Form halber", fügte er hinzu. Sie konnte nur wortlos nicken.

Es war selbstverständlich, dass sie mit in sein Zimmer ging.

Man hätte noch viel machen können, z. B. einen Blick aus dem Hotelzimmer auf den Central Park werfen, den Koffer auspacken, sich frisch machen. Das schafften sie alles nicht mehr.

Als sie sich später im Zimmer umsah, musste sie lachen.

Sie hatten sich gegenseitig ausgezogen. Die Klamotten lagen überall verstreut herum. Sie hatten es nicht mal bis zum Bett geschafft.

Robert hatte seinen und ihren Koffer auf der Stelle abgestellt, die Tür mit dem Fuß zugeschlagen, während seine Hände bereits mit ihr beschäftigt waren, sie so umarmt, berührt und geküsst, dass ihr erst später klar wurde, dass sie auf dem Teppich lagen.

Ihr tat ein bisschen der Rücken weh. Sie erinnerte sich auch, dass sie gedacht hatte, dass es ihr peinlich sein würde, sich nach so langen Jahren einem fremden Mann nackt zu zeigen. Immerhin war ihr Körper 48 Jahre alt und von mindestens fünf Kilo zu viel umringt. Robert hatte nur etwas von „Sehr weich, wunderbar" und „Himmel, darauf hab ich so lange gewartet" gemurmelt, bevor er in ihr versunken war.

Sie hatte das Gefühl, dass ihr bisheriges Leben weggespült worden war. Deutschland, Hamburg, der Verlag, Harry, Ollie – alles erschien ihr weit weg, unter Wasser, unterirdisch. Sie fühlte nur noch ihn und sich, sämtliche Gedanken und Gehirnzellen waren anscheinend ausgelöscht, jedenfalls so weit verschollen, dass sie danach Mühe hatte, zu registrieren, wo sie wie warum war. Nur mit wem sie da war, das wusste sie sehr genau.

Und als er irgendwann erschöpft seufzte: „O Gott, das habe ich befürchtet", wusste sie, was er meinte.

„Wie spät ist es?", fragte er jetzt schläfrig und blinzelte zu ihr hinüber. Sie sah auf den Hotelwecker.

„7.00 Uhr. Ich glaube abends."

„Und ich glaube, wir hatten um 18.00 Uhr einen Termin mit Bancroft", stöhnte er und setzte sich auf. Schlagartig wurde ihr klar, dass sie seit mittags im Hotelzimmer waren. Geschlafen hatten sie nicht.

Robert schwang sich aus dem Bett, stakste über die herumliegenden Sachen und sah sich suchend um.

„Wo ist mein Handy?"

Amüsiert stellte sie fest, dass er mindestens so weit weg vom normalen Leben war wie sie. Er sah sogar ein bisschen verwirrt aus.

Er kramte das Handy schließlich aus seinem Aktenkoffer, schaltete es ein und drückte darauf herum. Offenbar suchte er seinen Terminplaner.

„Sag ich doch.18.00 Uhr. Scheiße."

„Höre ich da ein Bedauern heraus?" Sie konnte es fragen, weil sie die Antwort schon wusste.

Er sah sie an. „Wenn ich die letzten Stunden meines Lebens bedauern würde, müsste ich nicht klar bei Verstand sein. Und noch bin ich das. Auch wenn es mir zugegebenermaßen etwas schwerfällt, wenn ich dich da so liegen sehe."

Eine so ausführliche Antwort hatte sie nicht erwartet.

Er wählte eine Nummer auf seinem Handy und ließ sie während des gesamten Telefonats, das er auf Englisch mit Bancroft führte und sich für den versäumten Termin entschuldigte – „Jetlag, eingeschlafen, sorry" – nicht aus den Augen.

Sie dachte nur einmal kurz daran, dass sie ganz sicher nicht gerade gestylt aussah. 24 Stunden kein Schlaf, kein Make-up mehr drauf, die blonden Haare zerwühlt. Merkwürdigerweise kümmerte es sie nicht.

„Okay, Mr. Bancroft, 20.00 Uhr in der Hotelhalle. Danke und noch mal, sorry."

Robert stand auf und kam zu ihr ans Bett.

Er hob die Bettdecke hoch, die sie sich übergezogen hatte, glitt zu ihr und nahm sie in die Arme.

„Wir haben noch zwei Stunden. Irgendwelche Vorschläge, was wir damit machen?"

Sie kamen eine Viertelstunde zu spät in die Hotelhalle. Das Duschen hatte länger gedauert, als sie beabsichtigt hatten.

„Wir werden schon wieder zu spät kommen, wenn du nicht sofort deine Hände woanders hintust", hatte er gesagt, als sie zusammen unter dem prasselnden Wasserstrahl standen, sich dann aber mehr als bereitwillig sofort in ihre Hände begeben.

„Das Beste wird sein, wenn du dich weit weg setzt von mir. Ich kann sonst für nichts garantieren und werde möglicherweise ein öffentliches

Ärgernis", sagte Robert. Er sah plötzlich müde aus, obwohl seine Augen lachten.

„Darf ich mich überhaupt zu Wort melden? Siezen wir uns, wenn wir Deutsch reden? Sag mir um Himmels willen schnell ein paar Spielregeln."

„Wir siezen uns, schlage ich vor, und ja, du darfst dich zu Wort melden. Was für eine bescheuerte Frage! Ich stelle dich wie besprochen als die zukünftige Presse- und Marketingmitarbeiterin vor, die demnächst den amerikanischen Markt bearbeiten wird und häufig vor Ort sein wird, um Kontakt zu halten. Noch 'ne blöde Frage?"

Sie waren beruflich beschäftigt.

Im Büro von Bancroft erarbeiteten sie mit ihm gemeinsam Konzepte und Ideen, prüften Listen von Kontaktpersonen und besprachen Marketing in den sozialen Medien und Anzeigen.

Es machte unglaublichen Spaß, sie verstanden sich oft ohne Worte, dachten und meinten im selben Moment dasselbe und mochten dieselben Sätze und Farben und Entwürfe von Bancrofts Werbeagentur.

„Arbeiten Sie schon lange zusammen? So wie Sie auf einer Wellenlänge liegen, sind Sie ein gutes Team", sagte Bancroft am zweiten Tag und sie hatten sich angesehen und gleichzeitig angefangen zu lachen.

Und sie waren privat beschäftigt.

„Na bitte, wir liegen auf einer Wellenlänge", sagte Robert schmunzelnd in der Nacht, als er auf ihr lag und ihr gerade mehr als deutlich gemacht hatte, was das seiner Meinung nach auch hinsichtlich ihrer privaten Beziehung bedeutete.

Sie redeten stundenlang.

Mein Leben ohne dich, dein Leben ohne mich. Was willst du wissen? Was denkst du? Lose Enden zweier Leben wurden zusammengefügt, das berufliche kannten sie, aber das private Leben, Vorlieben, Risse, Wunden und lang Vergessenes, kam nach Jahren zum Vorschein und hatte plötzlich eine andere Bedeutung.

Inga dachte an Harry. Mit ihm war es nie so gewesen.

Und dachte verwundert an die Zeit, als sie einen Herrn Mittag als ihren natürlichen Feind betrachtet hatte.

Sie dachte an Ollie. Und hatte ein schlechtes Gewissen. Sie hatte zweimal mit ihm telefoniert und so, wie es sich anhörte, war er gut drauf und vermisste sie nicht. Ihre Mutter hatte auch nicht den Eindruck erweckt, als wenn es Probleme geben würde, als sie um drei Tage Urlaub bei ihr bat.

„Mach das, Kind. Da kommst du auch mal raus. Genieß es", hatte Margrit gesagt.

Wenn du wüsstest, dass ich ganz was anderes genieße.

„Ich habe eine kleine Hütte in Kanada, in der Nähe von Lunenburg auf Nova Scotia", hatte Robert gestern Abend beim Essen in einem kleinen New Yorker Restaurant gesagt und sie dabei nachdenklich angesehen.

„Wenn es sich irgendwie einrichten lässt, fliege ich immer mal rüber für ein paar Tage. Heute ist Donnerstag. Also würde ich morgen bis Sonntag hinfliegen. Auf private Kosten natürlich, reg dich ab. Du müsstest allein nach Hamburg zurückfliegen morgen."

Sie war enttäuscht.

Aber was hab' ich denn erwartet? Einen Heiratsantrag? Blödsinn, die Betriebsratsvorsitzende und der Vorstandsvorsitzende hatten auf ihrem Trip nach New York ein bisschen Spaß, und fertig. Das war's dann wohl.

Sie hatte plötzlich undefinierbare Schmerzen am ganzen Körper.

„Ich frage mich allerdings gerade, ob du nicht Lust hättest, mitzukommen." Er grinste und sah sie fragend an und ihre Schmerzen waren weg. Stattdessen bekam sie keine Luft mehr vor Freude über diese Frage.

„Ist das eine Einladung oder nur eine formale Frage, weil du meinst, du musst mir diese Frage stellen?"

„Du spinnst wohl!", empörte er sich. „Glaubst du etwa, ich würde irgendeiner Frau die Frage stellen, ohne es wirklich zu wollen? Nachher sagt die noch ‚Ja' und ich sitze drei Tage mit der herum und langweile mich entsetzlich!"

„Ich kann mir nicht vorstellen, dass du drei Tage tatenlos mit einer Frau, die du eingeladen hast, rumsitzt", meinte Inga und lächelte ihn vielsagend an.

„Na ja, das eine oder andere würde mir wahrscheinlich schon einfallen ..."

„Sag ich doch."

Er schüttelte den Kopf und sah sie theatralisch an.

„Aber ich hab's schon lieber, wenn der Frau auch was einfällt."

„Und das traust du mir zu?"

Er sah ihr tief in die Augen.

„Ehrlich gesagt, traue ich dir alles zu. Im Ernst, Inga, ich bitte dich: Komm mit. Es wird dir dort gefallen."

Sie strahlte ihn an: „Da bin ich mir ganz sicher."

„Woran denkst du?", fragte er jetzt, als sie im Flugzeug nach Halifax saßen, und es klang nicht neugierig oder fordernd.

„Du kannst doch sonst meine Gedanken lesen. Was mich, ehrlich gesagt, etwas beängstigt."

Robert schmunzelte.

„Wenn ich etwas geschlafen habe, brauche ich Hilfe beim Wiedereinstieg."

Sie gab sie ihm. Sie erzählte von Ollie und ihrem schlechtem Gewissen. Er nahm ihre Hand und führte sie an seine Lippen. Sie dachte, er würde sie trösten, etwas sagen, klären, aber er schwieg und sah gedankenverloren aus dem Fenster.

Die Stewardess brachte etwas zu essen. Inga hatte keinen Appetit.

Er sah sie fragend an. „Ist es so schlimm?"

Sie hätte fast angefangen zu weinen.

In was für eine unmögliche Situation hatte sie sich bloß hineinmanövriert? Sie war 48 Jahre alt, hatte einen weltreisenden Ehemann, einen 15-jährigen Sohn in der Pubertät, einen Job mit Zukunft – und seit drei Tagen in New York eine Affäre mit dem Vorstandschef dieser Firma mit dem Job mit Zukunft.

Und sie hatte aus irgendeinem Grund das Gefühl, wenn sie ihm gegenüber von einer Affäre reden würde, wäre er beleidigt. Würde er ihr gegenüber von einer Affäre reden, würde sie vermutlich allerdings sogar hysterisch.

Inga Mackenroth, du bist und bleibst eine naive dumme Idiotin.

Robert winkte der Stewardess, dass sie das Essen abräumen sollte, und bestellte Weißwein.

„Ich kann dir nicht helfen. Ich kann mir vorstellen, wie du dich fühlst. Aber es ist das erste Mal für mich, dass die Frau, mit der ich ... äh ... zusammen bin, verheiratet ist und ein Kind hat", sagte er und lächelte sie ein bisschen unsicher an. „Und ich finde es einerseits irgendwie störend, aber, ehrlich gesagt, auch ein bisschen reizvoll."

Na bitte! Das hätte man ja auch ahnen können. Trophäensammler. Endlich eine verheiratete Frau!

„Wie viele andere waren es denn?"

Die Frage war blöd, kleinkariert und spießig. Und außerdem – der Mann war 55. Was erwartete sie denn? Was sie bisher an ihm und von ihm kennengelernt hatte, machte nicht den Eindruck, als hätte er mit 30 das erste und letzte Mal Sex mit einer Frau gehabt. Und wenn sie ehrlich war: Sie hatte es auf diesem Gebiet auch lieber, auf einen Künstler getroffen zu sein als auf einen Anfänger.

Er schien irritiert zu sein.

„Ich kann da nur grobe Schätzungen abgeben. Zwischen 20 und 30 vielleicht. One-Night-Stands mit einbezogen. Und meine Ex-Frau – immerhin zehn Jahre Ehe – nur einmal gerechnet. Die meisten Namen weiß ich übrigens auch noch, wenn gewünscht. Falls du ein Veteranen-Treffen einberufen möchtest ...?"

„Entschuldige. Es tut mir leid. Ich weiß auch nicht ..." Sie stotterte herum. Seine Augen wurden zu Schlitzen.

„Du vertraust mir nicht, oder?"

Sie antwortete nicht gleich. „Ich bin komplett verunsichert", sagte sie schließlich leise.

„Ich auch", seufzte Robert. „Das kannst du mir glauben."

Sie fuhren mit Roberts Jeep, der am Flughafen Halifax geparkt war, Richtung Lunenburg. Diese Landschaft, das Grün der Wälder, die Weite des blauen Himmels, der Atlantik mit seinen Wellen, die natürliche Ruhe, die Gelassenheit dieses Landes und schließlich die typische Nova Scotia Country Music, die aus dem Autoradio dudelte, sorgten dafür, dass Inga sich schließlich entspannte. Robert legte eine Hand auf ihr Knie und lächelte ihr beruhigend zu. Sie hielten an einem Restaurant mit atemberaubendem Meeresblick und aßen riesige Lobster-Sandwiches.

„Hi, Robert, wie lange bleibst du?", fragte der junge Mann, der sie freundlich bediente.

„Nicht lange genug. Das ist Inga", sagte Robert.

„Hi, Inga, Roberts Haus wird dir bestimmt gefallen."

Das war untertrieben. Kurz vor Lunenburg bog Robert links ab in einen Feldweg, auf dem der Jeep ziemlich hin und her geschüttelt wurde.

Nach ca. 500 Metern lag auf der rechten Seite ein großes Holzhaus, gräulich, mit weißen Fensterläden, wunderschöner Veranda ums Haus, einer parkähnlichen Gartenanlage und beinahe südländischem Ambiente, was die Gartenbepflanzung anging. Es blühte in allen möglichen Farben.

„Das ist es nicht", sagte Robert ungerührt und fuhr hupend daran vorbei. „Da wohnt Sally mit ihrer Familie."

Nachdem sie durch ein Waldstück gefahren waren, hatten sie plötzlich einen weiten Blick auf den Atlantik. Eine dünenartige Landschaft breitete sich aus. Mittendrin entdeckte Inga ein flaches Walmdach, das zu einem Haus zu gehören schien, das sich wie eine Muschel selbst in diese Landschaft begeben haben musste. Rechts und links davon waren nur Strand, Dünen und Steine, kein weiteres Haus war in Sicht.

„Das ist es." Robert strahlte. Offenbar war er zu Hause.

Das Haus war für kanadische Verhältnisse klein.

„Es war früher das Sommerhaus meiner Familie. Ich hab's vor zwei Jahren nach dem Tod meiner Eltern als meinen kanadischen Wohnsitz umgebaut – oder besser: umbauen lassen. Ich bin nicht sehr praktisch veranlagt."

Er hob einen Zettel hoch, der unter einer Vase auf dem Küchentresen lag.

„Viele Grüße von Sally. Der Kühlschrank ist voll und sie lässt uns heute Abend in Ruhe. Wenn wir bis morgen Mittag nicht bei ihr vorbeikommen, schickt sie uns die Polizei auf den Hals."

Inga lachte. Sie mochte Roberts Schwester schon, bevor sie sie kennengelernt hatte.

Sie genossen den Ausblick auf den Atlantik. Robert hatte eine Flasche Weißwein geöffnet und lag lang ausgestreckt auf dem breiten

Korbsofa. Inga saß im Schneidersitz auf dem Fußboden und starrte fasziniert aufs Meer, das weniger als 100 Meter entfernt war. Sie hatten die Terrassentür geschlossen, weil ein kalter Wind hereinfegte. Robert hatte den Kamin angemacht und die Wärme machte Inga leicht schläfrig.

„Du kannst meinetwegen morgen im Meer baden, wenn du willst und ich nicht mit muss. Aber jetzt würde ich es vorziehen, dass du etwas näher zu mir rückst, anstatt halb draußen zu sitzen", murmelte Robert ebenfalls ziemlich schläfrig.

Inga stand auf, legte sich so leicht und vorsichtig auf ihn, wie es ging, und küsste ihn.

„Diese Umgebung macht sinnlich", flüsterte sie.

„Deswegen wohne ich hier", flüsterte er mit geschlossenen Augen zurück und küsste sie zärtlich träge auf den Mund.

Kitsch-as-Kitsch-can: Frau liebt Mann vor Kamin mit Blick auf Sonnenuntergang und Atlantik!

Inga kriegte einen Lachanfall.

„Was ist los?", fragte Robert verunsichert.

Sie sagte es ihm. Er fand das nicht so lustig wie sie.

Sie setzte sich auf.

„Weißt du, das ist doch alles nicht normal! Dieses ganze Chaos, in das wir uns da beide reinmanövriert haben, kann ich ja noch verkraften. Aber mittlerweile wird es ein bisschen dekadent."

Robert setzte sich auf und umklammerte mit beiden Händen ihre Oberarme. Sein Blick war stahlhart und nicht freundlich.

„Was soll das? Wenn du dieses Haus nicht ertragen kannst, sag es. Wenn du mich nicht mehr ertragen kannst, sag es. Wenn du nach Hamburg willst, sag es. Wenn du zu Ollie und Harry willst, sag es. Und mach es. Und dann lass mich in Ruhe. Du wirst deinen Job behalten. Keine Sorge. Aber ich habe keine Zeit für eine solche Diskussion. Und dekadent ist hier gar nichts."

Inga war geschockt. Sie wollte aufstehen und von ihm weg. Er hielt sie fest und ließ ihr keine Chance.

„Hilf mir", flüsterte sie und sah ihn an. „Mein Leben gerät gerade aus den Fugen und ich weiß nicht weiter."

„Ich könnte ein paar vertrauensbildende Maßnahmen anbieten", flüsterte er zärtlich an ihrem Ohr und machte sich an ihrer Jeanshose zu schaffen. Entgegen ihrer Stimmung musste sie ein bisschen lachen.

„Einen Versuch ist es wert."

„War es ein erfolgreicher Versuch?", fragte er später leise, als sie beide eng umschlungen auf dem Korbsofa lagen und auf das mittlerweile dunkle Wasser hinaussahen.

Inga seufzte. Sie hatte sich noch nie in ihrem Leben so wohlgefühlt. Es war ihr zwar nirgendwo und bei niemandem, erst recht nicht bei irgendwelchen Liebhabern schlecht ergangen – aber dies hier sprengte irgendwie ihren persönlichen Rahmen. Sie fühlte sich komplett überfordert.

Sie rollte sich von ihm weg auf den Rücken und sah auf das Meer hinaus.

„Kann ich eine Frage stellen?"

„Kann ich jemanden anrufen?", fragte er. Über den mittlerweile als Running Gag beliebten Satz der Fernseh-Show „Wer wird Millionär?" musste Inga lächeln.

„Nein, kannst du nicht. Hast du eine Freundin? Ich meine, du weißt, dass ich verheiratet bin und einen Sohn habe."

Robert schwieg und sah nachdenklich aus dem Fenster.

Mackenroth, du bist zu weit gegangen! Sie wusste doch, dass er eine Freundin hatte, jedenfalls wurde das im Verlag genüsslich verbreitet. Unternehmensberaterin, jung, hübsch, das Übliche. Und wahrscheinlich diejenige, die sie vor ein paar Wochen in Hamburg in den „Helgoländer Stuben" mit ihm zusammen gesehen hatte.

Aber sie musste wissen, wie er zu ihr stand. Wie sie selber zu Harry stand, würde sie ihm sagen – und hoffentlich wissen –, wenn er fragte.

Sie trat den Rückzug an, nachdem er nicht sofort antwortete.

„Entschuldige, ich wollte dir nicht zu nahe treten. Tut mir leid."

Sicher, das gehörte nicht zu den Informationspflichten eines Arbeitgebers gegenüber dem Betriebsrat. Aber immerhin hatte sie schon vier Tage und Nächte mit ihm verbracht, in denen sein Auftritt nicht der eines Chefs oder Vorstandsvorsitzenden war. Die Grenzen fingen an –

ha, was heißt hier, fingen an? –sich zu verwischen. Gab einem das nicht das Recht, diese Frage zu stellen?

Und wie reagierst du auf die Antwort, gnädige Frau? Was, wenn er sagt: Ja, zwei!? Wenn du die Dritte sein willst – willkommen im Club!?

Sie wollte es schon gar nicht mehr wissen.

Aber eigentlich doch.

Robert stand auf und machte die Terrassentür auf. Eine unglaubliche Kälte kam in den Raum. Inga nahm die Decke und wickelte sich darin ein. Sie würde bestimmt nicht im Atlantik schwimmen morgen.

„Ja, ich habe eine Freundin", sagte er und sah sie nicht an. Seine Stimme klang belegt. „Aber sie ist mir seit ungefähr vier Wochen nicht mehr wirklich wichtig oder nah oder was weiß ich, wie ich es ausdrücken soll."

„Wie ... hat es was ...?" Inga traute sich nicht weiterzufragen.

Sie befand sich auf schwierigem Terrain. Ihr schwante, sie hoffte, sie wünschte sich nichts sehnlicher, als dass diese merkwürdige Formulierung etwas mit ihr zu tun hätte. Seit vier Wochen. Ungefähr der Zeitpunkt, seitdem sie selbst ins totale Chaos gestürzt war, angefangen mit dem Versuch Robert Mittags, ihr Auto zu Schrott zu fahren.

Eine gefühlte Ewigkeit sagte keiner ein Wort. Robert hatte sich an die Terrassentür gelehnt und sah mit zusammengekniffenen Augen auf den Atlantik. Er fror anscheinend nicht, obwohl er nichts anhatte.

Irgendwann machte er die Terrassentür wieder zu, kam auf sie zu, hob die Decke und schmiegte sich an sie. Seine kalten Hände berührten ihren Körper. Es war dunkel und sie konnte seinen Gesichtsausdruck nicht sehen.

„Wir waren ein Jahr zusammen", sagte er und seine Gedanken hingen anscheinend in diesem Jahr.

Inga fiel auf, dass er in der Vergangenheit sprach.

Leicht erstaunt sagte Robert: „Ich rede in der Vergangenheit von ihr."

„Ich weiß nicht, ob ich sie noch liebe oder ..." Er beendete den Satz nicht.

Einer Eingebung folgend fragte sie leise: „Würdest du mit ihr alt werden wollen? Oder würde sie dich oder würdest du sie pflegen, wenn ihr krank seid?"

Robert schnappte hörbar nach Luft, ließ sie abrupt los und setzte sich auf.

Du bist zu weit gegangen. Es geht dich nichts an.

Das war doch wohl eine sehr intime Frage! Und wie kommst du überhaupt auf so was Theatralisches?

„Bist du übergeschnappt? Wie kommst du auf so eine bescheuerte Frage?" Seine Stimme war ziemlich laut und ärgerlich, aber auch fassungslos und erstaunt.

„Entschuldige. Ich dachte ... also vielleicht ... meistens kann man erkennen, ob man jemanden liebt, wenn man sich darüber im Klaren wird, dass man mit ihm älter werden möchte und ... also ...", und kam wieder ins Stottern.

„Hör auf, dich immer zu entschuldigen."

Robert lehnte sich in die Kissen zurück und berührte sie nicht. So lagen sie lange, ohne ein Wort zu sagen. Dann beugte er sich über sie, fing an, ihren Hals und ihr Gesicht zu küssen, und seine Hände streunten auf ihrem Körper. „Seitdem du aus dem Auto gestiegen bist und mich ganz begeistert angestrahlt hast und geguckt hast, als wolltest du mich umarmen, war alles anders", sagte er dabei und Inga konnte sich nur mit Mühe auf seine Worte konzentrieren.

„Ich überlegte nur noch, wie ich dich sehen könnte. Ich tigerte durchs Gebäude, um dich zufällig zu treffen. Ich habe sogar dieses blöde Betriebsverfassungsgesetz gelesen, um Themen zu haben und auf Betriebsratssitzungen erscheinen zu können. Die Personalabteilung war schon völlig genervt."

Inga musste lächeln. Sie hatte gehört, dass die Mitarbeiter in der Personalabteilung mehr als erstaunt waren, mit welchem Elan der Vorstandsvorsitzende sich plötzlich ins Gewirr des Betriebsverfassungsgesetzes gestürzt und sie mit Fragen und Initiativen überschüttet hatte. Niemand hatte das einordnen können. Und dass er persönlich an mehr Betriebsratssitzungen teilgenommen hatte als früher, war ihr natürlich auch aufgefallen.

Und dann keimte ein Verdacht in ihr auf.

„Kam dir diese Idee mit der Öffentlichkeitsarbeit für mich etwa, weil ...?"

Er schloss mit seiner linken Hand ihren Mund, während er mit der rechten an einer Stelle war, die ihre Konzentrationsfähigkeit etwas einschränkte.

„Nein. Das war Zufall, als du in dieser Betriebsratssitzung rausgerufen wurdest und mich Dr. Schriefer daran erinnerte, dass dein Englisch perfekt ist. Deine Personalakte hatte ich mir schon früher kommen lassen."

Inga hielt seine Hände fest.

„Als du mein Auto zerlegen wolltest, d. h. als du aus dem Auto stiegst und völlig entsetzt ausgesehen hast ... also, ich hätte dich tatsächlich am liebsten umarmt. Eigentlich wollte ich, dass du mich umarmst. Und ich weiß bis heute nicht, warum das plötzlich so war."

Später, als sie sich in seine Arme gekuschelt hatte, fragte sie: „Darf ich noch eine Frage stellen?"

„Nur zu. Anscheinend ist ja die Stunde der Wahrheit", murmelte Robert mit geschlossenen Augen und strich mit der Hand zärtlich über ihren Rücken.

„Kommen alle Frauen, mit denen du zusammen bist, hierher?"

Er zog sie noch dichter an sich heran und lachte in sich hinein.

„Auf die Frage habe ich schon die ganze Zeit gewartet." Er küsste sie auf den Rücken.

„Ich habe das Haus erst zwei Jahre. Marion war einmal hier. Es hat ihr nicht gefallen. Dieses Land nicht, das Wetter nicht, das Haus nicht. Ich glaube, Sally und Walter haben ihr auch nicht gefallen."

Er schüttelte den Kopf, als ob er sich darüber wundern würde.

Wie kann man dieses Haus und dieses Land nicht mögen?

„Verstehe ich auch nicht", beantwortete Robert ihre nur in Gedanken gestellte Frage.

Sie musste nur noch eins wissen, obwohl ihr nicht klar war, wie sie mit einer Antwort, welcher auch immer, umgehen sollte.

„Wenn du ... also, wenn Marion nicht mehr ..."

„Wenn ich sie verlasse?", half er ihr.

„Was erwartest du von mir?"

Robert schwieg eine Weile.

Dafür, dass wir seit vier Tagen eine Beziehung haben, führen wir merkwürdige Gespräche.

Okay, sie kannten sich ja schon fast ein Jahr auf der sogenannten Arbeitsebene. Sie fand ihn zwar nie wirklich unsympathisch – aber na ja, er war eben der Vorstandsvorsitzende und sie die Betriebsratsvorsitzende. Er war charmant, sah ausgesprochen gut und, ja, – sexy – aus, aber sie wäre bis vor vier Wochen nie auf die Idee gekommen, dass sie heute mit ihm in seinem Haus in Kanada nackt auf dem Sofa liegen und Gespräche über ihre weitere Beziehung führen würde.

Und sie war dennoch darauf gefasst, dass er sagen würde: Spinnst du eigentlich? Wir haben hier eine nette Nummer, und das war's doch wohl! Marion war sowieso auf der Abschussliste.

Und dann kam es auch schon.

„Ich erwarte nichts von dir."

Sie zuckte etwas zusammen und hoffte, dass er es nicht gemerkt hatte.

„Du brauchst nicht gleich zusammenzuzucken", sagte er leise dicht an ihrem Ohr.

Dann nahm er ihr Gesicht in seine Hände. Sie vermutete, dass er sie ernst ansah, denn seine Stimme klang so, aber es war zu dunkel, um das zu erkennen.

„Ich kann Marion verlassen und ich werde es auch tun, ohne dass es einen von uns beiden besonders berühren wird. Wir hatten keine weitere Verbindung, als dass wir ... na ja, das Übliche. Wir hatten keinen Bausparvertrag zusammen, um es mal so zu sagen. Wir haben nicht mal zusammengewohnt." Er schien nachzudenken. „Du hast einen Ehemann. Und auch ein Kind. Und ich vermute, dass das die Angelegenheit etwas verkompliziert."

Inga war sprachlos und völlig perplex.

Jetzt kriege ich die Verantwortung für unsere Zukunft!

Sie wusste nicht, ob sie weinen oder lachen sollte. Und ob er recht oder unrecht hatte.

Sie machte sich von ihm los, drehte sich ein Stück von ihm weg und sah aus dem Fenster. Es war viel zu dunkel, um etwas zu erkennen, und sie dachte an Ollie.

„Habe ich dich verletzt?", fragte Robert leise und vorsichtig setzte er gleich hinzu: „Das wollte ich nicht, Liebling."

Liebling – nicht Darling, was auf Deutsch nicht die gleiche Bedeutung hatte. Das hatte noch nie jemand zu ihr gesagt. Eine Zärtlichkeit schwang in seiner Stimme, die sie so noch nie gehört hatte. Und purer Sex. Sämtliche Härchen an ihrem Körper gingen hoch.

„Ich habe noch nie einen Mann wie dich erlebt."

„Und ich noch nie eine Frau wie dich."

„Warum haben wir uns erst jetzt richtig kennengelernt?"

„Das würde ich auch gern wissen."

Sie wandte sich ihm zu und küsste ihn zärtlich auf den Mund. Sie wusste nicht genau, ob es richtig war und ob sie nicht doch zu weit ging, aber dann sagte sie es doch, weil sie gar nicht anders konnte und weil man mit 48 Jahren andere Risiken eingeht als mit 17 und weil sie sich fast sicher war: „Ich liebe dich."

Seine Stimme klang neutral, als er sagte: „Sag das noch mal!"

„Nein."

„Warum nicht?"

„Dann kann ich nicht mehr sagen, dass du dich verhört hast, wenn du sagen wolltest, du liebst mich nicht."

Er stieß hörbar die Luft aus und unterdrückte offenbar ein Lachen.

Und dann flüsterte er: „Das war es, was ich dir angesehen habe. Du liebst mich. Schon viel länger, als du selber weißt." Er zog sie fest an sich. Seine Hände hielten ihren Nacken fest und seine Lippen waren dicht an ihren.

„Ich werde dich lieben, bis ich sterbe. Und falls es ein Leben danach gibt, ganz sicher auch. Sagst du es jetzt noch mal?"

„Das wurde aber auch Zeit", sagte Sally, als sie auf die Veranda trat und Robert und Inga begrüßte. Sie nahm Robert in den Arm und küsste ihn links und rechts auf die Wangen, schob ihn ein wenig von sich, musterte ihn, strahlte und fing im selben Moment an zu weinen. Robert drückte ihr Gesicht an seine Schulter und Inga hörte ihn liebevoll flüstern: „Weine nicht. Alles ist gut."

Walter, Sallys Mann, nahm Robert ebenfalls in die Arme. Beide Männer klopften sich gegenseitig auf den Rücken und lächelten sich an.

„Für dein Alter siehst du gut aus, Mann", grinste Walter.

„Danke, das war das Netteste, was du je zu mir gesagt hast." Sie umarmten sich noch einmal sehr eng.

Was ist das denn für eine Familie?

Inga war berührt. Das Gefühl verstärkte sich, als sie von Sally und Walter warm begrüßt wurde.

Es gab ein großes Essgelage mit der ganzen Familie. Sally und Walter hatten zwei fast erwachsene Kinder. Susan und Eddy studierten beide in Halifax, waren aber heute zu Hause.

„Studentenfutter", knurrte Walter, als Eddy sich den Teller das dritte Mal auffüllte. „Da denkst du, das Studieren in Halifax ist teuer. Nein, wenn er am Wochenende zu Hause ist, kauft Sally den Supermarkt für 200 Dollar leer und das Kind hat immer noch Hunger."

„Apropos Geld. Jetzt, wo Robert da ist, kann ich's euch ja sagen: Tom Hanks und ich wollen heiraten", verkündete Susan wie das Selbstverständlichste der Welt, während sie ihrer Mutter beim Tischabräumen half. Inga stand mit Sally in der Küche und sie bereiteten zusammen den Nachtisch vor. Es war, als würden sie sich schon Jahre kennen.

Sally flüsterte: „Achtung, mal sehen, was jetzt passiert."

Walter, Robert und Eddy sprachen gleichzeitig.

„Wann denn? Das ist ja irre! Hätte schlimmer kommen können."

„D e n Tom Hanks? Der ist aber alt." Das war Robert, der sich ziemlich zu amüsieren schien.

„D e r Tom Hanks ist tot, Mann." Das war Eddy.

Sally und Inga lächelten sich an.

„Na, das haben sie ja mit Fassung getragen. Sie kennen Tom alle", lachte Sally. „Achtung, aber jetzt kommt garantiert Robert. Er ist Susans Patenonkel."

Tatsächlich hörten sie Robert sagen: „Susan, hast du ..."

„... dir das auch gut überlegt?", stimmten Walter und Eddy grölend ein. Sie lachten sich alle drei halb kaputt. Sally brachte mit Inga den Nachtisch ins Esszimmer.

„Okay, Herrschaften, das wäre dann also erledigt, oder?"

„Du hast es schon wieder gewusst, was?", fragte Walter und sah seine Frau wissend an.

„Walter, ich bin ihre Mutter", sagte Sally streng.

„Und ich ihr Vater. Keine dummen Bemerkungen, bitte", sagte er warnend in die Runde.

Alle lachten.

Inga hatte Robert noch nie so entspannt und glücklich gesehen – außer vielleicht, wenn sie sich liebten.

Er nahm unter dem Tisch ihre Hand und drückte sie zärtlich.

„Um noch mal auf meine Hochzeit zu kommen ...", fing Susan an.

„Ich würde gern sehr bald heiraten, damit Robert daran teilnehmen kann."

Schlagartig hielten offenbar alle die Luft an. Es herrschte für eine Hundertstelsekunde Totenstille. Inga nahm das sehr genau wahr und war irritiert.

Als Robert mit belegter Stimme das Wort ergriff, war die Stimmung am Tisch total umgeschlagen.

„An wann hattest du denn gedacht?"

„Wir wollen nicht mehr lange warten. In sechs Wochen", sagte Susan unbefangen. „Bitte, Robert, geht das?"

Robert hatte angestrengt auf den Tisch gesehen und hob jetzt den Kopf. Er nahm Susans Hand. Seine Gesichtszüge waren verspannt, aber er lächelte.

„Ich werde mir Mühe geben, Kleine." Und nach einer Pause fuhr er geschäftsmäßig fort: „Ich brauche aber bald den Termin, damit ich das in meinem Terminplan unterbringe."

Susan wandte sich jetzt freundlich an Inga: „Du bist natürlich auch herzlich eingeladen."

„Danke, sehr gern." Sie musste selbst über ihren Sekretärinnen-Tonfall lachen und fügte zu Robert gewandt hinzu: „Wirklich sehr, sehr gern." Er sah sie dankbar an.

Sie fragte sich, ob sie jetzt sagen sollte, dass sie verheiratet war und einen Sohn in Hamburg hatte. Es wäre ihr nur ehrlich erschienen. Aber dann dachte sie, dass Robert entscheiden müsste, was seine Familie wissen sollte und was nicht.

Robert umklammerte mit seiner Hand ihr Handgelenk.

„Sally, ich zeige Inga mal deinen Garten."

„Ich möchte bemerken, dass es sich auch um meinen Garten handelt", rief Walter aus der Tiefe des Geschirrspülers, den er gerade einräumte.

„Willst du damit etwa sagen, dass du neuerdings mehr machst als Rasenmähen?", fragte Robert.

„Ich bitte dich!" Walter machte auf empört. „Guck dir diese Riesenbäume an. Glaubst du, die hat Sally gepflanzt?"

„Nein. Einen Großteil, glaube ich, unsere Eltern."

Walter nahm Sally in den Arm. „Dein Bruder ist ja schlimmer als du. Wie gut, dass der selten hier ist."

Sally lachte. Offenbar war es Walter gelungen, die Atmosphäre wieder zu entspannen.

„Wir sind gleich wieder da. Macht euch keine Sorgen", sagte Robert und zog Inga zur Tür.

„So groß ist der Garten nun auch wieder nicht", rief Walter ihnen hinterher. Und dann leiser und fast wütend anscheinend zu Sally: „Dass die sich erst jetzt kennengelernt haben, ist ja wohl nicht zu fassen."

Und Inga meinte zu hören, dass Sally aufschluchzte.

„Ich habe dich noch nie so entspannt und glücklich gesehen."

Vielleicht war ihm das eine Hilfe beim Einstieg in ein anderes Gespräch.

Was war da eben los?

Er blockte. Er sah sie nicht an, nahm sie nicht in den Arm, küsste sie nicht, wie sie es eigentlich erwartet hatte.

Erst viel später, als sie langsam schweigend und Hand in Hand durch die parkähnliche Anlage gewandert waren, blieb er irgendwann stehen, nahm sie in seine Arme und küsste sie. Lange. Intensiv.

„Hast du vorhin auch daran gedacht?"

„Ja ... auch. Dass du auch ziemlich entspannt zu sein scheinst, wenn wir zusammen sind." Sie sagte nicht „glücklich". Und sie sagte nicht „lieben". Vielleicht war das zu viel.

Obwohl sie seine Worte in der vergangenen Nacht sehr genau im Ohr hatte. Aber etwas am Tag zu sagen, war nach ihrer Erfahrung immer etwas anderes als in der Nacht.

Das hier konnte alles nicht wahr sein oder wollte sie es nicht wahrhaben? Aber sie wollte, dass es geschah, und viel schlimmer, sie hatte bis jetzt nichts dagegen unternommen. Im Gegenteil: Sie war mit ihm in den Flieger nach Kanada gestiegen und nicht allein zurück nach Hamburg, wie es sich ja wohl für eine verheiratete Ehefrau und Mutter gehört hätte. Sie saß hier in einer der wunderschönsten Gegenden der Welt mit seiner Familie in einer Zweisamkeit und Vertrautheit, die sie genoss und erschreckte.

So müssen sich Verräter vorkommen. Ja, ich bin eine Verräterin. Ich verrate gerade meinen Mann, mein Kind – mein Leben. Und ich bin nicht 17 und weiß es nicht besser, ich bin 48 und dachte, ich kenne mich aus.

Sie atmete tief durch.

Robert sah sie erwartungsvoll an. „Du siehst aus, als wolltest du mir was sagen."

„Nein."

Er kniff die Augen zusammen und musterte sie.

„Es ist alles nicht ganz einfach, oder?"

„Du sagst es." Sie stapfte den Weg einfach weiter.

„Für mich auch nicht." Er kam ihr hinterher. Sie drehte sich um.

„Wieso? Genieß es einfach." Das klang schärfer, als sie beabsichtigt hatte, und war völlig blödsinnig.

Er machte einen großen Schritt auf sie zu und umfasste mit seinem typischen Griff ihr Handgelenk. Er sah wütend aus.

„Du glaubst, nur du hättest ein Problem. Aber es gibt auch noch andere Leute mit Problemen auf der Welt. Vielleicht ist es auch für mich nicht ganz einfach, mit der noch amtierenden Betriebsratsvorsitzenden – sagen wir mal – ein Verhältnis zu haben. Jetzt flipp nicht gleich aus! Ich weiß nicht, wie ich es nennen soll. Und ich weiß nicht, wie es weitergehen soll. Ich weiß nicht, wie du zu Harry stehst, aber immerhin bist du mit ihm verheiratet. Ich habe keine Kinder, aber ich kann mir mehr als gut vorstellen, dass du dir Sorgen um Ollie machst, wenn wir so weitermachen."

Er hatte die Augen zusammengekniffen und schob den Unterkiefer vor.

"Wir sind erwachsene Menschen und keine 17 mehr, Inga. Wir können uns treiben lassen, aber es passt nicht zu uns." Und leise fügte er hinzu: "Und außerdem ist das Leben verdammt kurz."

Was soll das denn nun wieder heißen?

Inga hatte sich gegen einen Baum gelehnt und gerade das Gefühl, dass ihre Beine nachgaben. *Schwächeanfall. Ist ja klar, Überanstrengung. Bei was, gnädige Frau, beim Sex?*

Sie sanken beide gleichzeitig auf den Waldboden. Normalerweise würde Inga bei so was auf ihre Kleidung achten, aber "normalerweise" gab es seit ein paar Tagen nicht mehr.

Und sie konnte endlich weinen. Im Innersten hatte sie schon die ganze Zeit darauf gewartet.

Sie erzählte ihm von ihrer Ehe. Harry Mackenroth, der berühmte Kriegsberichterstatter, unterwegs in der ganzen Welt, interessanter Geschichtenerzähler auf jeder Party; zu Hause ausgelaugt, müde, wortkarg. Auf Kur, sozusagen. Ein Nichtskümmerer. Inga, alleinerziehende Mutter für einen eigentlich problemlosen Ollie im Verhältnis zu anderen 15-Jährigen, der ihre große Liebe war und ist und ihrer Fürsorge bedurfte und aus ihrer Sicht auch einen Anspruch darauf hatte. Margrit, ihre Mutter, die ihr Unterstützung in allen Lebenslagen gewährte und ohne deren Hilfe sie jetzt nicht hier wäre.

Robert sah gar nicht mehr wütend aus. Er reichte ihr eine Packung Taschentücher, wobei sie sich wunderte, wo er die plötzlich herhatte, und sagte, ohne sie anzusehen: "Falls du jetzt erwartest, dass ich sage, dass du Harry verlassen sollst, muss ich dich enttäuschen. Das habe ich dir heute Nacht schon gesagt. Und ich werde es nie zu dir sagen. Ich habe meine Gründe, glaube mir. Jeder ist für sich selbst verantwortlich. Du genauso wie ich. Und ich werde jede Entscheidung ohne Wenn und Aber akzeptieren. Und jede Nicht-Entscheidung übrigens auch."

"Was ist eine Nicht-Entscheidung?", schniefte sie.

"Laufen lassen."

"Du meinst nach dem Motto: Ich habe heute Nachmittag Zeit, wollen wir uns in deiner Wohnung treffen, nein, geht nicht, ich habe Vorstandssitzung, aber morgen, bis dann ...?"

Er lachte leise. "So ungefähr."

„Na toll. Genauso habe ich mir das vorgestellt."
Inga wollte aufstehen. Er hielt sie fest.
„Das ist nicht das Schlechteste. Alle Beteiligten können ..."
„Alle Beteiligten? Wer außer uns ist denn noch beteiligt?"
Sie war unfair. Und sie wusste es. Nicht er hatte ein Problem, sie hatte ein Problem. Und sie hatte die sogenannten „Beteiligten" und nicht er, jedenfalls dann nicht, wenn er Marion tatsächlich verlassen würde, wie er es gestern Nacht gesagt hatte.

Sie schwiegen beide und sahen sich nicht an.

Schließlich sagte Inga leise: „Es tut mir leid, dass ich dir solche Probleme bereite."

Er regte sich auf.

„Hör auf, dich zu entschuldigen. An diesem Problem habe ich ja wohl einen gehörigen Anteil. Liebe ist kein Fehler."

Das stimmt wohl. Aber als Ehebrecherin darf man das vielleicht anders sehen.

„Wenn das hier ein ergebnisorientiertes Meeting im Betrieb wäre?", sagte sie und sah ihn an. „Was wäre dann das Ergebnis?"

„Gute Frage. Keine Ahnung. Wahrscheinlich würden wir uns auf morgen früh um neun vertagen. Und ich würde ein paar Aufgaben verteilen."

„Welche Aufgabe würdest du mir geben?"

Er drehte sich zu ihr, nahm sie in die Arme und sah sie ernst an.

„Dir würde ich Folgendes sagen: Mackenroth, Sie haben noch einen Tag und eine ganze Nacht und einen gemeinsamen Flug zurück nach Hamburg, um dem Vorstandsvorsitzenden von Ihren Plänen zu berichten. Falls Sie keine Pläne haben, wird der Vorstandsvorsitzende das unter der Voraussetzung akzeptieren, dass Sie ihm wenigstens mitteilen, ob Sie den Ihnen angebotenen Job annehmen. Im Übrigen sieht der Vorstandsvorsitzende die Angelegenheit gelassen und gibt der Hoffnung Ausdruck, dass die Entscheidung auf jeden Fall so ausfallen wird, dass sich die beiden Hauptbeteiligten auch in Hamburg ab und an oder besser öfter gemeinsam gegenseitig wärmen können."

Jetzt grinste er sie an. „Ansonsten sieht der Vorstandsvorsitzende mit Spannung der nächsten gemeinsamen Sitzung zwischen Betriebsrat und Geschäftsleitung entgegen, in der er sich wahrscheinlich die Hände fesseln lässt, um nicht wegen sexueller Belästigung der Betriebsratsvorsitzenden rauszufliegen und ein Bußgeld bezahlen zu müssen."

„Zur sexuellen Belästigung gehört eine Anzeige der Betroffenen. Daran wird es vermutlich fehlen."

„Umso besser."

Eine wirkliche Hilfe war das nicht. Aber was erwartete sie?

Er hatte recht. Entscheidungen musste sie selber treffen. Und wenn er welche für sie getroffen hätte, hätte sie ihn sowieso ausgezählt.

Bevor sie etwas sagen konnte, fragte er: „Könnten wir das Gespräch jetzt beenden?"

Inga wollte aufstehen, er hielt sie fest, und zwar so, dass sie befürchtete, er würde ihr gleich die Jacke vom Leib reißen.

„Hör auf, das geht doch nicht hier draußen", stöhnte sie.

„Sie denken sowieso, dass wir es tun", murmelte Robert und machte Anstalten, es auch zu vollziehen.

„Du bist unmöglich."

„Das höre ich in diesem Zusammenhang das erste Mal. Und wenn du es hier nicht willst, werde ich dich heute Nacht nicht mehr aus den Händen lassen. Du wirst um Gnade wimmern und mich anflehen, aufzuhören."

„Die Wette gilt. Ich verspreche dir, das Gegenteil wird der Fall sein. Aber jetzt lass uns bitte zurückgehen."

„Ich habe schon schlimmere Wetten verloren", flüsterte Robert irgendwann in der Nacht und sie lachte.

„Für ein ergebnisorientiertes Meeting nicht schlecht, finde ich."

„Vielen Dank. Falls Sie eine Fortsetzung wünschen, bitte ich um einen entsprechenden Hinweis, Frau Mackenroth", knurrte er. „Aber fünf Minuten Pause wären nicht schlecht."

„Bist du wirklich müde?"

„Jaaa."

„Das sieht aber gar nicht so aus."

„Du hast mir noch nicht gesagt, wie es weitergehen soll", sagte Robert und zog Inga mit beiden Armen noch enger an sich.

Das leise Getöse des Flugzeugs auf dem Nachtflug zurück nach London machte sie müde. Sie hatte sich auf dem Fenstersitz mit dem Rücken an Robert gekuschelt, eine Decke über den Schultern, und er hatte beide Arme seit einiger Zeit fest um sie gelegt.

„Habe ich eine Wahl?", fragte sie, als sie sich zu ihm umgedreht hatte.

„Jeder hat immer eine Wahl", sagte er lakonisch.

„Ich nicht." Sie lächelte ihn an und er sah sie hellwach und fragend an.

„Ich habe mich so verliebt in dich, dass ich nicht wüsste, wo eine Alternative dazu liegt, dass ich so oft wie möglich und möglicherweise unter den blödesten Bedingungen mit dir zusammen sein will."

Er lächelte. Etwas sehr zurückhaltend, wie sie fand.

Und plötzlich fragte sie sich, ob mit der Rückkehr nach Hamburg nicht doch alles zu Ende sein würde, und sie hatte das Gefühl, ihr Herz würde aufhören zu schlagen.

Wie soll das mit uns weitergehen? Wir können wohl schlecht als Paar im Verlag auftreten.

„Oder wird es doch zu Ende sein, wenn wir in Hamburg sind?"

Er sah sie überrascht an, fuhr sich mit der einen Hand durch das kurze dunkle Haar, rollte mit den Augen und sagte vorwurfsvoll: „Das glaube ich jetzt nicht!"

Sie fühlte sich mies. Warum misstraute sie ihm? Weil sie schon so alt war? Weil es gar nicht angehen konnte, dass es weiterging? Weil sie so etwas wie mit ihm noch nie erlebt hatte? Weil die Konstellation ihrer Beziehung nun wirklich mehr als kompliziert war?

Die Vorstellung, dass der Vorstandsvorsitzende und die Betriebsratsvorsitzende in trauter Zweisamkeit in der Verlagskantine sitzen, brachte sie zum Lachen. Aber es klang etwas verzweifelt.

Robert sah sie fragend an. Sie erzählte ihm, was sie gedacht hatte. Er lachte nicht.

„Ich finde nicht, dass das Ganze besonders lustig ist. Ehrlich gesagt, fürchte ich schwerste Verwicklungen. Es fängt nämlich gerade erst an. Wir werden ein paar organisatorische Schwierigkeiten haben. Aber gut, na und? Die hatten schon ganz andere Leute, verdammt", sagte er schließlich und schien etwas aufgebracht.

„Willst du das wirklich alles auf dich nehmen? Meinetwegen?", fragte sie leise.

Sie konnte seinem durchdringenden Blick fast nicht standhalten.

„Inga, sag mir, was aus deiner Sicht in den letzten sieben Tagen passiert ist."

Sie wählte ihre Worte sorgfältig.

„Ich habe jemanden kennengelernt, lieben gelernt, den ich schon lange vorher kannte, aber nicht wusste, was für ein außergewöhnlicher Mensch er ist. Ich habe den zärtlichsten, einfühlsamsten Mann der Welt kennengelernt, habe mich von ihm verführen lassen, was ich immer wieder tun würde, habe mich zu Hause gefühlt in seinem Haus bei ihm, war mit der nettesten Familie Kanadas zusammen und hatte in meinem ganzen Leben noch nie so viele Glücksgefühle auf einmal." Und mit den Lippen dicht an seinem Ohr flüsterte sie: „Und ich hatte den besten Sex meines Lebens."

Er lachte.

„Verstehe. Und was glaubst du, ist mir passiert?"

„Das Gleiche mit mir?" *Risiko, Mackenroth.*

Sie sah ihn fragend und etwas unsicher an.

„O ja."

Sie atmete erleichtert aus. Er sah ihr prüfend ins Gesicht.

„Was hast du denn gedacht? Ich bin nicht Robert Redford, der dir die letzten Tage etwas hätte vorspielen können. Sei nicht so misstrauisch."

„Na ja, es soll da Männer geben ..."

„Kann sein. Ich habe keine Zeit für solche Spielchen. Also, da wir das nun geklärt haben, noch mal die Frage: Wie soll es weitergehen?"

„Vielleicht doch so, wie wir es schon angedacht haben: Im Verlag bist du der Vorstandsvorsitzende und ich die Betriebsratsvorsitzende, die sich nach wie vor nicht besonders mögen. Und privat sind wir ...", sie suchte nach dem richtigen Wort, „... zusammen."

Robert nickte und sah sie nicht an. „Hm. Ich sehe schon, dass ich dann wohl doch meine schauspielerischen Talente hervorkramen muss. Und wo wollen wir uns treffen?"

Er wollte anscheinend präzise alle organisatorischen Probleme abarbeiten. Sehr unromantisch, aber wie immer lösungsorientiert und managermäßig – und wohl erforderlich.

„Wir treffen uns doch täglich im Verlag", sagte sie schmunzelnd, wohl wissend, dass er das nicht meinte.

Er seufzte.

„Willst du es nicht begreifen oder tust du nur so?" Und sie wunderte sich, dass er anscheinend genervt war.

Sie streichelte seine Wange, schmiegte sich an ihn und sagte: „Hey, das war ein Witz. Warum bist du so angespannt?"

„Ich sitze hier bereits fünf Stunden neben dir im Flugzeug, habe dich so umschlungen und fühle dich, als wenn ich mit dir im Bett liegen würde, und wenn du etwas männliche Fantasie hättest, könntest du dir denken, wo mein Problem zurzeit liegt."

Sie musste lachen und sah ihn mitleidig an.

„Ich habe genügend weibliche Fantasie, um mir ungefähr vorstellen zu können, was dich bewegt."

Er sah sie belustigt und etwas erleichtert an und sagte: „Ich überlege die ganze Zeit, wie wir es anstellen sollen, in Hamburg noch einmal zusammen zu sein, bevor jeder nach Hause fährt. Bei dir ist Ollie und ich vermute, dass Marion mich abholt."

„Die Vorstellung, dass wir beide nachher in unterschiedliche Richtungen fahren, macht mich auch etwas nervös."

„Das ist ja schön." Er war anscheinend wirklich genervt.

Sie waren die letzten sieben Tage 24 Stunden am Tag zusammen gewesen – wie sollte das in Hamburg werden? Sie konnte sich überhaupt nicht vorstellen, ohne ihn einzuschlafen, ohne ihn aufzuwachen, ohne ihn zu frühstücken. Was würde sie ohne ihn am Tag machen? Und in der Nacht? Eine Woche mit ihm hatte ihr Leben verändert. Das wurde ihr schlagartig klar, als sie feststellte, dass sie sich vor ihrer Wohnung ohne ihn fürchtete, auch wenn sie sich natürlich auf Ollie freute.

Na, Mackenroth, das wird alles ganz schön problematisch. Worauf haben wir uns denn da eingelassen?

„Können wir uns bei dir treffen? Oder ist das zu gefährlich und sollen wir uns ein kleines Hotel suchen, wo wir uns treffen können, wenn es möglich ist?", fragte Inga und wunderte sich über ihre eigenen Worte.

Robert nickte.

„Bei mir würde es schon gehen. Marion wohnt nicht bei mir und ich werde das tun, was ich dir schon gesagt habe. Ich werde das Kapitel abschließen. Eins ist jedenfalls klar: Wir sollten es als geheime Kommandosache betrachten. Es würde nur Schwierigkeiten geben, wenn es jemand merken würde. Und zwar wahrscheinlich mehr für dich als für mich. Na ja, für mich aber wahrscheinlich auch."

Er drehte sich wieder zu ihr und sagte: „Nur, damit eins klar ist: Was auch passiert und wie blöd ich mich vielleicht auch benehme – ich liebe dich. Und ich meine das wirklich ernst und ich will, dass du das weißt und immer daran denkst."

Der Abschied auf dem Hamburger Flughafen war ein Horrorszenario.

„Ich werde als Erster rausgehen, dann bin ich mit Marion schon weg", sagte Robert, als die Maschine auf der Landebahn in Hamburg aufgesetzt hatte. „Sie muss dich ja nicht unbedingt sehen."

„Nein." Ihr Hals war trocken, ihre Kehle wie zugeschnürt.

„Sieh mich nicht so an", sagte er, legte eine Hand auf ihre Wange und sah ihr in die Augen. „Jetzt geht es los. Du kannst es dir noch überlegen."

Sie kriegte keinen Ton heraus und konnte nur den Kopf schütteln.

„Lächle mich an, na los", sagte Robert und strich ihr mit dem Daumen zärtlich über den Mund und das Kinn.

„Zählst du meine Falten? Das sind die Risse und Wunden aus der Zeit, als wir uns noch nicht kannten."

„Ich werde dir auch Risse und Wunden zufügen. Irgendwann."

„Das klingt, als hättest du was Bestimmtes vor in diese Richtung."

Er schüttelte den Kopf. „Nein, ganz bestimmt nicht. Aber man bekommt nur Risse und Wunden, wenn man liebt."

Sie schlang die Arme um ihn. „Versprich mir, dass du versuchst es zu verhindern."

„Wenn du es auch versprichst?" Sie sahen sich lange schweigend an.

„Morgen, ein Uhr in der Kantine?", fragte Robert schließlich seufzend.

Bis zur Kofferausgabe gingen sie schweigend nebeneinander her, er berührte noch einmal kurz ihre Hand, griff dann als Erster seinen Koffer vom Laufband, nickte ihr kurz mit ernstem aufmunterndem Blick zu und ging, ohne sich noch einmal umzusehen, durch die Glastür.

Sie riss sich zusammen, fuhr mit dem Taxi nach Hause, wo Ollie und Margrit mit einem wunderbaren Abendessen auf sie warteten, und erzählte von Amerika. Den Teil, den sie erzählungswürdig fand. Von Kanada sagte sie nichts. Von Robert auch nicht. Also blieb nicht viel übrig und sie ging unter dem Vorwand, müde zu sein, früh ins Bett. Sie war unendlich froh, dass Harry nicht zu Hause war.

Ihr Handy piepte.

„Miss you. R."

„Love you. I."

„Also, was ist nun mit deinem neuen Job?", fragte Meike neugierig, als sie am nächsten Tag gegen Mittag in der Kantine des Verlagshauses saßen.

„Es scheint spannend zu werden. Der amerikanische Markt ist natürlich auch für mich ein neues Terrain, aber die Agentur, mit der wir das zusammen machen wollen, scheint sehr innovativ zu sein."

Inga wusste nicht, was sie gesagt hatte, sie hatte Meikes Frage auch gar nicht verstanden. Mechanisch schob sie ihr Essen auf dem Teller hin und her und trank einen Schluck Wasser.

Sie spürte Robert, bevor sie ihn sah oder hörte. Aus den Augenwinkeln sah sie, dass er mit Dr. Schriefer an den Tresen ging, um sich etwas zu essen zu holen.

Er steuerte mit dem Tablett, ohne zu zögern, auf ihren Tisch zu, winkte Dr. Schriefer hinter sich her und blieb dann vor Ingas Tisch stehen. Er sah müde aus, aber seine Augen blitzten.

„Hallo, Frau Mackenroth, dürfen wir uns setzen?"

Seine Stimme klang so begeistert, dass sie schmunzeln musste. Und sein Blick signalisierte flehentlich „Bleib' ruhig!".

„Na, wie war's in Amerika?", fragte Dr. Schriefer und sie fasste in drei Sätzen ihren Aufenthalt in New York zusammen, was Robert um zwei weitere kurze Andeutungen über Bancroft ergänzte.

„Du bist ja dann noch ein paar Tage dageblieben, nicht?"

„Ja, ich hab noch alte Freunde besucht."

„New York ist immer eine Reise wert", sagte Robert und stocherte genauso unlustig in seinem Essen wie sie.

So ein blödsinniger Spruch.

Er warf ihr einen Blick zu.

Ich weiß. Aber mir fällt überhaupt nichts ein.

„Wann willst du denn das Betriebsratsamt abgeben?", fragte Dr. Schriefer.

„Ich will mich erst noch ein bisschen einarbeiten. Ich komme nachher bei dir vorbei und dann können wir das besprechen, du bist schließlich der Personalchef."

„Schön, dass du das noch weißt."

„Du brauchst gar nicht so zynisch zu sein."

Offenbar war der Personalchef beleidigt, weil er nicht genau wusste, was da personalpolitisch mit der Betriebsratsvorsitzenden ablief. Das musste sie schnell bereinigen, damit es nicht irgendwelche dauerhaften Verwicklungen gab.

Meike ging und Dr. Schriefer holte Kaffee für sich und Inga.

„Atme", sagte Robert leise, ohne sie anzusehen, als sie allein am Tisch saßen, und grüßte gleichzeitig freundlich zwei vorbeigehende Mitarbeiter.

„Was?"

„Seitdem ich hier sitze, hältst du die Luft an."

Das stimmte irgendwie.

„Bin ich schon blau angelaufen?"

Er lachte, sah immer noch in den Raum und sie nicht an und schüttelte den Kopf. Dann wandte er sich ihr mit geschäftsmäßigem Blick zu und sagte leise eindringlich, bevor Dr. Schriefer mit zwei Kaffeetassen an den Tisch zurückkam: „Bleib ruhig. Es muss so funktionieren."

Dann stand er auf und sagte kühl: „Man sieht sich. Tschüss, Frau Mackenroth."

„Das ist doch alles eine verdammte Scheiße, in die wir uns da reingerissen haben."

Roberts Stimme brüllte wütend durch Ingas Handy. Es war 20 Uhr, sie war zu Hause und bereitete das Abendessen für Ollie.

„Ich halte das nicht aus. Das können wir vergessen. Ich werde verrückt, wenn ich diese blöden Gespräche in der Kantine führen muss."

„Bleib ruhig", sagte sie in seinem Tonfall vom Mittag, obwohl ihr gerade das Herz stehen geblieben war, weil er sich anhörte, als wollte er alles, was gerade angefangen hatte, beenden.

„Willst du, dass wir …?"

„Ach Quatsch!", unterbrach er sie laut. „Ich will dich sehen, ich will dich im Arm halten … jetzt."

Ihr Herzschlag setzte wieder ein, Erleichterung und Liebe über seine Worte und seine eigenartige Wut durchfluteten sie.

„Anscheinend hast du Entzugserscheinungen."

„Ja, so könnte man es nennen." Pause.

Atme, dachte sie und er sagte plötzlich kleinlaut: „Entschuldige. Ich bin anscheinend total durchgeknallt. Es tut mir leid."

„Schon gut", sagte sie zärtlich. „Mal 'ne andere Art Liebeserklärung."

„Es ist nur – ich würde gern mit dir in Kanada sein und ... na ja, ebendas machen, was wir da so gemacht haben."

„Wir haben uns da auch unterhalten", sagte sie.

„Ja. Und es ist schön, sich mit dir zu unterhalten. Lach nicht. Das meine ich ganz im Ernst."

Und nach einer Pause fragte er leise: „Könntest du dir vorstellen ... also, könntest du es irgendwie einrichten, dass wir uns noch sehen?"

„Heute Abend? Jetzt?"

Ihr Verstand sagte „Nein", ihr Herz schrie „Hilfe" und ihre Stimme sagte: „Ja."

„Wann?"

„Gib mir eine halbe Stunde."

„Bist du bereit, zu mir zu kommen?"

Roberts Stimme klang ruhiger, gelassener als vor einer Minute.

„Was ist mit Marion?"

„Erzähle ich dir nachher. Beeil dich. Du kannst in die Garage hinter mein Auto fahren, das Tor verschließt sich automatisch wieder."

Er hielt ihr die Tür im dritten Stock schon auf, als sie erst im Erdgeschoss war. Er strahlte, zog sie in die Wohnung und umarmte sie in einer Mischung aus hektischer Euphorie und vorsichtiger Sanftheit.

Er drückte sie mit dem Rücken gegen die Tür und sagte leise zwischen zwei Küssen: „Ich zeige dir die Wohnung. Was willst du zuerst sehen?"

„Das Schlafzimmer."

Er schob seinen Oberkörper etwas von ihr weg, sah sie erstaunt an und grinste dann breit.

„Ich dachte eigentlich, ich zeige dir erst die elektrischen Geräte in der Küche."

„Entschuldige, dafür hab ich keine Zeit."

Sie wollte eine Stunde bleiben.

Robert ließ ihr keine Chance, an irgendetwas anderes als an ihn und sich selbst zu denken.

Als sie das nächste Mal in der Lage war, auf die Uhr zu sehen, war es kurz vor 24 Uhr.

Sie geriet in völlige Panik.

„Lass mich los, o Gott, bitte Robert, lass mich los."

Er musste sich von ihr rollen, weil er auf ihr lag, seine Arme um ihren Körper geschlungen, sein Gesicht auf ihrer Brust, sich lösen von ihren Händen, die in seinem Haar waren, fast eingeschlafen wie sie selbst, reagierte dafür aber relativ schnell.

„Was ist los?"

„Ich muss nach Hause. Ollie ist allein."

Sie suchte ihre Jeans, die sie auf dem Flur zusammen mit ihrem Pulli fand, und schüttelte den Kopf. Über sich. Über ihn. Über diese ganze verdammte Situation.

Das geht nicht so. Das muss ein Ende haben. Am besten sofort.

„Robert, ich kann das nicht."

Anscheinend wusste er sofort, was sie meinte. Er setzte sich im Bett auf, in dem er eben noch schläfrig gelegen hatte, und sah sie hellwach an.

„Ich kann das nicht. Ich vernachlässige mein Kind, weil ich hier mit dir ... im Bett liege und ... ach, Mann, du weißt, was ich meine. Ich kann auch nicht mit dir in der Kantine sitzen und so tun, als würden wir nicht Tage und Nächte miteinander verbracht haben. Es geht nicht. Lass uns aufhören, bevor es zu spät ist", schluchzte sie und lehnte sich mit dem Rücken an die Wand. Sie rutschte auf den Fußboden und heulte, verzweifelt und völlig aufgelöst über sich und ihn und diese Liebe.

„Verstehe", sagte er nur leise und sah sie nicht an.

„Lass uns jetzt aufhören, bevor es noch schlimmer wird."

„Es ist schon schlimm genug", antwortete er tonlos.

„Ja, ich weiß. Bitte, versteh mich doch."

„Ich versteh dich ja. Und wahrscheinlich hast du sogar recht. Aber es tut mir sehr leid."

„Mir auch." Und unter Tränen sagte sie: „Ich liebe dich. Ich kann mich nicht erinnern, jemals solche Gefühle gehabt zu haben. Lass mich los, Liebling. Bitte, lass mich los."

Minutenlang redeten sie kein Wort. Robert starrte auf die gegenüberliegende Wand, Inga auf den Fußboden.

Sie heulte, wie sie noch nie in ihrem Leben geheult hatte.

Will ich wirklich, dass es zu Ende ist? Nein, nein, nein. Ja!

Ihr war plötzlich kalt und sofort danach spürte sie, dass ihre Wangen heiß waren.

„Glaubst du nicht, dass es doch irgendwie funktionieren würde?", fragte er irgendwann, als ihr Schluchzen etwas aufgehört hatte. „Ich war vielleicht vorhin etwas bescheuert, als ich am Telefon solch einen Aufstand gemacht habe. Ich verspreche, es kommt nicht wieder vor. Ich werde meinen Samenkoller nächstes Mal nicht so ausleben."

Inga lächelte unter Tränen.

„Nein, es wird nicht funktionieren. Wir werden uns beide völlig gehirnlos verhalten und ich dabei meine Familie verlieren und du das Ansehen eines Vorstandsvorsitzenden und vielleicht sogar deinen Job. Ich glaube nicht, dass das die ganze Angelegenheit lohnt."

„Dass man bei Liebe eine Kosten-Nutzen-Rechnung aufmacht, ist mir neu", sagte er sarkastisch. „Hätte ich dir gar nicht zugetraut."

Sie fuhr sich mit der Hand durch die Haare und sagte ebenso sarkastisch: „Da du anscheinend den Verstand verloren hast, muss ich es eben für uns durchziehen."

„Vielen Dank. Diese Fürsorge habe ich nicht erwartet. Und auch nicht verdient."

Er stand aus dem Bett auf und zog sich seine Jeans an. Sie gab ihm zögernd die rechte Hand, als er ihr seine reichte, um sie vom Fußboden hochzuziehen.

Er kniff die Augen und den Mund zusammen, sah sie nicht an, nahm sie nicht in den Arm, berührte sie nicht mal, als er sie zur Haustür geleitete. Seine Ruhe irritierte sie etwas, aber sie wollte nicht darüber nachdenken. Sie wollte nur raus, weg aus seiner Nähe, nach Hause, zu Ollie, nicht mehr an ihn denken.

Sein Blick war sehr ernst und seine Augen waren dunkel, als er an der Tür sagte: „Verzeih mir, dass ich es angezettelt habe. Ich war mir bewusst, dass es schwierig werden würde, aber diese Folgen für dich habe ich nicht gesehen. Es tut mir leid. Ich lass dich ja los. Aber nur, weil du es so willst."

Er beugte sich zu ihr, nahm ihr Gesicht in seine Hände und küsste sie sehr zart und vorsichtig auf den Mund. Sie schloss die Augen und ihr wurde schwindelig und ihr war schlecht und ihre Knie zitterten.
Bleib stark, sei ruhig, verlass ihn, geh einfach raus.
Gebetsmühlenartig spulte sie diese Gedanken ein paar Mal hintereinander ab.
„Pass auf dich auf", sagte er leise, als sie die Haustür öffnete und auf den Flur ging.
Sie drehte sich nicht um, als sie die Treppe hinunterging. Erst als sie im Erdgeschoss angekommen war, hörte sie, wie er die Tür schloss.

Die nächsten Tage waren die Hölle.
Irgendetwas war in ihr zerbrochen und würde nie wieder zusammengefügt werden. Ihr Leben war nicht mehr das Leben, das sie vor der Woche mit Robert in Amerika und Kanada geführt hatte.
Sie faltete Ollie wegen jeder Kleinigkeit zusammen, sobald sie am späten Nachmittag aufeinandertrafen. Sie war schlecht gelaunt, konnte sich nicht konzentrieren, heulte, wenn es keiner sah, ging mit wütenden Schritten allein an der Alster spazieren, was sie noch nie gemacht hatte, rief ihre Freundin Sabine an, mit der sie schon lange keinen Kontakt gehabt hatte, und regte sich fürchterlich über deren Arroganz und Kleinkariertheit auf, schimpfte mit dem Kellner beim Italiener um die Ecke, weil der den falschen Wein brachte. Sie aß nichts, sie schlief nicht, wanderte die Nächte durch die Wohnung, hatte körperliche Schmerzen und war irgendwie mit den Nerven völlig am Ende.
Und sie dachte nur an Robert.
Im Büro hatte anscheinend noch keiner etwas von ihrer schlechten Laune gemerkt, außer Dr. Schriefer, der sie während eines Meetings irgendwann fragend ansah und sagte: „Hörst du mir überhaupt zu, wenn ich mit dir rede?"
Sie waren in der Sache dann nicht weitergekommen und Dr. Schriefer hatte gesagt: „Wir müssen warten, bis Herr Mittag zurück ist. Er ist überraschend für drei Tage nach München geflogen, obwohl er an diesen Verlegerverbandstagungen sonst nie teilnimmt."

Du hast es gut, Robert, du kannst einfach weg. Und ich sitze hier und zermalme mir den Kopf, ob meine Entscheidung richtig war oder nicht. Mein Verstand sagt, dass es richtig war, dich zu verlassen, aber alles andere, was einen Menschen sonst noch so ausmacht, sagt mir, dass ich ohne dich völlig lebensunfähig bin. Ich, Inga Mackenroth, die immer Wert auf Unabhängigkeit gelegt hat, die sich nie durch Gefühle hat vereinnahmen lassen, ist jetzt zwischen ihrem Sohn und diesem Mann hin- und hergerissen, wankt zwischen Pflichtgefühl und Lebenslust und Liebe.

Ach, und der Ehemann spielt dabei gar keine Rolle, was?

Nein, eigentlich nicht.

Die Gedanken trieben ihr die Schamröte ins Gesicht.

Verdammt, was ist in mich gefahren? Innerhalb einer Woche war ihr Leben so auf den Kopf gestellt, dass sie an Harry zuletzt dachte.

Sie hatte einen Termin mit Dr. Schriefer, war auf dem Weg in die Personalabteilung und musste an Roberts Büro vorbei. Die Tür stand offen, aber sie wollte nicht hineinsehen. Es war doch egal, ob er da war oder nicht. Sein Auto hatte heute Morgen in der Tiefgarage gestanden, das hatte sie registriert, obwohl sie es gar nicht wollte.

Er kam im selben Moment aus seinem Zimmer und blätterte dabei in irgendeiner Akte.

Er sagte, ohne aufzusehen, nur „Hallo", um dann mit großen Schritten ebenfalls auf das Büro von Dr. Schriefer zuzugehen. Das klang so mechanisch, dass sie sich noch nicht mal sicher war, ob er registriert hatte, mit wem er da beinahe zusammengestoßen wäre. Sie ging mit klopfendem Herzen hinter ihm her.

Vor der Bürotür des Personalchefs blieb er stehen, drehte sich um und sah sie aus zusammengekniffenen Augen mürrisch an.

„Wir können auch nacheinander da reingehen, wenn Ihnen das lieber ist, Frau Mackenroth."

Ihr Hals war wie zugeschnürt. Sie glaubte nicht, dass sie eine Stimme hätte, und schwieg deshalb. Sie schüttelte nur den Kopf.

„Hat es Ihnen die Sprache verschlagen?" Das klang scharf und sehr schlecht gelaunt.

„Äh ..." Sie musste sich räuspern und wollte „Nein" sagen, sagte aber: „Ja."

Sie bemerkte, dass er leicht lächelte, es aber zu unterdrücken versuchte.

Sie hatte das Gefühl, dass sie sich mindestens eine halbe Stunde gegenüberstanden und anstarrten. Sie merkte mit einiger Erleichterung, dass kein Kollege vorbeikam und auch keine Bürotür aufging und niemand herauskam und sie beide so sah. Ihr Abstand betrug ungefähr drei Meter, schien sich aber irgendwie zu verringern und sie konnte nicht sagen, wodurch. Sie glaubte jedenfalls nicht, dass sie sich bewegt hatte. Sie bemerkte auch, dass Roberts Blick freundlicher wurde, ein leichtes Lächeln entspannte sein Gesicht.

Aus irgendeinem Grund wurde ihr schwindelig. Sie musste sich an der Wand abstützen, was ihr furchtbar peinlich war, und er war im selben Moment mit einem schnellen Schritt bei ihr.

„Alles in Ordnung?", fragte er besorgt und berührte sie am Ellenbogen. An der Stelle brach ein Feuer aus.

„Schon gut", konnte sie irgendwie murmeln und rieb sich den Arm.

Sie blickten sich wieder stumm an und nach einer Ewigkeit, wie es ihr schien, sagte er bestimmt: „Warte."

Sie blieb gehorsam, wo sie war, und war sich sicher, dass sie sowieso nichts anderes hätte machen können. Er ging mit großen Schritten in sein Büro zurück und sagte durch die Tür anscheinend zu seiner Sekretärin: „Ich bin was essen. Ich melde mich, wann ich zurückkomme."

„Sie sehen aus, als hätten Sie seit Tagen nichts gegessen. Wollen wir etwas zusammen essen gehen?", fragte er, als er wieder neben ihr stand.

Sie schüttelte wortlos den Kopf, was er einfach ignorierte und sie zum Lift führte, indem er ihren Arm unterfasste. Sie trafen immer noch niemanden, auch im Lift war keiner.

Gott sei Dank. Oder auch Mist!

Sie standen sich im Lift wortlos gegenüber und sahen sich nur an. Sie hoffte, dass sie wütend guckte, er hingegen sah sehr entspannt und zufrieden aus.

Los, Mackenroth, mach was, steig aus, frag ihn, was ihm einfällt, dich so zu vereinnahmen. Du willst nicht mit ihm essen gehen.

In der Parkgarage kam ihnen ein Lektor entgegen, grüßte sie freundlich, sie grüßten beide zurück.

Er hielt ihr die Autotür auf, sie stieg ein, er startete den Wagen und fuhr mit ziemlichem Schwung aus der Garage. An der Ausfahrt-Schranke, in die er seine Parkkarte in den Automaten schieben musste, soff der Motor ab und er sagte laut und wütend: „Scheiße."

Sie verkniff sich ein albernes Lachen und er sagte mit einem Seitenblick auf sie: „Ich bin nicht so ruhig, wie ich vielleicht wirke. Falls du irgendwas sagen willst, tu es."

Sie schüttelte den Kopf und starrte auf die Straße.

Als sie in die Elbchaussee einbogen, schwante ihr, dass sie nicht in ein Restaurant fahren würden. Er warf ihr einen Blick zu, sagte aber nichts. Sie schwieg ebenfalls.

Ich tue dir nicht den Gefallen und bring dich durch Reden aus der Verlegenheit. Du wirst mir schon erklären müssen, was du vorhast, Robert Mittag. Ist so was eigentlich eine Entführung? Hätte ich mich dann mehr wehren müssen? Ich könnte ja an der nächsten roten Ampel aussteigen. Wie im Film, da geht das schließlich auch.

Da war aber keine rote Ampel. Ein Wunder, das üblicherweise in Hamburg ausgeschlossen ist und das sie noch nie erlebt hatte: Heute und jetzt waren alle Ampeln in ihrer Richtung auf Grün und Robert bretterte mit dem Audi ziemlich schnell über die Kreuzungen.

Sie lehnte sich müde und seufzend im Beifahrersitz zurück und schloss die Augen. Sie merkte, dass er sie ansah.

Robert, ich will das nicht, lass mich in Ruhe.

Natürlich fuhr er zu sich nach Hause. Als das Garagentor hinter ihnen langsam mit surrendem Geräusch zuging und er den Motor des Wagens ausgemacht hatte, wandte er sich ihr zu und sagte, nachdem sie tatsächlich während der ganzen Fahrt geschwiegen hatten: „Du kommst doch mit rauf, oder?" Es klang unsicher, Hilfe suchend, fast verzweifelt und sein Blick war genauso.

Sie sagte nichts und stieg aus.

Sie gingen auch bis zu seiner Wohnung wortlos nebeneinander im Treppenhaus und erst als sie in der Diele standen, sagte er: „Ich habe nur Käse und Wein und ein bisschen Brot. Ist das okay?"

Sie nickte. „Ich habe sowieso keinen Hunger."

Sie setzte sich einfach auf einen der Ledersessel vor dem großen

Fenster und sah auf die Elbe, während er sich irgendwie in der Küche zu schaffen machte. Sie wartete.
Worauf eigentlich?
Nach kurzer Zeit kam er mit einer geöffneten Flasche Wein und zwei Gläsern ins Wohnzimmer zurück, reichte ihr ein gefülltes Glas und setzte sich dann ihr gegenüber in den anderen Sessel. Er zog Schuhe und Strümpfe aus, legte seine Füße auf den niedrigen Couchtisch, sah sie eindringlich an, sagte „Prost" und trank das Glas fast mit einem Zug aus.

Sie nippte nur. Ihre Hand zitterte. Sie hatte tatsächlich seit Tagen fast nichts gegessen und fürchtete, ganz aus den Latschen zu kippen, wenn sie es ihm nachmachte. Obwohl ihr danach zumute war.

Das Schweigen machte sie nervös.

„Du siehst ein bisschen mitgenommen aus", sagte sie schließlich und wusste nicht, warum sie das sagte. Wahrscheinlich nur, um was zu sagen.

„Soll ich dir sagen, wie du aussiehst, oder lieber nicht?", fragte er.

„Wenn ich aussehe, als hätte ich die letzten Tage und Nächte durchgeheult, dann stimmt das", sagte sie und wusste auch dabei nicht, warum sie ihn offen in die Tiefen ihrer Gefühle blicken ließ.

Er lächelte, ein bisschen mitleidig, aber auch sehr selbstzufrieden.

Sie sahen sich minutenlang über den Rand ihrer Weingläser an.

Was soll das hier werden, Robert Mittag?

„Es kommt auf dich an, was das hier wird", sagte er leise.

Sie seufzte entnervt über seine Gedankenleserfähigkeit und wusste im selben Moment, dass sie verloren hatte.

Sie zog ihre Schuhe aus, legte die nackten Füße auf den Tisch, einen winzigen Zentimeter von seinen entfernt.

Er grinste.

Sei bloß nicht so siegessicher, Robert!

„Ich liebe deine Füße", sagte er und starrte tatsächlich ihre Füße an.

„Wie kann man Füße lieben?"

„Wenn man den ganzen Menschen liebt, geht das."

Sie musste sich zwingen, ruhig sitzen zu bleiben.

„Wer sich zuerst bewegt, hat verloren, oder?", fragte sie schließlich leise.

„Ich hab' sowieso schon verloren." Es klang aber nicht tief betrübt.

Sie schwiegen wieder. Lange, wie es ihr schien, aber sie wusste, dass es ihr nur so vorkam.

„Geben wir auf?", fragte Robert.

„Was?"

„Geben wir es auf, dagegen anzukämpfen?", präzisierte er.

Er weiß, dass ich schon längst aufgegeben habe. Sonst könnte er nicht so arrogant dasitzen und so tun, als wäre ihm alles egal. Robert Mittag, ein bisschen musst du dich noch anstrengen.

Stattdessen sagte sie leise und völlig verzweifelt: „Ja, ich glaube, ich gebe auf."

Er schien plötzlich entspannt zu sein, rutschte im Sessel ein Stück nach unten und berührte mit seinem rechten Fuß vorsichtig ihren großen rechten Zeh.

„Ich nehme an, du weißt es, ich sag es trotzdem gern noch mal: Ich liebe dich."

Sie rutschte wie er im Sessel ein Stück nach unten und konnte ihre Zehen mit seinen verknoten. Er betrachtete den Haufen Zehen einen Augenblick und fragte dann vorsichtig: „Heißt das, es ist nicht zu Ende?"

Sie fürchtete, sie hätte immer noch keine Stimme, und nickte deshalb nur.

In Roberts Gesicht war plötzlich eine solche Erleichterung und so viel Liebe, dass sie eine Gänsehaut bekam.

„Es hat wohl keinen Sinn, dagegen anzugehen", flüsterte sie.

„Nein, das hat es anscheinend nicht, wie man ja eben auf dem Büroflur gemerkt hat. Ich wollte eigentlich nur zum Schriefer ins Büro gehen."

Er schüttelte gedankenverloren den Kopf. „Das ging aber irgendwie gar nicht." Er machte eine Pause und sagte dann entschlossen: „So was wie die letzten Tage muss ich nicht noch mal haben."

„Ich auch nicht."

„Neuer Versuch mit alter Absprache?"

„Ja."

Das war ja wie bei einem Geschäfts-Meeting! Kleine Auseinandersetzung, neuer Deal, alle wieder an die Arbeit, morgen zum Rapport.

Sie dachte, er würde sie in die Arme nehmen, als er aufstand. Aber er ging in die Küche und rief von dort: „Hast du immer noch keinen Hunger?"

„Doch, jetzt ein bisschen."

Er balancierte ein Käsetablett und Weißbrot auf den Tisch und setzte sich wieder ihr gegenüber. Sie konnte nicht mehr ruhig sitzen, stand auf und sah aus dem Fenster auf die vorbeifahrenden Schiffe auf der Elbe.

Mit dem Rücken zu ihm sagte sie: „Was ist bloß passiert? Ich hab' mein Leben irgendwie aus dem Griff verloren."

„Blödsinn", knurrte Robert. „Dein Leben gleitet in meins. Nicht mehr und nicht weniger."

„Und du?", fragte sie und sah dabei immer noch aus dem Fenster.

„Ich schätze, mein Leben gleitet in deins. Ich kann überhaupt nichts dagegen tun. Und will es auch nicht mehr." Seine Stimme klang dabei sehr ruhig und gelassen. Als hätte er schon immer darauf gewartet, solche Worte zu sagen.

„Ich will nur noch mit dir zusammen sein und gleichzeitig sagt mir mein Pflichtgefühl, dass ich es wohl besser nicht machen sollte", sagte Inga und merkte, dass ihre Stimme einen verzweifelten Unterton hatte. „Und was das Merkwürdigste ist: Bis vor vier Wochen konnte ich dich nicht leiden und fand, dass du ziemliche Ähnlichkeit mit einem Arbeitgeberschwein hast."

Robert lachte leise. „He, überleg dir, was du sagst, ich bin immer noch dein Boss."

Er trat hinter sie, legte einen Arm um sie, drehte sie zu sich und hielt ihr mit der anderen Hand ein kleines Stück Weißbrot mit Käse vor den Mund.

„Würdest du jetzt bitte erst mal was essen? Ich traue mich nicht, dich zu küssen, weil du aussiehst, als kippst du mir hier gleich aus den Latschen."

Sie öffnete gehorsam den Mund und er schob ihr vorsichtig das Brotstück zwischen die Zähne. Dann ließ er sie los, holte ihr Weinglas vom Tisch und hielt ihr auch das an den Mund.

„Hör auf, mich zu behandeln, als wäre ich nicht ganz dicht."

„Dann benimm dich auch anders."

Sie seufzte, trank einen Schluck und als er das Glas wieder auf den Tisch gestellt hatte, sagte er leicht genervt: „Also, könnten wir dann mal wieder normal miteinander umgehen?"

„Könntest du mich bitte etwas freundlicher fragen, ob wir jetzt miteinander ins Bett gehen?"

Er sah sie verdutzt an, schüttelte erst den Kopf und warf sich dann lachend auf den Sessel.

„Das meinte ich. Frau Mackenroth hat ihre Sprache wiedergefunden. Es scheint alles wieder normal zu sein. Also, was ich seit einiger Zeit zwischen uns als normal empfinde", setzte er grinsend hinzu.

Sie merkte, dass ihr irgendetwas Schweres vom Herzen gefallen war. Ihr war so leicht zumute wie schon seit Tagen nicht mehr.

Es ist, wie es ist. Ich kann nicht dagegen an. Und er anscheinend auch nicht. Was bleibt uns also anderes übrig? Ich will dich, Robert Mittag. Ist das Liebe? Oder geht es nur um Sex? Du bist mein Chef, du bist der Vorstandsvorsitzende und ich die Betriebsratsvorsitzende.

Verdammt, verdammt, was soll das bloß werden? Welches Risiko gehen wir da ein?

Er sah sie nachdenklich an.

„Weißt du, ich habe auch keine Ahnung, wie das werden soll. Ich weiß auch nicht, ob es richtig ist, was wir tun. Ich hab die ganzen Tage darüber nachgedacht und bin halb wahnsinnig geworden. Ich konnte mich auf nichts konzentrieren und ich glaube, irgendwelche guten Manuskripte sind mir durch die Lappen gegangen, weil ich alles nur bescheuert fand, was ich gelesen habe – wenn ich es überhaupt verstanden habe. Ich hatte so was noch nie – also so extrem, meine ich. Aber eigentlich geht es doch auch hauptsächlich darum, dass du ein schlechtes Gewissen gegenüber Ollie hattest letzte Woche, richtig? Ich verspreche dir, darauf zu achten, dass das nicht noch mal vorkommt."

„Wie meinst du das?"

„Ich werde dich daran erinnern, wann du nach Hause musst, und dich notfalls von der Bettkante schubsen. Auch wenn es mir schwerfällt."

„Ich liebe dich, Robert Mittag."

Sie lächelten sich an.

„Auch wenn es nervt: Ich habe das Problem, dass ich um drei Uhr wieder im Verlag sein muss", sagte Robert entschuldigend. „Es bleibt nicht viel Zeit."

Inga seufzte.

„Ich muss um vier Uhr im Büro sein, weil ich da noch jemand verarzten muss, der mit diesem Herrn Lauer aus der Lohnbuchhaltung nicht klarkommt."

Robert sah auf die Uhr, stand auf, nahm sie in die Arme und zog sie fest an sich.

„Ich wollte sowieso nicht den Eindruck vermitteln, als ob es nur um Sex geht", flüsterte er in ihr Ohr.

„Du hast auch eher den Eindruck vermittelt, als wären wir in Vertragsverhandlungen."

Er ließ sie abrupt los. „Waaas? Ich hab' mir solche Mühe gegeben, das Ganze so sachlich wie möglich durchzuziehen, damit du nicht sagen kannst, Männer wollen immer nur das eine, und jetzt ist das auch nicht richtig."

„Was andere Männer wollen, ist mir völlig egal", lächelte sie und schlang ihre Arme um ihn. „Ich habe mich nur schon die ganze Zeit gefragt, wie lange wir das wohl noch aushalten."

„Du bist ein verdammtes Luder. Hättest du das nicht gleich sagen können?"

„Nein."

Sie küsste ihn, er reagierte sofort und murmelte Sekunden später mit geschlossenen Augen: „Wir sollten es nicht hier am Fenster machen. Wir sind nicht in Kanada."

Sie kam pünktlich zu ihrem Gespräch mit dem Mitarbeiter, Robert war 40 Minuten zu spät. Aber es schien ihn nicht zu kümmern.

„Wo waren wir essen? Nur, damit wir das Gleiche sagen?", fragte er, als sie in der Parkgarage aus dem Auto stiegen.

„Bei irgendeinem Kanadier, bei dem das Essen nicht so doll war und dessen Namen ich vergessen habe. Aber das Ambiente war traumhaft. Der Typ selber auch. Gott sei Dank habe ich seine Telefonnummer."

Es war nach 19 Uhr abends. In den Fluren des Verlages war die hektische Betriebsamkeit des Tages einer stillen Arbeitsatmosphäre gewichen. Aus einigen Büros hörte man noch das sanfte Klappern der Computertastaturen, unterbrochen durch Flüche oder leise Gespräche.

Inga bearbeitete gerade das Protokoll der letzten Betriebsratssitzung, als sie Robert an ihrer offenen Bürotür vorbeigehen sah.

Sie hörte, wie ein Geldstück in den Cola-Automaten auf dem Flur geworfen wurde, dass der Apparat anfing zu rödeln und dann …

„Mist", sagte Robert. Inga verkniff sich ein Lachen. Das hatten heute schon mehrere Leute gesagt, die den Kampf mit dem Automaten verloren hatten.

Sie ging zu ihm auf den Flur.

„Das brauchen Sie nicht weiter zu versuchen. Vermutlich verstopft ein Pappbecher das Ding. Morgen kommt der Monteur."

„Und das Geld ist weg?"

„Ja, damit sanieren wir den Verlag."

„Dabei hatte ich mich so auf eine Cola gefreut."

Dass er sich auf ganz was anderes gefreut hatte, sagten seine Augen.

Er lugte in ihr Büro.

„Das ist ja eigentlich erstaunlich, dass Betriebsräte um diese Zeit noch arbeiten", sagte er und ging an ihren Schreibtisch.

„Das ist das Protokoll der letzten Betriebsratssitzung. Das ist eigentlich nicht für Sie."

Robert holte einen Kugelschreiber aus der Innentasche seines Jacketts und schrieb hastig etwas auf ein leeres Blatt Papier.

„Gegen 20.00 bei mir?" Sie nahm ihm den Kugelschreiber aus der Hand und die Berührung versetzte ihr fast einen Stromschlag. Ihm anscheinend auch. Sie lächelten sich an. „Muss Ollie vom Sport abholen. 21.00 bei mir?"

Er sah sie fragend an. Sie schüttelte den Kopf und schrieb: „Wein trinken und reden in der Küche." „Küche" hatte sie unterstrichen.

Er unterdrückte ein Lachen, nickte und sagte laut: „Das passt mir gut. Ich will das Protokoll gar nicht lesen. Aber wir müssen diese Woche auf jeden Fall noch über die neue Arbeitszeitvereinbarung reden. Vielleicht machen Sie morgen früh einen Termin mit Frau Olsen ab, wenn Sie mit Ihren Leuten gesprochen haben."

Und beim Rausgehen sagte er grinsend: „Ich wünsche Ihnen noch einen schönen Abend, Frau Mackenroth."

Er war pünktlich.

„Ich konnte mich sowieso nicht mehr konzentrieren", sagte er, als er in die große Diele trat. „Ist Ollie schon im Bett?"

„Nein. Er sitzt vor seinem Computer. Ich habe ihm gesagt, dass wir etwas wegen einer Veränderung im Betrieb besprechen wollen und das nicht vor breitem Publikum. Er kennt das."

Sie sah seinen Blick. „Das setzt voraus, dass wir in der Küche bleiben, mein Lieber. Mach dir keine Hoffnungen auf irgendwas. Das mach ich zu Hause nicht."

„Wie ich immer sage: besser als nichts. Ich war ja schon begeistert, dass der Cola-Automat kaputt war und wir deshalb miteinander reden konnten. Auf dem ganzen Weg dahin hatte ich mir nämlich überlegt, wie ich das anstellen soll, dass es harmlos aussieht."

Inga lachte. Sie setzten sich in die gemütliche große Küche und sie öffnete eine Flasche Wein. Der Laptop stand auf dem alten Bauern-Tisch und sie redeten tatsächlich über den Verlag, als Ollie hereinkam.

„Tag. Ich bin Robert Mittag."

„Der Boss, nicht? Willkommen in unserer Küche."

Ollie holte sich Milch aus dem Kühlschrank und wünschte noch einen schönen Abend. Er würde jetzt ins Bett gehen, weil er morgen eine Mathe-Klausur schreibe.

„Höflicher Junge. Geht ja cool damit um, dass ich hier sitze."

„Das ist für ihn nichts Neues. Hier waren schon mehr Leute aus der Firma ..."

„Geheime Meetings?"

„Quatsch, manchmal kann man als Betriebsrat mehr in seiner Küche erreichen als im Büro."

„Ich staune, Frau Mackenroth. Was man dann wohl erst im Schlafzimmer erreichen kann ...?"

„Ja, da bin ich auch gespannt drauf", erwiderte sie zuckersüß lächelnd und lehnte sich zu ihm.

Er seufzte und goss sich ein Glas Wein ein. „Eigentlich hätte ich die Verträge mit Bancroft durchsehen müssen. Aber ich habe nur an New York gedacht und dass ich den Termin mit ihm versäumt habe. Und warum. Ich hab noch nie einen Termin wegen einer Frau versäumt. Nur dass du das weißt."

„Das tut mir leid."

„Ich hoffe nicht, dass dir das wirklich leidtut."

Sie schüttelte lächelnd den Kopf. Er sah sich um.

„Ihr habt es gemütlich hier."

„Nicht zu vergleichen mit Kanada."

„Die Orte sind mir mittlerweile egal. Hauptsache, ich kann dich wenigstens anfassen." Er nahm über den Tisch ihre Hand und ließ sie schnell wieder los, als Ollie noch einmal hereinsah und gleich wieder verschwand.

„Gute Nacht. Ich habe morgen zur ersten Stunde. Tschüss, Herr Mittag."

Robert stand auf, zog seine Lederjacke aus und hängte sie über die Stuhllehne. Er nahm Inga in den Arm und küsste sie zärtlich.

„Keine Angst. Ich mach nicht mehr. Aber für ein paar Sekunden muss ich dich im Arm halten, sonst werde ich noch verrückt."

„Ich eigne mich in diesem Bereich nicht zum Widerstandskämpfer", flüsterte sie an seinem Hals. „Aber bitte, ich kriege das hier zu Hause nicht hin. Lass mich los. Bitte."

Als er sie tatsächlich losließ, sagten ihre Augen wohl das Gegenteil.

„Himmel, jetzt guck mich nicht so an!", sagte er und setzte sich auf den Korbstuhl. „Das krieg ich ja nun gar nicht auf die Reihe."

Sie redeten über Ingas neuen Job.

„Wie oft, meinst du, müsste ich in die USA fliegen?"

„Das kommt drauf an, was anliegt. Am Anfang bestimmt einmal im Monat. Mach es, wie du es für richtig hältst. Ich habe da volles Vertrauen in dich. Vielleicht wirst du auch mal ein, zwei Wochen drüben sein müssen. Bancroft wird die Termine mit dir abstimmen. Es wird dich vermutlich nicht wundern, dass ich ab und zu mitkommen muss, um das Ganze ein bisschen in die richtigen Wege zu leiten." Er grinste sie an.

Das klang alles richtig gut. Sie konnte es eigentlich kaum abwarten. „Wie ist der Zeitplan?"

„Regel das mit deinem Betriebsrat. Vermutlich will doch Scheithauer dein Nachfolger werden, oder?"

Inga verzog das Gesicht und nickte.

„Und dann solltest du zum 1. August offiziell mit dem neuen Job anfangen. Wird der Scheithauer ein Problem für mich?"

„Ganz sicher. Der macht nichts ohne seinen Gewerkschaftssekretär Böhnisch. Den wollte er schon immer bei Betriebsratssitzungen dabeihaben. Das haben wir aber bisher verhindert. Der Betrieb interessiert ihn weniger. Und wenn er jetzt der Vorsitzende wird, wird der sich aufführen wie Napoleon."

„Alternativen?"

„Susi Kleinschmid."

„Die hübsche Schwarzhaarige?"

„Sie sieht nicht nur gut aus, sie hat auch was auf dem Kasten. Außerdem ist sie schon lange genug im Betriebsrat und kennt das Geschäft. Wir müssten nur mal sehen, was mit ihrem Job ist und was sie danach machen kann. Verändern wollte sie sich sowieso, glaube ich. Ich werde sie mal fragen."

„Kann ich dem Napoleon nicht auch eine Superstelle anbieten, damit er sein Betriebsratsamt aufgibt?"

„Hast du eine?"

„Nicht wirklich. Fällt dir was ein?"

„Napoleon – äh, Scheithauer, kommt aus der Buchhaltung."

„Da will ich nicht aufstocken. Im Gegenteil. Da wird noch ein großer Teil zu DATEV, du weißt schon, dieser Beratungsgesellschaft für Abrechnungen, ausgegliedert."

„Ach, Herr Mittag, wieso weiß der Betriebsrat noch nichts davon?"

„Weil mir der Gedanke gestern Morgen unter der Dusche gekommen ist und ich noch kein Gespräch mit dem Betriebsrat zwischenzeitlich hatte. Außer mit der Betriebsratsvorsitzenden in deren Küche beim Glas Wein …"

„An was du unter der Dusche denkst", sagte Inga amüsiert.

„Ich denke da auch noch an ganz was anderes, das kannst du mir glauben. Bevor das Gespräch ins Niveaulose abgleitet oder ich meine Hände nicht mehr an mir halten kann, gehe ich wohl lieber."

Er stand auf, zog seine Jacke an und nahm sie in die Arme.

Bevor er etwas sagen konnte, flüsterte Inga: „Ich liebe dich. Und ich danke dir."

„Wofür?"

„Für deine Rücksicht."

„Dafür danke ich mir auch. Aber das geht sicher nicht jeden Abend gut."

„Wollen wir – willst du, dass wir uns jeden Abend sehen?", fragte Inga überrascht.

„Ich sehe durchaus das logistische Problem. Jeden Abend wird sicher nicht gehen. Aber was ich will, ist genau das – also ich meine, ‚sehen' wäre das Mindeste." Er küsste sie zärtlich auf den Mund.

„Wenn du nicht sofort ..." Sie stöhnte leise auf.

„Schon gut, schon gut. Sehen wir uns morgen?" Er ließ sie nicht los.

„Ja, monatliches Meeting Geschäftsleitung und Betriebsrat."

„Ach, du großer Gott. Das habe ich nicht gemeint. Ich bin noch zwei Tage in Hamburg und dann die nächsten Tage nur unterwegs." Dabei verdunkelten sich seine Augen und er sah sie nicht an.

„Morgen Abend?"

Der Tag begann hektisch.

Inga hatte verschlafen und Ollie war überhaupt nicht wach zu kriegen. Sie fuhr ihn ausnahmsweise mit dem Auto in die Schule, obwohl das eigentlich bei der Hamburger Verkehrslage nicht schneller war als mit dem Bus.

Dabei rief Harry an und teilte kurz mit, dass er noch mindestens zwei Wochen in Afghanistan bleiben würde. Er würde jetzt allerdings nicht mehr für den „STERN", sondern für eine amerikanische Zeitschrift arbeiten, die würden aber viel besser bezahlen.

„Wie geht es Ollie?"

„Er sitzt neben mir. Frag ihn selbst."

Inga reichte Ollie das Handy, der begeistert bis zum Schultor mit seinem Vater telefonierte. Sie war froh, dass sie nicht mit ihm reden musste.

„Papa will dich noch mal", sagte Ollie, als er aus dem Auto sprang, und reichte ihr das Handy zurück. „Tschau, bis heute Abend." Und weg war er.

„Ich melde mich in den nächsten Tagen noch mal", sagte Harry.

„Pass auf dich auf. In der Zeitung steht, dass es gerade nicht ungefährlich ist."

„Ich mache keinen Schritt ohne deutsche Soldaten. Jetzt wahrscheinlich auch mit amerikanischen. Die haben viel zu große Angst, dass Journalisten etwas passiert. Mach dir keine Sorgen."

Machte sie auch gar nicht. *Verräterin!*

„Ich habe einen neuen Job. Ich werde das Betriebsratsamt aufgeben und in die Marketingabteilung des Verlages gehen. Zuständig hauptsächlich für Amerika und Kanada. Ich bin dann wohl auch ein bisschen unterwegs."

„Und Ollie?"

Du Rabenmutter – ein Wort, das es nur in der deutschen Sprache gibt. Er hatte es zwar nicht gesagt, aber wohl doch gemeint.

„Margrit macht das schon. Und was nicht geht, mach ich auch nicht."

Entschuldigung, Entschuldigung, ich mache auch ein bisschen Karriere und den Job, der mir Spaß macht.

„Und du bist dir sicher, dass sie dir den Job nicht nur angeboten haben, damit du als Betriebsrätin aufhörst? Vielleicht wollen sie dich nur loswerden? Wir müssen unbedingt noch mal reden. Ich möchte nicht, dass Ollie darunter leidet."

„Hallo ... hallo ... ich kann dich nicht verstehen. Was hast du gesagt?"

Sie drückte auf den roten Knopf an ihrem Handy und fuhr bei der nächsten Gelegenheit rechts auf einen Parkstreifen. Sie legte den Kopf aufs Lenkrad und dachte: *Scheiße, Mist, verdammter. Was bildet der sich ein? Kein Du fehlst mir – ich liebe dich – ich wollte früher kommen – kommst du zurecht? – ich denke an dich – ich vermisse dich.*

Stattdessen der oberlehrerhafte Darüber-müssen-wir-noch-mal-reden-Ton.
Harry, warum machst du es mir so einfach, Robert zu lieben?

„Na ja, wenn Sie vier Jahre aus dem Job raus sind – das ist doch nicht so schlimm", sagte Herr Smitz von der Werbeagentur Smitz & Smitz gerade zu Inga. „Ich dachte, dass wäre viel länger her."

„Weil ich mich so naiv und blöd anstelle?", fragte Inga und lächelte ihn an.

Er hob abwehrend die Hände. „Nein, nein, Sie stellen sich überhaupt nicht blöd an. Es gibt Dinge in unserem Job, die kann man nicht lernen. Intuition, gute Schreibe, Kontakte aufbauen, das hat man oder man hat es nicht. Das Handwerkszeug, die Technik, das verändert sich. Aber das kann man lernen oder wieder lernen. Aber nach den drei Tagen, die ich Sie jetzt hier habe, würde ich schon sagen, dass Sie es draufhaben."

Inga war ein bisschen erleichtert. Sie wollte ihm zu gern glauben. Aber ihr war schon klar, dass er ihr schmeicheln wollte – und musste, wahrscheinlich. Schließlich war der Verlag ein großer Auftraggeber und wenn da die zukünftige verantwortliche Presse- und Marketing-Frau als sogenannte Praktikantin kommt, gibt man sich natürlich Mühe. Und sowieso antworteten diese schwarz gekleideten Agentur-Menschen natürlich auf solche Fragen geschickt und schmeichelnd. Das war schließlich ihr Job.

Sie hatte Robert gefragt, ob sie ein solches Praktikum für ein paar Tage bei der Agentur in Berlin machen könnte. Sie könnte dann feststellen, wieweit sie noch in dem Job war und was ihr fehlte, wo sie neu lernen musste. Robert hatte gemeint, wenn das Unternehmen das nicht bezahlen müsste, wäre das okay. Darüber hatten sie gestritten und schließlich hatten sie sich in seinem Bett auf Kostenteilung geeinigt.

Herr Smitz balancierte jetzt in der kleinen Küche der Werbeagentur des Verlages in Berlin zwei Milchkaffees an einen Bistrotisch.

„Wie sind Sie denn eigentlich Betriebsrätin geworden?", fragte er plötzlich und rührte in seinem Milchkaffee. Es klang wirklich interessiert.

„Man wird von den Mitarbeitern gewählt."

„Das weiß ich", sagte er ungeduldig. „Das habe ich nicht gemeint. Jemand wie Sie, vorher Presse- und Öffentlichkeitsarbeit, wahrscheinlich viel rumgekommen ... Da ist doch Betriebsratsarbeit langweilig. Und dieses ewige Genörgel von den Mitarbeitern: ‚Kannst du dich mal um dies kümmern und um jenes' ... was die alles nicht auf die Reihe kriegen ... und diese Gesetze muss man doch auch alle ein bisschen kennen, oder?"

„Das hört sich an, als wüssten Sie was über Betriebsratsarbeit."

Er grinste verlegen. „Ich habe mal bei Siemens gearbeitet. In Braunschweig. Da war ich Ersatzmitglied. O, Mann, was ich da erlebt habe ..."

Inga konnte es sich vorstellen.

Herr Smitz lachte plötzlich. „Sie sind offen, interessiert, Sie können zuhören und andrerseits quatschen Sie einen aber auch zu, wenn Sie von etwas überzeugt sind. Vermutlich haben Sie auch noch eine soziale Ader. Das ist es wohl, was man als Betriebsrat braucht, oder?"

„Das Letztere eher nicht", sagte Inga und schüttelte den Kopf.

„Wie? Kein Verständnis für den notorischen Montagsnörgler, der seinen Frust über das verpatzte Wochenende mit seiner Frau bei Ihnen ablässt?"

„Solche Leute haben wir bei uns natürlich nicht", lachte Inga. „Wir sind schließlich ein innovativer und moderner Verlag, wie Sie selber wissen. Da beklagt man sich nicht, man macht. Jedenfalls hätte der Vorstand das gern so."

Smitz lachte. „Sie haben es wirklich drauf. Das habe ich vorhin ernst gemeint. Auch wir Agentur-Menschen sagen ab und zu mal die Wahrheit. Gehen wir wieder an die Arbeit."

Inga saß im Restaurant ihres Hotels in Berlin-Spandau und aß eine Kleinigkeit zu Abend. Sie war müde nach einem langen Tag in der Agentur.

Ich werde wohl alt und hatte mir das etwas leichter vorgestellt.

Dazu kam, dass Ollie ihr am Telefon erzählt hatte, dass er eine Fünf in Mathe geschrieben hatte, zur Schule sowieso keine Lust mehr hatte und diese Zensur der letzte Beweis für ihn war, dass er sofort nach Amerika gehen sollte, um dort berufsmäßig Basketball zu spielen.

Sie stocherte in ihrem Salat und nippte an ihrem Weißwein.
Verdammt, worauf habe ich mich da eingelassen?
Sie musste sich mehr um Ollie kümmern. Es ging nicht, dass sie durch die Weltgeschichte kutschierte. Das tat sein Vater schließlich auch schon. Und sie konnte nicht alle Verantwortung für Ollie auf Margrit übertragen. Die Dame war schließlich 75 Jahre alt.
Ich muss mit Robert reden. Ich kann das nicht machen. Ich habe einen 15-jährigen Sohn und der hat Vorrang.
Sie traute ihren Augen nicht und ihr Herz machte einen Sprung.
Robert kam durch die Tür des kleinen Hotelrestaurants und blickte sich suchend um. Ein leichtes Lächeln ging über sein Gesicht, als er sie entdeckte. Inga registrierte, dass er müde und abgespannt aussah. Sehr müde und abgespannt.
Na, das passt ja wunderbar zu meiner Stimmung.
„Gott sei Dank, ich dachte schon, der Smitz hat dich irgendwohin zum Essen eingeladen", sagte Robert erleichtert, nachdem er sie in den Arm genommen, sehr flüchtig geküsst und sich an ihren Tisch gesetzt hatte.
„Der hat eine neue Flamme, jung, dynamisch und flexibel – die hält der alte Mann nur drei Tage aus." Inga wunderte sich über ihre eigene Wortwahl.
Worüber bin ich sauer?
Robert zog die rechte Augenbraue hoch, kniff die Augen zusammen und musterte sie.
„Probleme?"
Herrgott, dem Mann entging auch gar nichts!
„Was tust du hier?"
Ein bisschen freundlicher fragen vielleicht?
„Mitarbeiterkontrolle." Er lächelte. Aber nur ein bisschen.
Sie wollte sagen: „Ist mit dem Betriebsrat nicht abgesprochen", aber sie merkte, dass er das nicht lustig finden würde.
Stattdessen sagte sie: „Ich meinte, wieso bist du in Berlin ... und hier ... bei mir?"
„Wenn ich das wüsste, ginge es mir besser." Er hatte für diesen Satz mit Mühe seinen Mund geöffnet und sie hatte ihn fast nicht verstanden. Er starrte auf die Tischplatte und schob ihr Weinglas hin und her.

Was war los?

Robert bestellte beim Kellner „Den Weißwein, den die Dame da hat", und Wasser.

„Nein danke, nichts zu essen." Es klang wie „Lassen Sie mich bloß in Ruhe" und genauso guckte er den Kellner auch an, der verschreckt wieder verschwand.

Inga wartete ab. Offenbar war Robert Mittag geladen wie eine Rakete. Sie ging in Gedanken die letzten Tage durch und war sich eigentlich sicher, dass sie daran nicht schuld sein konnte.

Sie aß weiter ihren Salat. Wenn er sie wirklich kontrollieren wollte, gab es ein Problem. Das konnte sie nämlich gar nicht leiden. Von Männern verfolgt zu werden, die sie angeblich liebten, hatte bisher immer dazu geführt, dass sie die Beziehung beendet hatte. Da war ihr Freiheitsdrang denn doch zu groß. Niemand hatte es bisher geschafft, sich Inga Mackenroth und ihr Leben einzuverleiben. Harry hatte das nie versucht – nun ja, durch seine ständige Abwesenheit wäre das auch etwas schwierig geworden.

Und Ollie nicht zu vergessen. Aber der war ihr Sohn, und das zählte insofern nicht, als es für eine Mutter normal war, von ihrem einzigen Kind aufgefressen zu werden.

Auch ein Robert Mittag würde es bestimmt nicht schaffen, dass sie ihren Verfolgungswahn bei Männern und ihr Bedürfnis nach Freiheit ablegen würde.

Eine Stunde später war sie allerdings eines Besseren belehrt.

„Ich hatte sowieso in Berlin zu tun", hatte Robert gesagt. „Und dann dachte ich, könnte ich es auch diese Woche erledigen. Und vielleicht wärst du ja sauer gewesen, wenn ich heute Nacht im Maritim-Hotel gewohnt hätte und du in diesem Hotel."

Sie musste lachen. Das wäre sie in der Tat.

Er lachte nicht.

„Was hast du für ein Zimmer? Also, ich meine, Doppelbett und so?"

Sie nickte und war ein bisschen irritiert.

„Dann lass uns gehen."

Er stand auf und umklammerte mit seinem typischen Handgriff ihr rechtes Handgelenk. Ihr blieb nichts anderes übrig, als aufzustehen und ihm zu folgen.

Jetzt war sie doch sauer.

„Was fällt dir ein?", zischte sie ihn an. „Ich muss die Rechnung noch bezahlen."

Er hatte dem Kellner längst gewinkt, legte einen 50-Euro-Schein auf den Tisch und sagte: „Stimmt so. Der Rest ist für Sie, Entschuldigung wegen meiner schlechten Laune."

Inga lächelte dem Kellner freundlich und entschuldigend zu.

„Danke, alles okay", lachte der und warf ihnen einen anzüglichen Blick hinterher.

Robert Mittag, wie sieht denn diese Nummer hier aus?

Sie liebten sich, wie sie sich noch nie geliebt hatten.

Erstaunt und gleichzeitig sich schämend über sich selbst, weil sie trotz allem Lust verspürte, nahm Inga eine Brutalität an Robert wahr, die sie nicht kannte und auch nicht wollte.

„Hör auf, hör auf – ich will das so nicht." Sie stieß ihn von sich.

Er rollte sich stöhnend von ihr und ließ sie aus seiner Umklammerung los.

„Es tut mir leid, o Gott, Inga, es tut mir leid ... ich wollte dir nicht wehtun ..." Seine Stimme klang verzweifelt.

„Du hast mir nicht wehgetan."

Er stand plötzlich auf, fing an, seine Sachen zusammenzusuchen, und begann sich anzuziehen. Er sah sie dabei nicht an.

„Was tust du da?"

„Ich gehe. Ich kann das so nicht weitermachen. Feierabend. Ende."

Inga war wie gelähmt. Ihr Mund war trocken, ihr Gehirn leer und die Fähigkeit, ein Wort zu sprechen, offenbar durch Schock blockiert.

Was war jetzt los? Was habe ich ihm getan? Hätte ich ihn nicht wegstoßen dürfen? Was war ihm zu viel? Dass ich verheiratet bin? Dass ich die Betriebsratsvorsitzende bin? Warum erklärt er nichts?

Sie war in völliger Panik und das zu ihrem eigenen Entsetzen.

Sie sah schweigend zu, wie er mit leicht zitternden Händen sein Hemd zuknöpfte. Schließlich stand sie auf, ging ins Bad und wickelte sich das Duschhandtuch um ihren Körper. Sie setzte sich auf den einzigen Stuhl in dem kleinen Hotelzimmer und fragte: „Hast du eine Zigarette?"

Er sah sie erstaunt an.

„Du hast eine. Du hast vor einigen Tagen angefangen oder wahrscheinlich wieder angefangen zu rauchen. Habe ich bei dir im Büro gesehen. Ich habe vor zehn Jahren aufgehört. Ich würde gern mal wieder eine probieren."

Robert seufzte und fuhr sich mit den Händen durch die Haare.

„Lass es. Bitte. Es gibt keinen Grund, heute wieder damit anzufangen."

„Es gibt keinen Grund?"

Sie schrie fast, obwohl sie sich darüber im Klaren war, dass man in Hotelzimmern dieser Art und Größe eher flüstern sollte.

„Der Mann, den ich liebe, hat offenbar ein Problem. Mit mir oder mit wem oder was auch immer, verlässt mich gerade, ich weiß nicht, warum, und das soll kein Grund sein, wieder zu rauchen?"

„Inga, ich ..."

Sie ließ ihn nicht zu Wort kommen.

„War das eine Kampagne, Herr Mittag? Mal sehen, wie wir die Betriebsratsvorsitzende unter die Fittiche kriegen? Eine Wette mit Mayer?"

Offenbar wurde er jetzt auch richtig sauer. Seine blauen Augen waren eiskalt auf sie gerichtet, als er sagte: „Es tut mir leid, Inga. Aber ich kann so nicht weitermachen."

Sie war immer noch wie gelähmt. Sie registrierte trotzdem, dass er die Türklinke in der Hand hatte und tatsächlich im Begriff war zu gehen.

„Warum nicht? Robert, bitte, geh nicht."

Na toll, Frau Mackenroth, wie war das noch mit Verfolgungswahn und Freiheitsdrang?

Sie ärgerte sich über sich selbst.

Er drehte sich tatsächlich um. Und lächelte sogar.

Zu ihrer Erleichterung ließ er die Türklinke los, machte die Tür wieder zu und kam auf sie zu. Seinen Gesichtsausdruck konnte sie überhaupt nicht deuten. Er war aschfahl.

Er stützte sich mit beiden Händen auf die Armlehnen ihres Stuhls und sah sie an. Sein Gesicht war dicht vor ihrem.

„Es geht nicht. Die Sache mit dir nimmt Züge an, die ich aus bestimmten Gründen nicht will. Und die Gründe haben nicht damit zu tun, dass ich der Vorstandsvorsitzende bin und du die Betriebsratsvorsitzende. Und es war, verdammt noch mal, keine Wette. Ich kann und will dir bestimmte Dinge über mich nicht sagen und erklären. Ich habe meine Gründe."

Inga war fassungslos.

Zu ihrem Entsetzen stand Robert schon wieder an der Tür.

Er hatte den Satz schon einmal gesagt. In Kanada, in Sallys Garten, unter dem Baum, als sie verzweifelt das erste Mal zwischen ihren Gefühlen für ihn und ihre Familie hin- und hergerissen war. Jetzt war sie nicht mehr hin- und hergerissen.

Sie wusste nicht, woher sie den Mut nahm, auf ihn zuzugehen, mit ihren Armen seinen Nacken zu umschlingen und ihn zu küssen. Nie im Leben hätte sie sich so etwas in einer solchen Situation bei einem anderen Mann getraut. Sie wäre verletzt und wütend gewesen und hätte jeden gehen lassen, wenn er wollte.

Und jetzt und hier mit Robert Mittag war alles anders.

Ihn würde sie nicht gehen lassen.

Sie wusste nicht, was sie sagen sollte. Es gab eigentlich auch nichts zu sagen. Sie machte deshalb einfach das Licht im Zimmer aus. Sie küsste ihn mit einer Leidenschaft, die sie selbst überraschte, wollte seinen Gesichtsausdruck dabei nicht sehen und war erleichtert, dass er sich nicht sträubte, sondern sie gewähren ließ.

„Ich akzeptiere alles, was du sagst, alles, was du willst. Ich will gar nicht alles über dich wissen", hörte sie sich selber sagen, verstand es nicht und log auch noch. Aber sie konnte sogar noch was drauflegen: „Bitte, verlass mich nicht. Ich liebe dich."

Mein Gott, ich weiß ja gar nicht, was ich da rede!

Sie nahm irgendwie wahr, dass er sich wieder auszog.

Er liebkoste sie mit einer vorsichtigen Sanftheit, die sie sehr berührte. Als er diesmal sehr zärtlich in sie drang, kamen ihr die Tränen. Und zu ihrem großen Erstaunen spürte sie auch seine Tränen auf ihrem Gesicht.

Später in der Nacht, als er leise schnarchend neben ihr schlief, dachte sie darüber nach.

Was hatte das zu bedeuten?

Ich kann und will dir nicht alles über mich sagen! Warum nicht? Was sollte das?

Ich habe meine Gründe! Wer hat die nicht? Aber wofür? Und warum diese Dramatik? Warum sagte er nicht einfach: Inga, war nett, aber nun ist Schluss, z. B., weil du mir zu langweilig bist. Oder weil ich nichts mit der Betriebsratsvorsitzenden haben will. *Oder: weil du zu alt bist, ich stehe auf 17-Jährige. Oder: Meine Verhältnisse dauern immer nur fünf Wochen und die sind jetzt um.*

Das wäre zwar alles saublöd, aber dann könnte sie sich damit auseinandersetzen. Vom Gegenteil würde sie ihn gar nicht überzeugen wollen. Natürlich doch. Aber wissen, woran man war, „klare und deutliche Ansage", wie ihre Mutter immer sagte, das war doch wohl das Mindeste, was man erwarten konnte.

Ist er etwa doch verheiratet? Na gut, das bin ich schließlich auch.

Ich habe meine Gründe?! Mittag, wir sind hier nicht im Film. Und ein Puzzle ist das auch nicht!

Nun doch wütend, auch über sich selbst, warf sie sich im Bett herum.

„Was ist?", murmelte Robert verschlafen, ohne sich umzudrehen.

Wie ein altes Ehepaar!

Das machte sie noch wütender.

Wie mit Harry: bloß nicht zu viel reden. Schreiben war für ihn das Wichtigste – und das für andere Leute, nicht für seine Frau.

Sie wollte aufstehen, aber Robert war dafür, dass er geschlafen hatte, erstaunlich schnell. Er hatte sich umgedreht und umklammerte ihr Handgelenk. Er hatte sogar zeitgleich das Licht angemacht.

„Ich dachte, du schläfst", sagte Inga.

„Und ich dachte, du akzeptierst, was ich gesagt habe."

Inga ließ sich ins Bett zurücksinken.

„Das wollte ich auch. Aber es ist so schwer, wenn ich anfange darüber nachzudenken."

Er wollte etwas sagen, aber sie hob abwehrend die Hände.

„Ich habe verstanden, dass es da etwas gibt in deinem Leben, mit dem du mich nicht beunruhigen willst. Das ist die positive Formulierung. Die negative Formulierung ist: Du hast überhaupt kein Vertrauen zu mir und ich bin nur eine Bettgeschichte. Wenn überhaupt."

Falls ihn ihre Worte irgendwie getroffen hatten, zeigte er keine Reaktion.

„Darf ich dich in den Arm nehmen?", fragte er nach längerem Schweigen.

„Warum fragst du das?"

„Weil du den Eindruck erweckst, als würdest du mich gleich aus deinem Hotelzimmer schmeißen. Wobei es dir völlig egal zu sein scheint, ob ich mit oder ohne Klamotten im Hotelflur stehe."

Sie wehrte sich nicht, als er sie in die Arme nahm, sie an sich zog, die Bettdecke um sie beide schlang und das Licht wieder ausmachte.

Er bedeckte ihr Gesicht vorsichtig mit Küssen und murmelte dazwischen: „Ich weiß, dass es schwer für dich ist. Und es tut mir leid. Aber es gibt da Dinge, mit denen muss ich erst mal selber klarkommen, bevor ich sie formulieren kann."

Sie wollte ihn unterbrechen, aber er hielt ihr mit einer Hand leicht den Mund zu.

„Lass mir Zeit. Die Geschichte mit dir wächst mir über den Kopf. Ich wollte nichts mit der Betriebsratsvorsitzenden. Jedenfalls nichts Ernstes. Also, eigentlich kam ich hierher, um mit dir Schluss zu machen. Das hast du ja gemerkt." Er lachte kurz auf. „Das war wohl nichts, wie man sieht. Ich wollte es dir im Restaurant sagen. Und als ich dich dann da sah ... na ja, war wieder alles anders. Da wollte ich dich nur in die Arme nehmen. Und deine Reaktion vorhin – ich habe mit so was nicht gerechnet."

„Womit hast du nicht gerechnet?"

„Mit einer solchen ... Liebeserklärung."

Inga wusste nicht, was sie sagen sollte. Also schwieg sie lieber.

Er sagte auch nichts. Dann hielt sie es nicht länger aus.

„Genügt denn die Liebeserklärung zum Bleiben?"

Er sagte lange Zeit nichts und sie dachte schon, er würde nicht antworten. Dann zog er sie noch dichter an sich, küsste sie und flüsterte im Dunkeln mit belegter Stimme: „Ja. Sie genügt für alles."

„Ich liebe dich immer noch und du wolltest eigentlich um sechs Uhr aufstehen", flüsterte sie ihm am nächsten Morgen um die Uhrzeit zu.

Ihre innere Uhr hatte sie geweckt, obwohl sie wenig geschlafen hatten in der Nacht.

„Von Wollen kann gar keine Rede sein", murmelte er und zog sie an sich. Sie schmiegte sich an ihn und genoss seine Zärtlichkeiten im Halbschlaf.

„Ich habe um elf Uhr einen Termin in Hamburg", murmelte er später mit geschlossenen Augen. Er hielt ihre wandernde Hand fest, führte sie an seine Lippen, knabberte zärtlich daran herum und sagte dann: „Wenn du so weitermachst, bleibe ich hier heute so liegen." Und dann: „Ich habe nicht gesagt, dass du aufhören sollst."

„Wann kommst du eigentlich zurück nach Hamburg?", fragte er sie noch etwas später.

„Heute Abend wollte ich zu Hause sein. Ich muss zu Ollie, ich kann ihn nicht länger allein lassen. Ich weiß sowieso nicht, ob das alles so geht, wie ich mir das vorgestellt habe", sagte sie unsicher und ließ ihn nach und nach aus ihrer Umklammerung los.

Robert sah sie fragend von der Seite an und schwang sich ziemlich dynamisch aus dem Bett.

„Lass uns darüber reden. Bestellst du uns Frühstück aufs Zimmer? Ohne Kaffee wird das mit mir nichts."

Als er aus dem Bad kam und sich mit dem Handtuch die Haare trocken rubbelte, sagte er: „Wir könnten doch auch zusammen zurückfahren nach Hamburg. Du musst nicht allein im Zug sitzen und erzählst mir von Ollie und ich habe etwas Gesellschaft beim Autofahren."

„So wie du fährst, brauchst du keine Gesellschaft."

„Stimmt, eigentlich nicht. Aber ich verspreche, ich fahre etwas langsamer als sonst, damit wir uns unterhalten können."

„Du willst dich mit mir unterhalten?", zog Inga ihn auf.

„Beim Autofahren schon."

Er küsste sie auf die Wange und suchte seine Sachen zusammen. Inga öffnete die Tür, als es klopfte, und der duftende Kaffee brachte ihre Gehirnzellen in Gang.

Was wäre bloß gewesen, wenn er heute Nacht gegangen wäre? Ich hätte mich in die Spree gestürzt – nanana, nicht so dramatisch, Frau Mackenroth!

Sie schenkte ihm Kaffee ein und reichte ihm die Tasse. Ihre Hand zitterte.

„Ich bin ja hier", sagte er leise und strich ihr mit der freien Hand über die Wange. Sie schloss die Augen und küsste seine Finger.

Verdammter Gedankenleser.

Er trank einen Schluck Kaffee und biss in ein trockenes Brötchen.

„Ruf den Smitz an, dass sie wieder ohne dich auskommen müssen", rief er aus dem Badezimmer, als er sich die Haare föhnte.

„Und was soll ich ihm sagen?"

„Du bist in die Arme des Vorstandsvorsitzenden gesunken und musst jetzt leider mit dem nach Hause. Was sonst? Schon gut, schon gut, eigentlich war es wohl eher umgekehrt."

„Robert Mittag, das ist überhaupt nicht witzig! Ich habe ihm gesagt, dass ich eine Woche da bin, und jetzt haue ich Donnerstag früh schon ab. Was denkt der von mir?"

„Nichts. Der ist froh, dass er dich los ist, so kann er endlich wieder richtig arbeiten und muss dir nicht dauernd alles erklären."

„Du bist ja sehr freundlich."

„Wieso?" Robert hangelte sich in seine Hose und griff dann erneut nach der Kaffeetasse. „Praktikantinnen-Schicksal, hab' dich nicht so."

Er ging zu Inga, die mit dem Kaffeebecher in der Hand auf der Bettkante saß, küsste sie auf die nackte Schulter, fuhr ihr mit der Hand durch das zerzauste Haar und sagte: „Wenn du jetzt nicht unter die Dusche gehst, fahre ich allerdings doch alleine und du kannst den Tag mit Herrn Smitz verbringen."

Noch während sie auf dem Berliner Ring fuhren, rief Frau Olsen über das Autotelefon an.

„Der Termin mit der Versicherung ist abgesagt, Herr Mittag. Herr Storch hat einen neuen vorgeschlagen, am Montag um neun Uhr. Ich gehe davon aus, dass Ihnen das recht ist."

„Alles klar. Ich habe in meinem Terminkalender um 17.00 Uhr heute diese komische Vernissage, wo wir irgendwas sponsern. Ist das richtig?"

„Ja. Die Unterlagen liegen schon auf Ihrem Schreibtisch."

„Danke. Ich melde mich. Ich denke, ich komme dann so am frühen Nachmittag ins Büro. Ich mache jetzt noch einen anderen Termin und bin über Handy erreichbar. Tschüss."

Inga mochte die Art, wie Robert mit seinen Mitarbeitern umging. Er behandelte alle gleich freundlich und machte keinen Unterschied. Er fluchte, schimpfte und stauchte auch mal jemanden zusammen, aber das nie vor anderen Kollegen. Er bedankte sich bei seiner Sekretärin und entschuldigte sich gleich morgens beim Reinkommen ins Büro schon, wenn er schlechte Laune hatte. Das hatte jedenfalls Frau Olsen erzählt und Inga glaubte es, seitdem sie ihn näher kannte, sofort.

„Welchen Termin hast du denn noch?", fragte sie jetzt und fürchtete, durch Berlin kurven und irgendwo wartend im Auto sitzen zu müssen.

„Dich."

Er warf ihr mit zusammengekniffenen Augen von der Seite einen Blick zu und schien ihre Reaktion abzuschätzen.

„Au Mann, das hätte ich mir gleich denken können. Du hast mich reingelegt", sagte Inga vorwurfsvoll, freute sich aber.

„Nein. Ich bin nur ziemlich flexibel für mein Alter und hatte gehofft, du wärst es auch."

„Na ja, kommt drauf an. Wenn du mit mir mal schnell nach Mallorca fliegen willst, geht das nicht."

„Wer redet denn von so einem Quatsch? Ich schlage vor, wir fahren zu mir nach Hause und machen es uns zwei, drei Stunden gemütlich. Danach sind wir hoffentlich für die nächsten paar Tage gewappnet, in denen wir nicht das reden können, was wir wollen, und schon gar nicht machen können, was wir wollen. Wir fliegen ja erst am Mittwoch nach Halifax. Danach fährst du zu Ollie und ich ins Büro."

„Klingt nicht schlecht. Aber wenn mich jemand erwischt, ist das Blaumachen wohl ein Kündigungsgrund."

„Zwangsläufig würde man mich wohl auch erwischen."

„Du bist der Vorstandvorsitzende."

„Da alle davon ausgehen, dass ich 24 Stunden am Tag arbeite, darf ich blaumachen, wann ich will."

„Siehst du, das ist der Unterschied zwischen den armen Werktätigen und denen, die das Kapital versuchen zu verwalten."

„Hör mir auf mit diesem marxistischen Mist. Sag mir lieber, ob du was anderes vorhast oder dich meinem Vorschlag anschließen kannst. Wenn nämlich nicht, setze ich dich am Bahnhof ab." Er grinste sie an.

„Das wagst du nicht."

„Na klar. Ich werde dir sogar noch nachwinken."

„Was mache ich, wenn sie mich kündigen wegen Blaumachen?"

„Erstens hast du Kündigungsschutz als Betriebsrätin und kriegst höchstens eine Abmahnung. Und zweitens bin ich immer noch der Vorstandsvorsitzende, der vielleicht gefragt werden muss. Und drittens wäre das auch nicht so schlimm, dann ziehen wir eben nach Kanada."

Über den letzten Punkt schien er selbst etwas irritiert zu sein.

„Also, ich meine, äh ..."

„Schon gut, schon gut. Ich verstehe das nicht als Heiratsantrag. Du hast mich nicht auf dem Hals", sagte Inga und meinte es nicht.

Robert schwieg und starrte auf die Straße.

Nach einer Weile nahm er den Fuß vom Gas und sagte: „Du wolltest mir von Ollie erzählen."

Inga seufzte.

„Ich fang mal gleich mit dem Schlimmsten an. Und denke bitte nicht, ich wäre eine wankelmütige Tussi, die nicht zu ihren Entscheidungen steht oder die der Mut verlassen hat."

„Warum sollte ich so was von dir denken? Ich glaube, ich kenne dich besser, als du denkst. Und dass dich bei irgendetwas der Mut verlassen sollte – also ehrlich, das kann ich mir nicht vorstellen."

Er fuhr jetzt noch langsamer.

„Ich weiß nicht, ob es richtig ist, dass ich den Job für Amerika machen will. Ollie ist in dem Alter, in dem man jedenfalls einen Teil der Eltern braucht. Mehr oder weniger ständig. Kontrolle, Ansporn, Gespräche, Motivation, alles das. Sein Vater ist schon nie da. Wenn ich jetzt auch noch so oft weg bin – ich mache mir Sorgen, ob das das Richtige ist. Und meine Mutter ist 75 – also, so ganz toll ist das weder für sie noch für Ollie. Das war die Kurzversion."

„Weiter."

„Was weiter?"

„Ich will mehr wissen. Wieso glaubst du, dass Ollie das nicht verkraftet? Er macht nicht den Eindruck, als würde er auf dich warten abends."

„Natürlich nicht. Im Gegenteil, er meint sogar, ich kontrolliere ihn zu viel. Aber wenn ich das nicht tue, macht er seine Hausaufgaben nicht und daddelt mit irgendwelchen Leuten rum."

„Was hast du mit 15 gemacht?"

„Genau das."

„Eben."

„Natürlich ‚eben'. Und deswegen muss ich da sein."

„Verstehe."

„Wirklich?"

„Es steht mir nicht zu, irgendetwas dazu zu sagen. Ich habe keine Kinder, aber ich bin, glaube ich, nicht ganz blöd. Ja, ich verstehe dich. Wobei ich dazusagen muss, dass ich im Moment sowieso alles verstehe, was du sagst."

Sie fand, jetzt war eine gute Gelegenheit, ihn zu fragen.

„Warum hast du keine Kinder? Du wärest bestimmt ein guter Vater."

Er starrte auf die Straße und seine Kiefer mahlten.

Offenbar schwieriges Terrain. Vielleicht hätte ich die Frage doch nicht stellen sollen. „Ich hatte als Kind Mumps. Es soll daran liegen." Er machte eine Pause und sagte dann leiser: „Das war auch der Grund, weswegen meine Ehe gescheitert ist."

O, da war jemand anscheinend vor Jahren sehr verletzt worden.

Sie beugte sich zu ihm hinüber und küsste ihn zärtlich auf die Wange. Er lächelte sie an und legte seine rechte Hand auf ihr Knie.

„Es ist lange her. Es tut nicht mehr weh", sagte er.

Sie schwiegen eine Weile und Inga dachte: *Was hätten wir gemacht, wenn es uns beiden passiert wäre?*

„Glaubst du, wir beide wären unter solchen Umständen noch verheiratet?", fragte er.

Sie lehnte sich in dem Autositz so zurück, dass sie ihn ansehen konnte.

„Erklär mir die Frage, Gedankenleser."

Er warf ihr kurz einen Blick zu und sah dann wieder auf die Straße.

„Na ja, ich nehme an, ich hätte dich auf der Stelle geheiratet, wenn ich dich vor 20 Jahren kennengelernt hätte. Egal, mit wem du zusammen gewesen wärst – ich hätte mich vermutlich mit ihm duelliert."

„Und du glaubst, wenn du deinen Konkurrenten erschossen hättest, hätte ich ‚Ja' gesagt und dich geheiratet?"

„Ich bin mir sicher. Du nicht?"

„Doch. Und nachdem wir den Konkurrenten irgendwo beerdigt hätten, hättest du mir irgendwann sagen müssen, dass du keine Kinder bekommen kannst?"

Er nickte, grinsend.

„Und du willst wissen, ob ich dich dann verlassen hätte?"

Er nickte wieder, zögernd.

„Halt auf dem nächsten Parkplatz an."

„Was?"

„Fahr einfach rechts raus."

Sie lächelte ihn an, als er sie fragend ansah, und sie sagten beide kein Wort, bis er tatsächlich am nächsten Parkplatz von der Autobahn abfuhr.

Als er den Motor des Wagens ausgemacht hatte, schlang Inga die Arme um ihn und zog seinen Kopf auf ihren Schoß. Er ließ es einfach geschehen und sie streichelte sein Gesicht, beugte sich zu ihm hinunter und küsste ihn zärtlich.

„Robert Mittag, wenn ich nicht ahnen würde, dass du mich wirklich liebst, würde ich wegen dieser Frage vor Wut hier aussteigen." Sie küsste ihn wieder. „Ich würde dich niemals verlassen. Und ich würde dich niemals so verletzen."

Er hatte die Augen geschlossen und sie merkte, dass er sich sehr zusammenriss.

Als er sie küsste, flüsterte er heiser: „Das weiß ich. Ich wollte es nur wirklich hören."

Als das Autotelefon klingelte, blieben seine Hände und sein Mund, wo sie waren, und er machte keine Anstalten, das Gespräch anzunehmen. Inga sagte schließlich leise: „Findest du nicht, dass wir für Sex im Auto zu alt sind?"

Er lachte, ließ sie los, setzte sich auf und fuhr sich durch die zerwühlten Haare.

„Eigentlich nicht. Wir sollten sehen, dass wir so schnell wie möglich nach Hause kommen."

Er ließ den Motor an und fuhr wieder auf die Autobahn.

Von diesem Mann komm ich nicht mehr los.

Und sie wusste nicht, ob sie darüber verzweifelt oder glücklich sein sollte.

Robert sagte, ohne sie anzusehen: „Du liebst mich wirklich, was?"

„Ja."

„Ich dich auch."

Dann sagte er in einem anderen Tonfall: „Wollen wir weiter über Ollie reden?" Und als sie nickte, fuhr er fort: „Musst du nicht auch etwas Vertrauen zu ihm haben? Der Kerl ist 15. Er ist ein fertiger Mensch, hungrig auf das Leben, neugierig. Und mal ehrlich: Schule? Fandest du die toll?"

„Nein. Im Leben nicht. Grauenvoll."

„Siehst du. Ich auch nicht."

„Das ändert aber nichts daran, dass er einen einigermaßen passablen Schulabschluss machen muss. Denk mal an unsere Azubis. Was schimpfen wir über deren Null-Bock-Mentalität und schlechte Leistungen."

„Schon gut... also? Wie helfen wir dem jungen Mann? Und dir? Und mir natürlich auch. Hm. Vermutlich etwas viel. Das werden wir wohl nicht alles unter einen Hut kriegen."

„Er wollte schon mal ins Internat nach Louisenlund oder St. Peter-Ording. Fand ich aber nicht so toll. Und teuer ist es auch."

„Andrerseits sind dort Leute, die die Jungs kontrollieren, Hausaufgaben und so. In anderen Ländern ist das ganz normal, Kinder aufs Internat zu schicken. Nur ihr Deutschen habt da ein Problem mit eurem schlechten Gewissen."

„Ach, nun ist der Herr plötzlich Kanadier? Hör gefälligst auf, mich zu beschimpfen."

Er berührte ihren Arm.

„Du weißt genau, was ich meine."

Inga seufzte. „Natürlich weiß ich das."

Nach einer Weile fragte Robert: „Und? Was machen wir jetzt?"

Das ‚Wir' berührte sie. Er fühlte sich anscheinend für alles, was sie betraf, mitverantwortlich.

Robert Mittag, wenn das ein Trick ist ...?

Er sah sie von der Seite an und grinste.

„Soll ich wieder auf den nächsten Parkplatz fahren?"

„Gib lieber Gas, damit wir zu dir kommen. Wir werden schon von Lastwagen überholt, so langsam fährst du."

Robert lachte. Dann sagte er: „Vielleicht sollten wir erst mal abwarten, wie sich das mit deinem Job entwickelt. Kann ja sein, dass es einfacher läuft, als du denkst."

Inga dachte darüber nach. „Vielleicht hast du ja recht."

Als sie am Nachmittag nach Hause kam, war Ollie nicht da. Ein Zettel lag auf dem Flur: „Bin beim Basketball. Zurück gegen sechs Uhr. Tschau. Ollie."

Flüchtig dachte sie, dass sie dann ja noch länger mit Robert hätte zusammen sein können. Blödsinn, räum mal hier deine Wohnung ein bisschen auf und denk nicht immer an diesen Robert Mittag.

Das war schwierig. Während ihr Körper die Waschmaschine füllte, Staub wischte und in Ollies Zimmer die kriegsähnlichen Zustände beseitigte, entstand in ihrem Inneren immer mehr ein Chaos der Gefühle, das wohl eher hätte aufgeräumt werden müssen.

Sie rief Margrit an, die ihr erzählte, dass sie mit Ollie die vier Tage wunderbar zurechtgekommen war und es keine außergewöhnlichen Vorfälle gegeben hatte. Er habe seine Schularbeiten gemacht und sei pünktlich im Bett gewesen. Nein, sie wüsste nicht, dass er irgendwo rumgedaddelt hätte.

Also hatte Robert recht behalten. Schon wieder der Gedanke an ihn. Nach ihrer Rückkehr nach Hamburg hatten sie es sich bei den sommerlichen Temperaturen auf seinem großen Balkon mit Blick über die Elbe gemütlich gemacht, Weißwein getrunken, geredet, über Ollie, Ingas Zeit in Amerika mit Harry zusammen, über Kanada, ihre Familien, ihre Freunde, ihr früheres Leben, als sie sich noch nicht kannten, und Susans bevorstehende Hochzeit in Kanada nächste Woche. Die Übereinstimmung ihrer

Gedanken, Ideen, Träume und Meinungen hatte sie beide immer wieder verblüfft, ganz davon abgesehen, dass Robert sowieso schon immer wusste, was sie sagen wollte. Dafür, dass er ihr nicht alles über sich sagen konnte oder wollte, hat er eigentlich ganz viel gesagt, dachte Inga irgendwann.

Nach einer Stunde hatte er grinsend gefragt: „Wie lange willst du eigentlich noch Konversation mit mir machen?"

„Wie bitte?"

Er war aufgestanden, hatte ihre Hand genommen, „Los, komm, ich will endlich das fortführen, was wir im Auto angefangen haben", gesagt und sie ins Schlafzimmer gezogen.

Sie versuchte, nicht daran zu denken und sich auf ihre Hausarbeit zu konzentrieren.

Das funktionierte aber nicht. Sie dachte ständig an ihn und das Kribbeln im Bauch wollte nicht aufhören. Sie war genauso glücklich darüber wie unglücklich.

Und es ging Robert anscheinend nicht anders.

Sie waren aufeinander zugestürzt wie zwei Ertrinkende und er hatte danach atemlos und völlig fertig auf dem Bauch liegend geflüstert: „Was war das denn?" Und genau das Gleiche hatte sie sich auch gerade gefragt. „Liebe?", hatte sie vorsichtig gemeint und dabei ebenso nach Atem gerungen wie er, während er sich umgedreht hatte und sie mit einer merkwürdigen Mischung aus totaler Verblüffung und unglaublicher Zärtlichkeit angesehen hatte.

„Mich beschleicht das komische Gefühl, dass ich vorher noch nie richtig geliebt habe."

Sie war darauf ziemlich durcheinandergeraten.

„Du wirst es nicht schaffen, mir irgendwann noch mal eine schönere Liebeserklärung zu machen", hatte sie geflüstert, als sie sich einigermaßen wieder im Griff hatte.

Er hatte sie an sich gezogen und fast unverständlich in ihr Haar gemurmelt: „Himmel, wie konnte uns das bloß passieren?"

Um vier Uhr rief sie im Verlag an, um sich abzulenken, und ließ sich von Scheithauer die neuesten Vorkommnisse erzählen.

Um fünf Uhr kam Ollie und verschwand nach einem kurzen überraschten „Hallo" in seinem Zimmer, angeblich, um Schularbeiten zu machen. Sie ließ ihn in Ruhe, ging einkaufen und bereitete eine Pizza für sie beide zum Abendbrot vor.

Um sechs Uhr rief Robert an und sagte: „Die Vernissage war langweilig. Nächstes Mal sponsern wir was anderes. Ihr könnt euch da in diesem Kulturarbeitskreis mal was einfallen lassen."

Und dann leiser: „Ich wollte nur noch mal deine Stimme hören und mich für den netten Tag bedanken."

Nur ‚nett'?

„Ich fand es mehr als nett."

„Ja. Das ist wahr. Es war ..." Offenbar suchte er nach dem passenden Wort.

„Außergewöhnlich?", half sie ihm und war gespannt.

„Ja, mehr als das." Pause. „Es war außergewöhnlich schön." Wieder Pause. „Ich fahre jetzt ins Büro. Da ist ja einiges liegen geblieben. Also dann."

Irgendwie fiel es ihm wohl schwer, das Gespräch zu beenden.

Sie wollte es nicht, sie wollte Luft bekommen, ein bisschen frei von ihm sein nach diesem gestohlenen Vormittag, der ihr ein schlechtes Gewissen bereitete und an dem er sie völlig mit sich genommen hatte, sich ihr ausgeliefert hatte und in sein Leben hatte eintauchen lassen, und sagte trotzdem: „Willst du danach noch auf ein Glas Wein vorbeikommen?"

Schweigen am anderen Ende der Leitung. Na gut, vielleicht wurde es ihm auch zu viel. Vielleicht war sie ihm doch zu nah gekommen. Dann hörte sie ihn lachen.

„Das hat aber gedauert! Was meinst du, weswegen ich angerufen habe?"

Danach ging alles leichter. Ihre Stimmung hob sich, sie rief Ollie zum Abendessen und erzählte ihm von ihrer Tätigkeit in der Agentur in Berlin in der Hoffnung, dass er auch von sich etwas erzählen würde.

Das tat er sogar und sie saßen länger als eine Stunde zusammen in der Küche.

Es geht ihm gut, ich brauche mir keine Sorgen zu machen. Ich muss auch loslassen können.

Da sagte Ollie: „Yannick geht nach den Sommerferien nach Louisenlund ins Internat. Sein Vater arbeitet für zwei Jahre in London bei der Bank."

Sie kapierte es nicht.

„Das ist ja schade."

Sie sah ihn an und merkte plötzlich, dass er tatsächlich traurig, verlassen wirkte. Sie nahm seine Hand und erstaunlicherweise entzog er sie ihr nicht. Er ließ sich sonst von seiner Mutter nicht mehr gern berühren.

„Glaubst du nicht, dass du neue Freunde finden wirst?", fragte Inga vorsichtig.

„Doch, schon. Aber Yannick ..."

Es klingelte und Inga dachte, dass das jetzt vielleicht doch der falsche Augenblick war, in dem Robert auf der Bühne erschien.

Zu ihrem Erstaunen war das Gegenteil der Fall.

„Ich war auch auf einem Internat", sagte Robert, nachdem er gefragt hatte, ob er die Jacke ausziehen und den Schlips ablegen dürfte.

Ollie hatte als eine Art amtierender Hausherr genickt.

„Mann, was haben wir da für Blödsinn gemacht", sagte Robert.

„Wie in diesen Bücher, oder? Harry Potter und so?" Ollie schien interessiert.

„Na ja, ganz so nun auch nicht", wiegelte Robert etwas ab. „Außerdem konnte keiner von uns zaubern. Das wäre manchmal bestimmt hilfreich gewesen." Sie lachten. „Wir haben auch ganz schön pauken müssen. Wir hatten nachmittags Unterricht und die Lehrer waren gnadenlos."

Inga stellte sich Robert als Schuljungen im Internat vor. Hatte er dort seine erste Liebe? War er ehrgeizig oder faul gewesen?

Robert grinste sie an. „Na klar war ich faul. Deshalb haben meine Eltern mich ja dahin geschickt. Aber es war eine nette Zeit, was all das andere angeht. Ich war nur zwei Jahre da."

„Ich würde vielleicht auch gern aufs Internat", sagte Ollie.

Aha, daher wehte der Wind.

Inga zuckte zusammen und Robert warf ihr einen Blick zu.

Er zuckte leicht mit den Schultern.

„Nur wegen Yannick oder weil du es wirklich möchtest?", fragte Inga schließlich vorsichtig.

„Ich glaube, ich könnte da besser lernen."

Das klingt ja sehr vernünftig. Zu vernünftig.

„Das kann gut sein", mischte Robert sich ein, nachdem er Inga fragend angesehen hatte.

Darf ich was dazu sagen?

Blöde Frage.

„Man wird dort einfach mehr zum Lernen angehalten, weißt du? Die Hausaufgaben muss man unter Aufsicht machen und die Lehrer geben sich Mühe, dass man alles kapiert. Die stehen da mehr unter Druck als an den öffentlichen Schulen."

„Trotzdem liegt es doch da auch wieder an einem selbst, oder?", warf Inga ein. „Wenn du da genauso faul bist wie hier, wird dir das nichts nützen."

„Au Mann, ich weiß das", stöhnte Ollie entnervt.

Und Inga verkniff sich ein: „Was soll ich denn hier alleine machen?"

„Du wärst dann hier aber ja auch ganz allein in Hamburg", sagte Ollie zu ihrer Überraschung.

„Ich habe doch Oma", sagte Inga geistesgegenwärtig, freute sich über ihren sensiblen Sohn und sah aus den Augenwinkeln, wie Robert schmunzelte.

Und mich, bitte schön.

„Erzähl von deinem Internat", sagte Ollie und Inga registrierte das erste Mal, dass ihr Sohn ihren Geliebten duzte und der das anscheinend völlig in Ordnung fand. Immerhin war Robert für Ollie Ingas Chef. Na gut, ein Chef sitzt üblicherweise nicht jeden zweiten Abend bei der Betriebsratsvorsitzenden zu Hause, hat seine Jacke und seinen Schlips abgelegt und führt Erziehungsgespräche mit deren Sohn. Da merkt wohl auch ein 15-Jähriger, dass irgendwas anderes läuft.

„Ich hatte mal zwei Wochen Stubenarrest", fing Robert an.

Natürlich fragte Ollie, warum.

Robert erzählte eine völlig obskure Geschichte, von der Inga unklar blieb, ob er sie nur erfunden hatte, um Ollie zu beeindrucken, oder ob das wirklich passiert war, weil zwischendurch das Telefon klingelte und Harry aus Afghanistan am anderen Ende der Leitung war.

Jetzt wurde das Handling der Situation etwas schwierig, fand sie und wunderte sich gleichzeitig über ihre Gelassenheit. In ihrer Küche saß ihr Geliebter und gleichzeitig Chef, der sich prächtig mit ihrem

Sohn verstand, und aus Tausenden Kilometern Entfernung erzählte ihr ihr Ehemann am Telefon in der Diele Kriegsgeschichten und fragte nebenbei noch mal, was so in Hamburg los sei.

Ollie kam und fragte begeistert: „Ist das Papa?"

Inga reichte ihm den Hörer, nachdem aus ihrer Sicht alles mit Harry besprochen war – „Ja, mir geht es gut, ja, Ollie auch, pass auf dich auf" –, und ging zu Robert zurück in die Küche.

„Ungünstiger Augenblick, was?", fragte er stirnrunzelnd. „Soll ich gehen?"

Sie schüttelte den Kopf.

Sie schenkte ihnen Wein ein und berührte dabei zärtlich seine Hand.

Er sah sie schweigend an und sie lächelten sich zu.

„Ich freue mich auf nächste Woche."

„Ich mich auch", antwortete sie dankbar für die Ablenkung und dachte an das Haus in Kanada und Susans Hochzeit.

„Treffen wir uns am Flughafen? Und hältst du es eigentlich für sinnvoll, dass wir zusammensitzen? Ich meine, wenn uns jemand sieht?", gab Inga zu bedenken. Und wunderte sich schon wieder über sich, dass sie über Kanada und Roberts Familie redete und nicht über Afghanistan und Harry nachdachte.

„Wir könnten es vielleicht so machen, dass wir nach Frankfurt erst mal getrennt sitzen. Und ab Frankfurt zusammen, und wenn wir feststellen, dass da keiner ist, der uns kennt, dann könnten wir ..."

„Uns endlich küssen?"

„Zum Beispiel."

„Aufregend. Ich kenne dich also erst mal nicht?"

Er lachte. „Das wär vielleicht ganz gut. Aber ich fürchte, das hältst du nie durch. Äh, also, ich fürchte es eigentlich nicht."

„Du kennst doch meine schauspielerischen Fähigkeiten mittlerweile. Ich halte mich ganz gut im Verlag. Das Schlimmste ist allerdings immer, wenn wir zum Beispiel so einen Abend verbracht haben oder so einen Tag wie heute und ich dann morgen früh auf dich treffe und ‚Guten Morgen, Herr Mittag' im Vorbeigehen sagen muss."

Sie schüttelte sich. „Vor ein paar Tagen im Lift, als du plötzlich zugestiegen bist und dich auch noch nach hinten durchgedrängelt hast ...

also nee, wirklich. Ich dachte, ich kriege einen Herzinfarkt. Und dann noch dein freches Grinsen!"

„Ich habe nicht frech gegrinst. Ich habe freundlich alle im Lift gegrüßt."

„Ja, und mich hast du angesehen, als hätte ich nichts an."

Jetzt grinste er wirklich frech.

„Das bildest du dir nur ein. Du hast mich so angestrahlt, dass ich dich besonders freundlich angesehen habe. Und solange du nicht das zu mir sagst, was du üblicherweise nach dem Aufwachen sagst, geht es ja noch."

Ich liebe dich immer noch.

Sie sahen sich an und lachten.

„Papa, Yannick geht aufs Internat und ...", hörten sie Ollie sagen. Wenigstens sein Kind führt ein Gespräch mit ihm, wenn schon nicht seine Frau, dachte Inga und wurde ein bisschen traurig.

Irgendetwas ging zu Ende, das fühlte sie, aber würde auch etwas Neues anfangen? Mit Robert?

Sie fühlte sich ihm nach dem heutigen Tag unglaublich nah, so mit ihm verbunden wie mit keinem anderen Mann in ihrem Leben vorher.

Obwohl er sie am gestrigen Abend aus seinem Leben schmeißen wollte, war sie am Morgen durch die Frage nach seiner Kinderlosigkeit offensichtlich in sein Innerstes eingebrochen. Und hatte ihn am Nachmittag mit ihrer Zärtlichkeit und Liebe wohl völlig durcheinandergebracht.

Nicht, dass dir das bei mir nicht auch gelungen wäre, Robert Mittag.

Aber eigentlich ging das doch gar nicht. Der Vorstandschef und die Betriebsratsvorsitzende – so ein Quatsch.

Und was war mit seinem Satz „Ich will und kann dir nicht alles über mich sagen"? Wieso ließ sie sich das gefallen? Und warum hatte er sich in ihren Armen trotzdem so emotional fallen lassen? Und warum hatte sie so viel Vertrauen zu ihm, dass sie sagen konnte: „Ich will gar nicht alles über dich wissen?"

Ich will alles über dich wissen, Robert Mittag. Jede Sekunde deines Lebens will ich nachvollziehen, jedes Glücksgefühl mit dir teilen und dich für jeden Lebensschmerz trösten.

Herrje, Mackenroth, du bist auf dem besten Wege, dich in eine unmögliche Geschichte reinzureiten, aus der du lebend nicht wieder rauskommst.

„Hey, ich sitze hier. Und ich gehe erst weg, wenn du es sagst."

Robert hatte es sehr leise und sehr zärtlich gesagt.

Damit er ihre plötzlichen Tränen nicht sah, stand sie auf und ging zu Ollie in den Flur.

Sie atmete tief durch.

Okay, Mackenroth, es ist, wie es ist.

Vermutlich vertraue ich ihm, weil er mein Chef ist. Man kennt sich sozusagen und weiß eigentlich, was man voneinander zu halten hat. Ich habe ihn ja schließlich nicht auf der Straße aufgelesen und muss jetzt rätseln, ob der Name stimmt oder ob er ein Heiratsschwindler oder Schwerverbrecher ist.

Sie war sich plötzlich sicher, dass er ihr irgendwann alles über sich erzählen würde. Alles. Wirklich alles. Und sie ahnte, dass er sie in etwas mit ziehen würde, aus dem sie nicht mehr entkommen konnte.

Anscheinend war Robert auf der Liege neben Inga eingeschlafen. Er hatte seine Augen geschlossen und sich schon seit zehn Minuten nicht mehr gerührt, geschweige denn, ein Wort gesagt. Inga schaute hinaus auf den Atlantik und hörte dem gleichmäßigen Rauschen der Wellen und dem krächzenden Schreien der Möwen zu. Ab und zu schloss sie die Augen, weil sie schläfrig wurde. Sie hatten Sally und Walter gestern und heute Vormittag bei den Vorbereitungen zur Feier geholfen, die in ihrem Haus – und hoffentlich im Garten, wenn das warme Wetter sich hielt – stattfand, und Tische geschmückt, Girlanden aufgehängt und Stühle geschleppt. Inga hatte mit Sally in der Küche Snacks vorbereitet, das Essen und die Getränke für ca. 60 Gäste würden aber von einem Catering-Service geliefert werden.

Sie war überrascht, wie gut sie sich mit Sally verstand. Sie hatten den gleichen Humor, den gleichen Geschmack; so wie Sally die Tischdekoration aus ihrem eigenen Geschenkartikelladen, den sie in Lunenburg betrieb, für die Hochzeit ihrer Tochter ausgewählt hatte, hätte sie es selbst auch getan.

Robert hatte einige Termine in Lunenburg und auch als sie mit Sally und Walter allein war, hatte sich an ihrer Herzlichkeit und Freundlichkeit ihr gegenüber nichts geändert.

„Ich schätze, du überlegst, was du nachher anziehen sollst", sagte Robert plötzlich und drehte sich zu ihr um. Er hatte die Augen immer noch geschlossen.

„Du kennst die Frauen doch nicht so gut, wie du mir bisher vorgegaukelt hast", sagte Inga. „Das habe ich mir doch schon längst in Hamburg überlegt. Und gekauft übrigens auch."

„Hm – ohne mich?"

„Ich würde nie mit einem Mann Klamotten einkaufen gehen. Das verdirbt einem den ganzen Spaß. Und im Übrigen: Wie hätten wir das wohl machen sollen? Vorstandsvorsitzender bummelt mit Betriebsratsvorsitzender über die Mönckebergstraße? Sehr witzig."

Er nahm ihre Hand in seine und küsste sie.

„Du hast ja recht."

Er wollte gerade näher an sie heranrücken, als es auf der Holzveranda klopfte. Der Mann im gleichen Alter wie Robert strahlte sie an.

„Derrick", rief Robert überrascht und war sofort auf den Beinen. Die beiden Männer umarmten sich eng, schlugen sich auf die Schulter, lachten sich herzlich an. Schon wieder eine unglaubliche menschliche Wärme untereinander, dachte Inga.

„Ich habe schon gemerkt, dass ich störe, sorry, alter Junge", sagte Derrick entschuldigend und warf einen neugierigen Blick auf Inga.

„Inga, das ist Derrick, mein uralter Freund aus Schulzeiten und immer noch mein bester Freund. Und außerdem der Pastor hier und gleich außer dem Brautpaar die Hauptperson auf der Hochzeit. Derrick, das ist Inga, meine Freundin." Robert machte eine Pause: „Und meine große Liebe."

Ingas Herz ging auf.

Derrick nahm sie in den Arm. „Es wird dich nicht wundern, ich habe schon von dir gehört. In diesem Landstrich sprechen sich neue Leute und noch dazu so gut aussehende und charmante augenblicklich herum. Willkommen in Nova Scotia, Inga."

Ingas Herz ging gleich noch einmal auf.

„Musst du nicht schon bei Sally und Walter sein? In gut einer Stunde geht es doch los?", fragte Robert.

Derrick winkte ab. „Alles bestens organisiert dort. Ich wollte die Gelegenheit nutzen, kurz mit dir mal zu quatschen."

„Ich ziehe mich dann schon mal um. Soll ich euch was zu trinken holen?", fragte Inga.

Robert sah sie leicht erstaunt an, nahm sie dann in die Arme, küsste sie zärtlich und sagte schmunzelnd: „Willkommen zu Hause, Liebling."

Erst als sie eine Flasche Wasser und die Gläser aus der Küche holte, begriff Inga, was Robert meinte.

Wie selbstverständlich und ohne nachzudenken, als wäre sie hier zu Hause, als wäre dies ihre Küche und ihre Gastgeberpflicht, die sie von Kindesbeinen bei ihrer Mutter gelernt hatte, aber die man üblicherweise nur in seinem eigenen Haus ausübte, hatte sie die Frage nach Getränken gestellt. Natürlich wäre es Roberts Aufgabe gewesen. Sie war hier doch eigentlich Gast, wenn auch vielleicht als seine Geliebte in einem anderer Status als andere.

Sie schüttelte über sich selbst den Kopf.

Und es gab ihr einen Stich, als sie an Ollie dachte. Wieder einmal hatte sie ihn verraten.

Aber „Willkommen, zu Hause, Liebling" klang ihr im Ohr und „Sie ist meine große Liebe", und eine unendliche Zärtlichkeit für Robert erfüllte sie.

„Ich war bei Jack gestern. Er sagt, dass es sich noch ein paar Monate hinziehen kann", sagte Robert gerade, als Inga mit den Getränken auf die Veranda zurückkam. Er schien bedrückt. Derrick guckte schweigend auf das Meer.

Dann wandte er sich an Inga.

„Wie lange bleibt ihr? Habe ich Zeit, euch noch zu mir und Nancy einzuladen? Robert, du musst Thomas sehen. Er freut sich auf dich." Väterlicher Stolz klang in seiner Stimme.

„Wir bleiben noch ein paar Tage. Ich habe zwar ein paar Termine hier, aber ein bisschen ausspannen wird uns ganz guttun", sagte Robert und sah Inga dabei an. „Also, Alter, du kannst das Barbecue bereitmachen."

„Ich fange jetzt wirklich an, mich umzuziehen. Ich teile vermutlich keine Neuigkeit mit, wenn ich sage, dass Frauen – besonders in meinem Alter – etwas länger brauchen zur Restaurierung als Männer", sagte Inga.

„Kann ich reinkommen?", hörte sie Robert 20 Minuten später von draußen durch die Badezimmertür rufen.

„Wow", sagte er und betrachtete sie anerkennend. „Sehr chic, Madam. Eigentlich soll die Braut an ihrem Hochzeitstag die Schönste sein."

„Nun übertreib mal nicht", lachte Inga. Aber sie fühlte sich selbst ziemlich wohl in dem schwarzen Hosenanzug, auch wenn er sündhaft teuer gewesen war.

Sie sah seinen Blick im Spiegel, drehte sich zu ihm um und hob abwehrend die Hände.

„Robert Mittag, rühr mich nicht an. Ich habe 20 Minuten für diese Kostümierung gebraucht und wenn du jetzt das mit mir machst, woran du gerade denkst ..."

„Gibt es da auch einen Eingang?", flüsterte er mit den Lippen an ihrem Hals und den Händen an ihrem Rücken.

„Robert, bitte ..."

Er ließ von ihr ab. „Einmal küssen?"

„Na gut. Aber such dir einen anderen Platz als meine Lippen."

Er beugte sich zu ihr hinunter und küsste sie sehr genüsslich und zart auf ihren Brustansatz, der durch den tiefen Ausschnitt des Blazers schimmerte.

„Das war gemein", stöhnte sie.

„Ich weiß", grinste er und stieg in die Dusche.

Während der ganzen sehr persönlichen und liebevollen Ansprache, in die Derrick seine Kenntnisse über das Brautpaar als Kinder, Jugendliche und dann Erwachsene eingebaut und mit Anekdoten aufgefrischt hatte, hielt Robert ihre Hand fest.

Derrick hatte seine Predigt mit „Ich will euch etwas über die Liebe erzählen ..." angefangen und endete bei der Verantwortung füreinander im Alter bis hin zum Tod.

„Und daher ist der Spruch ‚Wollt Ihr euch lieben und ehren, bis dass der Tod euch scheidet' eine natürliche Folge der Liebe. Liebe ohne Verantwortung gibt es nicht. Und Verantwortung für den anderen ist Liebe."

Robert drückte Ingas Hand. Sie sah ihn an. Als er ihr das Gesicht zuwandte, war sie überrascht. Seine Augen waren feucht. Sie konnte seinen Gesichtsausdruck nicht wirklich deuten. Aber sie fand, dass da sehr viel Liebe war.

Ich dich auch.

Er nickte und drückte erneut ihre Hand.

„Deswegen hoffe ich und hoffen wir alle hier, dass ihr euch lieben werdet bis an euer Lebensende", fuhr Derrick fort.

„Dazwischen werden wahrscheinlich noch ein paar Dinge passieren", sagte Walter halblaut in der Reihe vor ihnen zu Sally und allgemeines zustimmendes, amüsiertes Gemurmel kam aus den Reihen dahinter.

Es war eine Hochzeitsfeier wie im Film. Das Wetter spielte mit, es war warm und windstill.

Das große Zelt drohte also nicht davonzufliegen, wie Sally befürchtet hatte, und die Stimmung war entsprechend. Die Musik war noch im Hintergrund, als die Gäste sich alle am Buffet bedienten, leise Gespräche und leises Lachen drangen durch Sallys und Walters Garten. Kleine Kinder spielten auf dem Rasen und das Service-Personal kam immer wieder mit gefüllten Tabletts vorbei.

Robert zog Inga mit sich und stellte ihr diverse Leute vor. Er kannte sie alle aus seiner Jugendzeit und von jedem wurde sie so herzlich aufgenommen und in Gespräche verwickelt, wie sie es selten erlebt hatte.

„Ihr Kanadier seit ein ausgesprochen nettes Volk", sagte sie irgendwann zu Robert.

„Was dachtest du denn?"

Plötzlich war er anders. Leicht aggressiv stapfte er von einem zum anderen, lächelte nur selten und zog sie hinter sich her wie sein Eigentum.

Sie hielt ihn fest, bevor er auf eine Gruppe von Leuten zuging, die sich an einem Tisch gerade ernsthaft unterhielten.

„Was ist los?"

„Was soll los ein? Alle amüsieren sich doch. Wir auch, oder?" Das klang eher nach dem Gegenteil.

„Robert, ich ..."

„Was?", fragte er scharf.

Sie wusste nicht weiter. Was machte sie hier eigentlich? Sie gehörte doch wohl nach Hamburg zu ihrem Mann und ihrem Sohn und nicht zu diesem Mann, der sie in Kanada auf der Hochzeit seiner Nichte von einem zum anderen schleppte und daran anscheinend noch nicht mal Spaß hatte.

Und während der Trauung vor einer Stunde hatte er ihr noch den Eindruck vermittelt, als wäre es ihre eigene Hochzeit, so voller Liebe waren seine Gesten und Blicke gewesen.

Ich fahre nach Hause, Feierabend, mache Schluss, das ist alles Quatsch, ich habe es gar nicht nötig, mich mit diesem nörgelnden Typen hier abzugeben.

Im nächsten Augenblick hielt er sie in seinen Armen.

„Es tut mir leid."

„Warum bist du so geladen?"

„Keine Ahnung. Eigentlich mag ich solche Feiern nicht."

„Bessere Lügen parat?"

Er sah sie überrascht an.

„Für wie blöd hältst du mich? Welches Problem arbeiten wir hier gerade ab? Ich wüsste es gern, weil ich anscheinend schon wieder ein Teil davon bin, so wie du mich über den Rasen zerrst."

Sein Gesichtsausdruck wechselte zwischen Überraschung und Belustigung.

„Bei diesen Betriebsratsschulungen bringen sie euch wohl auch was über die Psyche des Vorgesetzten bei, was?"

Jetzt wurde sie etwas humorlos.

„Sie haben uns aber nicht beigebracht, wie man auf Hochzeitsfeiern der Nichte des Vorgesetzten angemessen reagiert, wenn der plötzlich den Eindruck vermittelt, dass er einen loswerden will, obwohl man zwei Stunden vorher mit ihm im Bett war", zischte sie.

„Zwei Stunden ist das schon her? Meine Güte!"

Inga rollte mit den Augen.

Robert küsste sie. Nicht liebevoll und vorsichtig, wie es sich für ihr Make-up und die Situation gehört hätte, sondern eher wütend und brutal. Dann ließ er sie abrupt los und sagte: „Ich muss hier noch eine Rede halten, weil ich der Patenonkel bin. Und dann will ich mit dir tanzen."

Er ließ sie stehen und ging allein auf die Gruppe Männer am Tisch zu, die ihn johlend begrüßten.

Geht das schon wieder los, ich glaube, er hasst mich, weil er mich liebt.

Sally balancierte zwei volle Weingläser in der Hand und kam auf sie zu.

Sie drückte eins Inga in die Hand und strahlte: „Bis jetzt finde ich es eine gelungene Feier, wenn ich das als Brautmutter und Organisatorin mal so sagen darf."

„Das darfst du", lächelte Inga. Die beiden Frauen prosteten sich zu.

„Was ist los?", fragte Sally.

„Himmel, du bist ja wie dein Bruder. Kannst du auch meine Gedanken lesen?"

Sally lachte und schüttelte den Kopf.

„Nein, ich habe nur Robert eben wütend über den Rasen stapfen sehen."

„Sally, glaube mir, ich habe keine Ahnung, was los ist. Er schmeißt mich von einem Gefühl ins andere. Mal bin ich seine große Liebe und im nächsten Moment will er mich anscheinend auf der Stelle loswerden." Unsicher setzte sie hinzu: „Ich glaube, er hasst mich, weil er mich ... liebt. Kann das sein?"

Sally nahm sie in den Arm und aus den Augenwinkeln sah Inga, dass Robert zu ihnen hinüberschaute.

„Männer – eine schwierige Randgruppe der Bevölkerung. Man darf sie nicht so ernst nehmen."

„Du hast gut reden." Inga seufzte. „ Ich war in meinem ganzen Leben noch nie so glücklich mit einem Mann."

„Man sieht es. Und ich kann dich beruhigen: Ich kenne Robert 55 Jahre, es geht ihm mit dir ganz genauso. Anscheinend kommst du ihm zu nah. Und das mag er eigentlich gar nicht. Kann schon sein, dass er damit nicht klarkommt. Mein Bruder war schon immer sehr ... na, sagen wir mal, auf Unabhängigkeit bedacht. Und wenn es ihn jetzt richtig erwischt haben sollte – was mich persönlich sehr freuen würde –, nun, dann hadert er wohl etwas mit sich selbst." Sally sah sie nicht an, sondern schaute den spielenden Kindern zu.

„Was soll ich denn tun?"

„Nichts. Was zu tun ist, wird er tun. Es ist sicher nicht leicht für ihn im Moment. Und du bleibst schön hier. Walter und ich mögen dich nämlich auch sehr gern."

„Ach, Sally, ich fühle mich bei euch wie zu Hause", seufzte Inga. Sie hatte Sally längst über ihre familiären Verhältnisse aufgeklärt. Sally hatte nur mit der Schulter gezuckt und gesagt, wenn es Robert nicht störe, ginge es sie auch nichts an.

Sie bemerkte, dass Robert mit seinen typischen Handbewegungen wild gestikulierte und zwei Männern in seinem Alter anscheinend irgendetwas erklärte. Er warf dabei ab und zu einen Blick zu ihr hinüber.

Robert, was geht bloß in dir vor?

20 Minuten später stand er auf der aufgebauten Holzbühne vor dem Mikrofon. Die Musik brach ab und die Gäste wandten sich ihm zu. Susan und Tom stellten sich Hand in Hand neben ihn. Inga bemerkte, dass Robert keinen Zettel in der Hand hatte, also würde er frei reden.

Sie wusste, dass er dann besonders gut war. Er schaute suchend in die Menge. Dann hatte er Inga entdeckt und nickte ihr lächelnd zu.

Hör mir zu.

„Liebe Susan, lieber Tom, als Susans Patenonkel kommt mir nun die etwas unangenehme Aufgabe zu, nach all den Lobreden auf die Liebe und die Ehe darauf hinzuweisen, dass es auch mal ernst werden kann."

Ein Teil der Gäste buhte belustigt. „Doch nicht heute – morgen", rief jemand laut. Alle lachten.

„Es wird wechselnde Winde geben, meine Lieben. Gute Zeiten, in denen ihr glaubt, ihr könnt ohne einander nicht leben. Schlechte Zeiten, in denen einer den anderen auf den Mond schießen möchte, und zwar allein."

Zustimmendes Gemurmel der älteren Gäste.

„Gute Zeiten, in denen ihr mit euren hoffentlich zahlreichen gesunden Kindern Spaß haben werdet, schlechte Zeiten, in denen der andere krank ist und die ganze vorbehaltlose Liebe des anderen braucht. Es wird die jungen Jahre der Ehe geben, in denen ihr euch noch verändert und jeden Tag neu kennenlernt, und es wird die Zeit geben, in der ihr – hoffentlich gemeinsam – älter werdet und ganz andere Dinge eine völlig neue Wertigkeit bekommen."

Nachdenkliches, aufmerksames Schweigen umgab die Gäste.

„Das Älterwerden, gedanklich ein bisschen vom Leben Abschied zu nehmen, sich zu fragen: War das alles?, mit jemandem gemeinsam, den man liebt und von dem man geliebt wird, wird ein Geschenk sein. Habt keine Angst vorm Älterwerden, freut euch auf euer gemeinsames Leben und bedauert nie, was ihr gemeinsam getan habt oder auch nicht gemeinsam getan habt. Bemüht euch, den anderen zu verstehen, auch wenn er vielleicht an einem Tag alle zwei Stunden eine andere Stimmung hat."

Robert sah Inga jetzt an. Sie merkte, dass sie rot wurde, hielt aber seinem Blick stand.

„Redet miteinander, fragt, argumentiert – schweigt nur miteinander, nie gegeneinander. Und wenn gar nichts mehr geht – liebt euch und verzeiht euch. Ich wünsche euch, dass Ihr euch ewig so liebt wie heute."

Susan fiel ihrem Onkel um den Hals.

Die Gäste applaudierten laut.

„Er war schon immer ein begnadeter Redner", hörte Inga eine Frau vor sich murmeln. „Kurz und knapp, aber alles drin", sagte ein anderer.

Die Musik setzte wieder ein.

Inga wartete auf ihn. Er kam mit großen Schritten auf sie zu. Er lächelte nicht, aber aus seinen Augen war die Wut von vorhin gewichen.

„Ich habe verstanden", sagte sie leise. „Ich soll deine wechselnden Stimmungen mit Fassung tragen, dich als älter werdendes Geschenk betrachten und pflegen, Sex mit dir machen, wenn gar nichts mehr geht, und ansonsten irgendwie alles verzeihen."

Er sah sie leicht fassungslos an und schüttelte den Kopf. „Nein, nein, so habe ich das nicht ..."

Sie konnte nicht länger ernst bleiben. Sie fing an zu lachen, legte die Arme um seinen Hals und zog ihn zu sich heran.

„Ich liebe dich, Robert Mittag. Ich habe sehr wohl verstanden, was du mir da gerade durch die Rede für Tom und Susan gesagt hast."

Sie merkte, dass er erleichtert durchatmete. Er schob sie, ohne sie loszulassen, ein Stück von sich und sah sie ernst an. Sie standen ein bisschen weiter ab von den Gästen. Dennoch war Roberts Stimme leise, als er sagte: „Ich bin wahrscheinlich manchmal ein Ekelpaket. Es tut mir leid. Aber ich kann dir das erklären. In lichten Momenten wird mir klar, dass ich dein Chef bin, um mal nur einen Problemfaktor zu nennen. Ganz davon abgesehen, dass mir dann noch manchmal einfällt, dass du verheiratet bist, aber nicht mit mir. Und das mir das eigentlich nicht gefällt. Und wenn ich mir das klargemacht habe, fällt mir ein, dass ich normalerweise derjenige bin, der Beziehungen mit Frauen immer beendet hat, wenn sie mir, na, sagen wir mal, sehr aufdringlich wurden und extrem in mein Leben eingriffen. Also sollte es mich eigentlich nicht kümmern, dass du verheiratet bist. Ich habe schwungvoll Marion aus meinem Leben befördert, um mit dir zusammen zu sein. Dann kriege ich plötzlich eine Panikattacke, weil du mir so nah bist wie nie jemand zuvor. Na ja, und dann frage ich mich, ob ich noch ganz dicht bin und was ich eigentlich will. Und einen Moment später kommst du daher, strahlst mich liebevoll an und meine Gehirnzellen wandern sofort nach unten. Und jetzt sag mir, wie ich das als Mann im hohen Alter mit gleichbleibender Laune verkraften soll?"

Er lächelte jetzt, sah sie ernst an und legte seine Arme um ihren Hals.

„Ich bin mir nicht sicher, ob ich dein Vertrauen verdiene, Liebling. Ich habe Angst, dass ich dich enttäuschen werde. Und du mich hassen wirst."

Sie wusste nicht, was sie darauf sagen sollte.

Sie lag in seinen Armen wie in einer Höhle, als er sie küsste.

Sie hörte keine Geräusche mehr, war irgendwo untergetaucht, Tausende Kilometer weit weg von allem anderen.

„Na, Robert, du alter Schwerenöter, hallo, wie geht's denn?"

Eine fröhliche Frauenstimme zerrte sie in die Wirklichkeit.

Robert ließ Inga los. Seinem Blick nach zu urteilen, den er der Frau zuwarf, die mit hohen Stilettos elegant auf sie zukam, brauchte er die gleichen Tausende von Kilometern zurück in die Wirklichkeit wie Inga.

„June, hallo." Er musste sich räuspern, seine Stimme klang rau und überrascht.

„Guck nicht so, ich bin eingeladen, weil ich Susans Lehrerin war. Hallo", sagte sie zu Inga. „Sie sind die Dame aus Deutschland, nicht wahr? Ich bin June Marlos."

Sie blinzelte Robert zu. „Robert und ich waren mal zusammen, ist schon ein paar Jahre her."

Wie selbstverständlich hing sie sich an Roberts Hals und küsste ihn.

Gott sei Dank nur auf die Wange.

Die Dame hier schien aus seinem früheren „aufdringlichen" Repertoire gewesen zu sein.

Bevor Robert etwas sagen konnte, schob June ihren Arm unter seinen und sagte: „Judy und Claire sind auch hier. Ich bring dich zu ihnen."

Was wird das denn jetzt? Ein Veteranen-Treffen der Extrem-Eingriffe in sein Leben? Wehe, er lässt mich jetzt hier stehen!

„Und jetzt, meine Damen und Herren, liebe Hochzeitsgäste, bitten wir das Brautpaar und Sie alle zum Hochzeitstanz", sagte der Sänger der Musikgruppe, die bisher immer noch im Hintergrund gespielt hatte, durch das Mikrofon.

Alle strömten auf das Tanzparkett, Bodendielen, die heute Morgen auf einem Teil des Rasens verlegt worden waren.

Robert entzog sich Junes Arm und nahm Ingas Hand.

„Entschuldige, June, ich bin Susans Patenonkel. Den Hochzeitstanz kann ich mir nicht entgehen lassen. Wir sollten auf die Tanzfläche gehen, Liebling."

Und dann ging er mit ihr den anderen Gästen nach und ließ June stehen.

„Wenn du jetzt ein Wort sagst …", flüsterte er drohend, ohne sie anzusehen.

„Auch nicht ‚danke'?" Sie musste ein Lachen unterdrücken. Er schmunzelte. „Meinetwegen. Gleichfalls."

Susan und Tom tanzten hinreißend zusammen. Susan strahlte Tom so verliebt an, dass man schon glücklich wurde, wenn man ihnen zusah. Die Musik war ein langsamer Walzer. In Kanada kein Unterschied zu Deutschland. Sehr beruhigend. Auch hier nahm die Braut als nächsten Tanzpartner ihren Vater, der mit stolzgeschwellter Brust mit ihr übers Parkett jagte. Falscher Rhythmus, Walter kann nicht tanzen, dachte Inga belustigt. Tom hatte seine Mutter auf die Tanzfläche geführt, eine ältere lustige Dame, die während des Tanzes auf ihren Sohn einredete. Sally tanzte wunderbar mit Toms Vater, einem schwergewichtigen Mann, der ins Schwitzen geriet. Eddy hatte selig seine neue Flamme Ann im Arm und schwebte geradezu über die Tanzfläche.

„Jetzt sind wir dran", sagte Robert. „Wir haben noch nie zusammen getanzt, oder?"

„Was soll die Frage, Herr Mittag?", sagte Inga und schmiegte sich in seine Arme. Sie war sich absolut sicher, dass sie wunderbar zusammen tanzen würden. Was im Bett funktioniert, funktioniert auf der Tanzfläche erst recht, war ihre Erfahrung. Und tatsächlich harmonierten sie auf Anhieb sehr gut.

Inga war eigentlich keine begeisterte Tänzerin. Rock, weit voneinander entfernt in der Disco, hatte ihr vor Jahren gefallen. Walzer oder überhaupt enge Tänze mochte sie nur mit Männern, die ihr auch sonst nah waren. Normalerweise verließ sie bei langsamer Musik sofort die Tanzfläche und lud die Männer an die Bar ein.

Sie sprachen nicht miteinander, lächelten sich nur an.
Siehst du, was habe ich gesagt?
Und im selben Moment, als Inga sich bei einer Umdrehung von Robert entfernte, hatte sie ein Déjà-vu-Erlebnis.
Ihre Knie sackten ein wenig ein und er hielt sie fest.
„Was ist los?", fragte er besorgt.
Sie schnappte nach Luft.
„Das kann ich dir gar nicht erklären. Du hältst mich bestimmt für verrückt."
„Das tue ich sowieso. Also?"
Diesmal zog Inga ihn an ihrer Hand hinter sich her von der Tanzfläche. Mittlerweile war es dunkel geworden. Im gesamten Garten hatte irgendjemand Fackeln angezündet, die Bäume und Sträucher in romantischem Licht erscheinen ließen.
Sie wanderten ein Stück über den Rasen und Inga erzählte Robert von ihrem Traum, jedenfalls so weit sie ihn zusammenkriegte.
Robert schüttelte verständnislos den Kopf.
„Ich habe vor fünf Monaten geträumt, dass ich mit dir tanze! Da kannte ich dich doch nur als Vorstandsvorsitzenden von Betriebsratssitzungen und fand dich dazu noch ... äh ... na ja, nicht besonders aufregend. Und jetzt tanze ich hier mit dir in Kanada!"
„Und findest mich aufregend?"
„Ziemlich."
Robert guckte ratlos.
Sie schwiegen, hörten der Musik zu und sahen den Tanzenden zu.
„Was ziehst du denn für Schlüsse da draus?", fragte er schließlich vorsichtig.
Inga zuckte mit den Schultern.
„Vielleicht hat dein Unterbewusstsein schon länger gewusst, dass ich tatsächlich eigentlich ein netter Kerl bin?" Robert grinste.
„Die Untertreibung des Jahres. Aber so was in der Art muss es wohl sein."
„Ich für mein Teil hatte ziemlich früh das Gefühl, dass du ... also, ich meine, dass wir ..." Robert kam offensichtlich ins Stottern.
„Ja?"

Diesmal wartete Inga amüsiert ab, wie er den Satz wohl zu Ende bringen würde, und half ihm nicht.

„Als ich dich zum ersten Mal sah, war mir klar, dass mit uns irgendetwas passieren würde."

„Was denn zum Beispiel?"

Robert zuckte mit den Schultern. „An so was wie dies hier habe ich nicht gedacht."

„Was meinst du mit ‚so was wie dies hier'?"

Robert grinste sie wissend an.

„Sagen wir mal so: Ich finde der Begriff ‚Vertrauensvolle Zusammenarbeit' aus dem Betriebsverfassungsgesetz ist sicher etwas überstrapaziert, wenn man darunter versteht, dass ich mit der Betriebsratsvorsitzenden in mein Haus in Kanada fahre und mit ihr Familienfeste feiere, oder?"

Sie tanzten. Immer wieder nach den alten Hits der 60er- und 70er-Jahre, aber auch nach neuer Musik. Die Musiker hatten die Gäste im Griff, alte und junge waren gleichermaßen auf der Tanzfläche.

Robert hatte sein Smokingjackett mittlerweile ausgezogen, wie fast alle Männer, und war überhaupt nicht mehr zu halten, wenn die Rhythmen von Queen, den Rolling Stones oder anderen alten Rockern durch den Garten dröhnten. Er war sogar relativ textsicher und grölte heftig mit. Völlig ausgepumpt fielen sie über die Bar her, um etwas zu trinken und danach weiterzutanzen.

Er tanzte auch mit anderen Frauen, wie sie mit anderen Männern. Walter kam mit ihr merkwürdigerweise gut zurecht und forderte sie immer wieder auf, obwohl sie das schwierig fand. Und mit Eddy konnte sie sogar Rock 'n' Roll, dass die anderen Gäste klatschten.

Bei langsamen Titeln wie „He aint' heavy" von den Hollies kam Robert zu ihr und egal, mit wem sie sich gerade unterhielt oder wo sie gerade stand: Er umklammerte ihr Handgelenk, fragte nicht, sagte nichts, sah ihr in die Augen, zog sie auf die Tanzfläche, umfasste sie so eng, dass sie gar nicht anders konnte, als sich mit ihm zu bewegen, legte seine Wange an ihre und bewegte sich mit ihr auf der Tanzfläche, als wären sie allein.

„Wenn du so weitermachst, will ich gleich mit dir nach Hause."

„Gute Idee."

„Die anderen gucken schon."

„Die sind nur neidisch."

„Deine ehemaligen Extrem-Eingriffe in dein Leben sind etwas pikiert."

„Das interessiert mich nicht."

„Ich liebe dich."

„Gott sei Dank. Sonst hätte ich ein Problem."

Solche und ähnliche Geplänkel ließen sie alles vergessen. Hamburg, Harry, den Verlag, sogar Ollie.

Okay, ich habe verloren, er hat gewonnen.

Er küsste sie zärtlich, während er sie über die Tanzfläche schob, und fragte dann mit rauer Stimme: „Wollen wir nicht doch nach Hause?"

„Es ist erst ein Uhr. Das ist für einen Patenonkel zu früh, die Hochzeit zu verlassen."

„Ich will dich. Jetzt. Wir können ja wieder hergehen."

„Du bist verrückt. Und wenn wir wiederkommen, denken alle – aha, die haben es jetzt miteinander getrieben. Nein, nein, nicht mit mir. Ich bin da hanseatisch prüde."

Bis vor einigen Wochen war sie sich dessen auch ziemlich sicher – jetzt allerdings nicht mehr.

„Gut, wir gehen um zwei Uhr", sagte Robert in dem Ton, den er auch benutze, wenn er in einem Meeting den Ablaufplan für ein Projekt verkündete. „Falls mir zwischendurch eine nicht so widerspenstige Dame über den Weg läuft, kann ich allerdings für nichts garantieren."

Bevor sie irgendetwas erwidern konnte, ließ er sie auf der Tanzfläche einfach stehen und ging an die Bar.

Inga wurde ständig zum Tanzen aufgefordert, hatte unheimlich viel Spaß mit Eddy beim Twist und sah aus den Augenwinkeln, dass Robert an der Bar saß, sich zwar unterhielt, aber sie dabei beobachtete.

Dann merkte sie, dass er sie einkreiste. Während er mit anderen Frauen tanzte, kam er ihr und ihrem jeweiligen Tanzpartner immer näher und grinste sie vielsagend an. Und sie genoss es.

„Wie spät ist es?", fragte er plötzlich hinter ihr, als sie sich mit Jack, einem Arzt und Freund von ihm, unterhielt.

„Was ist denn mit dir los?", fragte der verblüfft. „Seit wann interessiert dich auf so einer Feier, wie spät es ist?"

„Seitdem ich diese Frau hier kenne."

„Weil ich eine Uhr habe", sagte Inga schnell und lachte, weil sie fürchtete, Robert würde etwas Anzügliches von sich geben. Von Mann zu Mann sozusagen. So wie er sie anguckte, würde er gleich auf der Stelle über sie herfallen, wenn sie jetzt nicht mitging.

„Wir haben eine Verabredung. Und ich hasse es, wenn jemand unpünktlich ist", sagte Robert, nahm Inga das Weinglas aus der Hand und stellte es auf die Bar.

Sie sah auf ihre Armbanduhr.

„Himmel, es ist ja schon drei Uhr. Entschuldige Jack, jetzt wird es wirklich Zeit für uns. Dieser ältere Herr hier braucht seine Ruhe und ..."

„... und diese junge Frau hier ist etwas betrunken. Ich bringe sie nach Hause", unterbrach Robert sie und umfasste ihre Taille.

Aus den Augenwinkeln kriegte sie noch mit, dass Jack anzüglich grinste, als Robert sich eine volle Flasche Champagner von der Bar schnappte und sie dann Richtung Waldweg schob, der zu seinem Haus führte. Es war ihr ein bisschen peinlich.

„Das machst du nicht noch mal mit mir", sagte er leise drohend. „Ich warte nicht gern."

„Vorfreude ist doch die schönste Freude."

„Nicht, wenn ich gleich den Verstand verliere", flüsterte er heiser, blieb mitten auf dem Weg stehen, machte die Taschenlampe aus, die ihnen den Weg leuchten sollte, und begann, sie zu küssen.

„Woran merke ich das?"

Er lachte, umklammerte ihr Handgelenk und sagte dann: „Gar nicht. Ist anscheinend schon passiert. Und sei nicht immer so frech!"

„Das kann nicht wahr sein." Robert kam auf die Terrasse und setzte sich zu Inga auf die Liege.

Nachdem sie lange geschlafen hatten, dann Sally und Walter beim Aufräumen geholfen hatten, lag Inga jetzt müde und etwas verkatert auf der Terrasse, während Robert schon seit Stunden in seinem Büro saß und telefonierte.

„Wir müssen zurück nach Hamburg, also, du musst zurück nach Hamburg. Ich fliege nach Washington und komme erst in den nächsten Tagen."

„Was ist los?"

Er runzelte die Stirn, sah aufs Meer und seine Kiefer mahlten. Eine Eigenart, die sie immer dann an ihm beobachtet hatte, wenn er sich mit mehreren Gedanken gleichzeitig befasste.

„Ich weiß nicht richtig, wie ich es sagen soll. Vielleicht haben wir jetzt ein Problem", fing er vorsichtig an. „Denk bitte daran, dass du hier privat bist."

Sie sah ihn verständnislos an. Dann dämmerte es ihr.

„Falls hier irgendwelche geschäftliche Meetings oder Betriebsratssitzungen in den letzten drei Tagen stattgefunden haben, sind die jedenfalls an mir vorbeigerauscht. Also aus meiner Sicht war ich bis jetzt sehr privat hier." Sie betonte „sehr" und war beleidigt.

Was sollte das denn jetzt?

„Johnson's Edition will unseren Verlag kaufen. Sie haben uns ein Angebot gemacht, das wir gar nicht ausschlagen können."

„Dieser riesige amerikanische Verlag?"

„Ja. Offenbar wollen sie den kompletten Verlag in Hamburg. Sie wollen alle Produkte behalten und die Mitarbeiter anscheinend auch."

„Seit wann weißt du das schon? Dass die an uns interessiert sind, meine ich?"

Robert sah sie missbilligend an.

„Das meinte ich mit ‚Problem'. Kehr' hier jetzt ja nicht die Betriebsratsvorsitzende raus. Dass sie was von uns wollen, weiß ich seit einer Woche."

„Und du hast nichts …? Entschuldige. Was geht es mich an? Als Betriebsratsvorsitzende bin ich offiziell im Urlaub in Südfrankreich. Der Vorstandsvorsitzende ist selber im Urlaub in Kanada. Okay, du hast gewonnen, keine Informationspflicht versäumt. Der Betriebsrat wird es also wie immer aus der Zeitung erfahren", sagte sie zynisch.

Robert schwieg.

Sie stand auf und sah ihn wütend an.

„Nehmen wir mal an, ich wäre Susi Müller, die du auf dem Flughafen kennengelernt hast und mit der du seit zwei Monaten zusammen bist. Du hast ihr gegenüber sogar von Liebe geredet und ihr den Eindruck vermittelt, dass es nicht nur eine Affäre ist. Du fährst mit ihr zu einer Familienfeier nach Kanada, wo du ein Haus hast, in dem ihr – na, sagen wir – stürmische Tage verbringt. Eine Woche vor dem Urlaub erfährst du, dass man deinen Verlag kaufen will. Hättest du mit ihr darüber gesprochen?"

Robert schwieg immer noch.

„Hättest du mit ihr darüber gesprochen?", wiederholte Inga scharf.

„Ich nehme es an."

„Genau. Ich nehme es auch an!", sagte Inga triumphierend.

„Und warum hast du mit mir nicht darüber geredet? Weil ich die Betriebsratsvorsitzende bin?"

Inga wanderte auf der Terrasse auf und ab. Robert hatte sich auf die Liege gelegt, die Arme vor der Brust verschränkt und sah ihr zu. Sein Gesichtsausdruck war auf null, sodass sie nicht erkennen konnte, was er dachte.

Sie baute sich vor ihm auf.

„Ich dachte, wir hätten ein anderes Verhältnis. Ganz offensichtlich habe ich mich getäuscht. Ich bin auch zu blöd!"

„Was hättest du erwartet, was ich tue?"

„Es mir gesagt."

„Warum hätte ich das tun sollen?"

„Weil ich deine Freundin bin?"

Von deiner angeblich großen Liebe ganz zu schweigen, mein Lieber.

Minutenlanges Schweigen. Robert sah aufs Meer hinaus. Inga hatte sich auf einen Stuhl weit von ihm weg gesetzt und starrte ebenfalls aufs Wasser.

Das kann doch nicht wahr sein! Anscheinend hat er überhaupt kein Vertrauen zu mir. Was hätte ich denn machen sollen, wenn er es mir erzählt hätte? Die nächste Zeitung anrufen, nach Hause fahren und den Betriebsrat und die Mitarbeiter verrückt machen? Welchen Blödsinn hat er von mir erwartet und es mir lieber nicht erzählt?

Dabei war ihr sonnenklar, dass sie ihre Betriebsratsarbeit locker zu seinen Gunsten verraten hätte.

Verdammte Scheiße – und wozu? Für jemanden, der sowieso keine hohe Meinung von mir hat und mir misstraut!

Anscheinend war sie doch nur eine Bettgeschichte. Möglicherweise eine ziemlich aufregende, wenn sie an gestern Nacht dachte – aber das konnte doch nicht alles sein.

Sie wollte mehr.

„Komm her", sagte Robert plötzlich, sah sie bittend an und streckte seine rechte Hand nach ihr aus.

Sie blieb, wo sie war.

„Es tut mir leid. Du hast natürlich völlig recht und ich bin ein Vollidiot", fuhr er leise fort.

Sie stand auf und nahm seine Hand. Er zog sie zu sich auf die Liege und sie legte sich auf ihn. Ihr Kopf lag auf seiner Brust, sie schloss erleichtert die Augen und umschlang ihn mit ihren Armen.

„Was, um Himmels willen, hast du mir an Gemeinheiten zugetraut?", flüsterte sie in seine Brust.

Er fuhr ihr mit der Hand durch die kurzen, zerzausten blonden Haare.

„Nichts, Liebling. Gar nichts. Wenn ich ehrlich bin, habe ich gar nicht darüber nachgedacht. Vor drei Wochen ungefähr verdichteten sich die Hinweise. Ich hatte mehrere Anrufe von den Johnson-Leuten. Ich habe ja mal vor ein paar Jahren dort gearbeitet und habe noch ziemlich gute Kontakte. Sie wollten Details über unseren Verlag, Mitarbeiterzahl, Umsatz, Rendite, du weißt schon, den ganzen Kram. Mayer, Klein und ich haben uns beraten und dann alles fertig gemacht und denen rübergeschickt. Dann rief mich der Anwalt von Johnson an und sagte, dass man ernsthaft interessiert sei an uns. Sie würden sich melden. Und das war heute. Sie wollen uns kaufen, sie wollen verhandeln. Sie brauchen natürlich noch erheblich mehr Informationen, aber sie wollen schon mal mit uns reden."

Robert holte tief Luft und fuhr fort: „Dann waren wir hier in Kanada. Und vielleicht wollte ich es dir sogar erzählen, ich weiß es nicht mehr. Du musst mir etwas glauben: Hier in Kanada, zu Hause, da ist dieser Verlag unheimlich weit weg. Wenn ich hier bin, kann ich mich nur mit Mühe daran erinnern, wo ich in Hamburg wohne. Es ist ein total anderes Leben, meine Parallelgesellschaft sozusagen. Hier bin ich Kanadier, habe meine Freunde, fahre in Jeans und Pullover in einem alten Jeep durch die Gegend und bin weit weg vom Vorstandsvorsitzenden in Hamburg, der im Anzug im Hotel sitzt und mit irgendeinem Literaturmenschen oder Lektor zu Mittag isst und hochtrabende Gespräche über Literatur führt. Was manchmal ziemlich anstrengend ist."

Sie verstand ihn sofort. Genauso ging es ihr auch. Sie hatte ja schon Mühe, sich zu erinnern, dass sie in Hamburg verheiratet war und ein Kind hatte. Was ja wohl das Allerschlimmste war! Und an den Verlag hatte s i e die letzten drei Tage nicht ein einziges Mal gedacht.

„Und dann ist es natürlich auch noch so, dass du da bist", fuhr Robert leise fort. „Es ist nämlich nicht so, dass du mich an den Verlag erinnerst. Ganz im Gegenteil." Er küsste sie aufs Haar.

„Wenn wir so hier zusammen sind, also privat, meine ich, denke ich nicht eine Sekunde daran, woher wir uns eigentlich kennen. Es tut mir leid. Ich wollte dich nicht kränken oder beleidigen."

Sie hatte ihm schon längst verziehen.

„Sind sie auf uns aufmerksam geworden, weil wir auf den amerikanischen Markt wollen?"

Robert sah sie mit zusammengekniffenen Augen etwas verdutzt an.

„Respekt, Frau Mackenroth, nicht schlecht kombiniert."

„Wolltet ihr das?"

„Was?" Ganz offensichtlich stellte er sich dumm.

„Dass sie auf uns aufmerksam werden."

Robert schwieg einen Augenblick, dann sagte er vorsichtig: „Wir haben es ins Kalkül gezogen, ja."

Er machte eine Pause und legte seine Arme fester um sie. „Und um deine nächste Frage zu beantworten: Dein Job wird in allen Fällen erforderlich sein." Und dann grinste er sie an: „Außerdem passt er sowieso gut in die Planung des Vorstandsvorsitzenden."

Inga knuffte ihn mit der Faust in die Seite. Aber sie war ein bisschen erleichtert.

„Also seid ihr froh, wenn sie uns kaufen? Ich meine, ist es ein wirtschaftlich guter Deal?"

„Es sieht im Moment so aus. Wir brauchen Geld, um am Markt weiter existieren zu können. Das hätten wir dann. Ich hoffe, dass sie das mitmachen und dass der Vorstand weiterarbeiten kann. Sie wollen vielleicht nur stiller Miteigentümer werden oder aber auch prozentual am Unternehmen beteiligt werden. Wir haben dabei auch noch das Problem, dass in einen deutschen Verlag Amerikaner einsteigen. Da muss einiges geklärt werden. Zumindest wäre aber einiges geregelt, wenn die Amerikaner der Boss sind."

„Was meinst du mit ‚geregelt'?

„Wann sollten wir eigentlich bei Derrick zum Barbecue sein?"

„Falls du denkst, ich merke nicht, dass du ablenkst, hast du dich getäuscht. Um fünf Uhr."

„Dann lass uns vorher ein paar Dinge durchgehen. Ich werde morgen mit der Maschine um 13.00 Uhr nach Washington fliegen. Bis dahin müssen wir ein paar Sachen klarziehen. Z. B. wie wir unser Leben in Hamburg gestalten. Das kann ich aber alles nicht, wenn du so auf meinem Bauch liegst", sagte er und blinzelte sie an. „Meine Konzentrationsfähigkeit ist dann nämlich erheblich gestört."

„Verstehe", sagte Inga und stand auf. „Dann gehen wir am besten in dein Büro."

Sie ging vor ihm die Treppe nach oben.

„Starr nicht so auf meinen Hintern, Robert Mittag."

„Entschuldigung. Das kannst du doch gar nicht sehen!"

„Aber ich spür's."

„Frauen!"

Robert setzte sich an seinen Schreibtisch und Inga im Schneidersitz auf den Fußboden, weil es keinen zweiten Stuhl gab.

„Folgende Problematik tut sich auf", begann Robert und es hörte sich an, als hätte er tatsächlich eine Menge abzuarbeiten.

„Wie wir unser Leben in Hamburg gestalten" hörte sich vielversprechend an, fand Inga.

„Fangen wir mal mit dem harmlosesten Problem an. Wir wollten an sich erst übermorgen nach Hamburg zurückfliegen. Dein Ticket umzuschreiben, kostet 400 Dollar. Nicht, dass dieser Betrag irgendeine Rolle spielte. Das Geld habe ich schon." Er grinste sie an und sie ahnte durchaus, dass er mit seinem Jahresverdienst als Vorstandsvorsitzender kein wirkliches 400-Dollar-Problemchen aufbauschen würde.

„Ich ... äh ... also, ich biete dir an, hätte nichts dagegen ... mein Haus ist auch dein Haus, Inga."

Und nach einer Pause sagte er leise: „Es kommt mir sowieso so vor, als wäre es unser Zuhause."

Ingas Herz machte einen Glückshopser.

Also doch nicht nur eine Bettgeschichte!

„Du kannst auch bis übermorgen hierbleiben und Sally wird dich nach Halifax zum Flughafen fahren", fuhr Robert fort und sie wusste nicht genau, ob ihm das leichtgefallen war oder nicht.

Er hatte ihr das Ticket gekauft.

„Nimm es bitte", hatte er gesagt, als sie über Susans Hochzeit sprachen. Sie hatten wieder einmal in Ingas Küche gesessen. Sie hatte gesagt, dass sie sich nicht von ihm aushalten lassen würde, und er hatte gelacht und geantwortet: „Ich würde dich nicht lieben, wenn ich nicht gewusst hätte, dass du so argumentierst. Nimmst du es trotzdem?"

Jetzt sagte sie vorsichtig: „Wenn es dir wirklich recht ist ... also ich meine, wenn du tatsächlich nichts dagegen hast ... würde ich gern den Tag bleiben. Aber wenn es dich stört, dass ich hier alleine ohne dich bin, dann werde ich umbuchen und morgen die Maschine nach Hamburg nehmen."

„Wenn ich kein Vertrauen zu dir hätte, würde ich es nicht anbieten. Du kannst hier tun und machen, was du willst. Du kannst übrigens auch alle Schubläden auf und zu machen, das macht ihr Frauen doch so gern. Falls du etwas Verwerfliches aus meiner Vergangenheit findest, schmeiß es einfach weg."

„Ich mache keine Schubläden auf und zu. Und ich schmeiße bestimmt nichts weg", sagte Inga beleidigt. „Bisher komme ich mit deiner Vergangenheit, jedenfalls mit dem, was ich dadrüber weiß, ganz gut zurecht, oder hast du irgendwelche Beschwerden?"

„Nein, im Gegenteil. Du machst dich ganz gut."

„Ich sitze hier nicht als deine Mitarbeiterin, mit der du im Angestelltenton reden kannst – wenn ich mal auf das Gespräch von vorhin zurückkommen darf", sagte Inga vorwurfsvoll.

„Ich hatte auch noch nie eine Mitarbeiterin, die in Jeans barfuß im Schneidersitz vor mir saß. Also ... hm ... jedenfalls nicht im Büro."

„Ich bin an Details nicht interessiert."

Robert beugte sich grinsend über den Schreibtisch zu ihr hinunter.

„Sagtest du nicht eben noch, du kämest mit meiner Vergangenheit ...?"

Inga hob abwehrend die Hände.

„Könnte sein, dass es Ausnahmen gibt." Robert lehnte sich zurück und legte die Füße auf den Schreibtisch.

„Irre ich mich oder bist du tatsächlich eifersüchtig?", fragte er kopfschüttelnd.

„Wollten wir nicht ein paar Dinge klarziehen?"

„Ha, du bist ja wirklich eifersüchtig! Das glaub' ich nicht."

„Warum glaubst du das nicht?"

„Weil du die stärkste, selbstbewussteste Frau bist, die ich jemals kennengelernt habe. Du machst nicht den Eindruck, als wenn dich so was berührt."

„Vielleicht ist der Eindruck nicht immer richtig."

Sie schwiegen. Robert sah aus dem Fenster, Inga musste gegen die Wand starren, weil sie auf dem Fußboden saß. Sie wollte nicht aufstehen.

„Ich bin nicht immer so stark, wie es scheint", sagte sie schließlich leise.

Robert sah immer noch aus dem Fenster.

„Es war unheimlich schön gestern, mit dir zu tanzen. Ich hab' in meinem ganzen Leben noch nicht so viel getanzt."

„Was?" Inga verstand den gedanklichen Schlenker nicht.

Robert nahm die Füße vom Schreibtisch, drehte sich zu ihr um und stützte die Ellenbogen auf seine Knie.

„Ich kann ja nicht ständig sagen: Ich liebe dich. Das ist doch auf die Dauer ziemlich eintönig."

„Finde ich nicht. Wir Frauen neigen dazu, das gar nicht oft genug hören zu können. Unter der Voraussetzung natürlich, dass es wahr ist."

Robert rutschte vom Stuhl und setzte sich neben sie auf den Fußboden.

„Es ist wahr. Und du brauchst nicht auf Vergangenes eifersüchtig zu sein. Und ich schwöre dir, wenn ich dich früher gekannt hätte, gäbe es gar keine Vergangenheit ohne dich."

Später, als sie eng umschlungen auf dem Fußboden lagen, weil Robert sie auf der Stelle ausgezogen hatte und sie sich geliebt hatten, fragte Inga: „Was soll bloß aus uns werden?" Und es klang ebenso verzweifelt wie glücklich.

„Da sind wir beim nächsten Problem."

O, das hört sich nicht gut an.

Robert ließ sie seufzend los, stand auf, zog sich seine Jeans an und setzte sich wieder an den Schreibtisch.

Inga suchte ihre Sachen zusammen. Robert sah ihr schweigend zu, wie sie sich wieder anzog. Bei jedem anderen Mann, selbst bei Harry, mit dem sie 18 Jahre verheiratet war, wäre ihr das peinlich. Mit Robert gab es eine Intimität, die ihr fast unheimlich war, die sie aber unendlich genoss. Das Bad gemeinsam morgens zu benutzen, war eine neue Erfahrung für sie, gemeinsames Zähneputzen, Duschen, sich abtrocknen. Er hatte letztens sogar mit unheimlichem Spaß ihre Fußnägel lackiert. Eine Nähe, die zu einer anderen Verbundenheit führte, als sie sie jemals mit einem Mann gehabt hatte.

„Bei Johnson's Edition gibt es eine sogenannte Ethik-Richtlinie. Die habe ich Idiot vor Jahren sogar selbst mitverfasst", sagte Robert leise.

Inga sah ihn verständnislos an. „Was bedeutet das?"

„Verhaltens-Vorschriften. Die gelten sowohl für die Mitarbeiter als auch für die Vorstände und für Lieferanten. Damit sollen Abhängigkeiten und Korruption verhindert werden. Also keine Geschenke oder so was. Und die Mitarbeiter sind verpflichtet, irgendetwas Auffälliges den Vorgesetzten zu melden. Hauptsächlich geht es aber darum, Diskriminierungen zu verhindern, also wegen des Geschlechts, der Rasse oder Religion oder so was."

„Das klingt völlig okay."

„Grundsätzlich ja. In Deutschland haben wir so was mittlerweile auch in vielen Unternehmen. Hätten wir auch längst haben müssen, ich habe das aber aus gutem Grund etwas vernachlässigt."

„Ich verstehe aber nicht, wo das Problem liegt. Also eins ist klar, wenn sie uns diese Ethik-Richtlinie überstülpen wollen, unterliegt das der Mitbestimmung des Betriebsrates. Ohne uns läuft da nix. Und da wird man sehen müssen, was geht und was nicht geht."

„Sehe ich auch so. Die deutsche Mitbestimmung wird ihnen wohl erst noch jemand beibringen müssen. Insofern glaube ich auch, dass sie uns als Vorstände behalten wollen, damit wir den Kram regeln."

Robert machte eine Pause.

„Robert Mittag, wenn du nicht gleich auf den Punkt kommst …", drohte Inga mit gerunzelter Stirn und setzte sich wieder auf den Fußboden. „Du machst mich wahnsinnig."

„Schön zu hören."

„Aber bestimmt nicht in dem Zusammenhang."

Robert holte tief Luft.

„In dieser Ethik-Richtlinie steht, dass ein Vorgesetzter keine Liebesbeziehung zu Mitarbeitern haben darf."

Ihr Herz blieb stehen. Schon bevor sie das ganze Ausmaß des Satzes begriffen hatte, merkte sie, dass ihr schlecht wurde. Im nächsten Moment dachte sie: *Gut. Das soll so sein. Das war's dann mit der Liebesbeziehung mit dem Boss. Mein Leben gerät wieder in geordnete Bahnen, ich kann mich wieder in Ruhe um Mann und Kind und Beruf kümmern. Ich habe kein Leben mehr in Kanada, ich werde wieder ruhig schlafen und mir Robert aus dem Kopf schlagen. Fertig.*

„Ich wusste nicht, dass du dich so schnell mit etwas abfindest", sagte Robert vorsichtig und sah sie mit zusammengekniffenen Augen an. „Ich könnte jetzt wohl auch etwas beleidigt sein."

„Es macht mich wahnsinnig, dass du meine Gedanken lesen kannst", brauste Inga auf.

„Das hat mit Gedankenlesen nichts zu tun. Dein Gesicht ist ein offenes Buch, jedenfalls wenn man dich kennt." Roberts Stimme klang brüchig.

„Wenn du weißt, was ich gedacht habe … ja, vielleicht soll es so sein. Es konnte ja gar nicht ewig so weitergehen. Vielleicht ist das unsere Entscheidungshilfe", sagte Inga leise und sah auf den Fußboden.

„Warum kann es nicht so weitergehen?"

„Ich kann doch nicht auf ewig zwei Leben führen! Eins in Hamburg mit Harry, oder meistens ohne ihn, aber jedenfalls verheiratet, und mit Ollie und den Freunden dort. Und hier mit dir in Kanada, in diesem Haus und mit deiner Familie und deinen Freunden. Ganz davon abgesehen, dass es im Verlag ja auch nicht einfach ist."

Das war zwar grundsätzlich alles richtig, aber entsprach überhaupt nicht dem, was sie fühlte.

Natürlich will ich weiter zwei Leben haben. Mindestens. Aber eigentlich will ich nur eins: Robert.

Und als Robert überhaupt keine Reaktion zeigte, fragte sie schließlich leise: „Was machen wir denn jetzt?"

Er rutschte zum zweiten Mal vom Stuhl und nahm sie in die Arme.

„Ich habe, ehrlich gesagt, keine Ahnung. Wir müssen uns wohl beide erst mal klar werden, was wir wollen."

Sie schlang die Arme um ihn und vergrub ihr Gesicht an seinem Hals.

„Dich. Und wenn in der nächsten Maschine aus Hamburg Ollie sitzen würde, wäre alles perfekt. Und alles andere wäre mir eigentlich egal."

Robert schwieg. Sie sah ihn schließlich fragend an.

Er legte sich auf den Rücken, verschränkte die Arme hinter seinem Kopf und starrte an die Zimmerdecke. Er schien mit seinen Gedanken ganz weit weg zu sein und sie wusste nicht, ob sie etwas sagen sollte oder besser nicht.

Eigentlich hatte sie genug gesagt. Sie hatte sich eben entschieden. Spontan, aber doch nicht unüberlegt. Und erst jetzt wurde ihr klar, dass sie sich damit auch gegen Harry entschieden hatte.

Himmel, war das richtig? Was ist in dich gefahren? So schlecht war es ihr ja bisher mit Harry auch nicht ergangen.

Aber jetzt war Robert an der Reihe.

„Wenn sie jemanden deswegen feuern, werden sie mich feuern", sagte er leise und starrte immer noch an die Zimmerdecke.

„Warum?"

„Weil der Vorgesetzte für seine Mitarbeiter verantwortlich ist und nicht umgekehrt. Und in Deutschland ist sowieso immer der Chef schuld. Man wird unterstellen, ich hätte sonst was mit dir gemacht."

„Hast du ja auch."

Inga versuchte ein zaghaftes Lächeln. Robert lächelte nicht.

„Denk an den Chef von Boeing. Den haben sie rausgeschmissen, weil der seiner Mitarbeiterin heiße E-Mails geschickt hatte."

„Na ja, das war ja vielleicht auch ein bisschen blöd. Ich hab' noch nie eine heiße E-Mail von dir gekriegt."

Inga versuchte einen leichten Tonfall anzuschlagen. Sie wartete immer noch auf eine richtige Antwort.

„Was ich an der Richtlinie nicht verstehe ... Liebe im Büro kann doch auch ganz motivierend sein. Gibt es da nicht sogar Untersuchungen, dass die Produktivität der Mitarbeiter steigt, wenn sich zwei in einer Firma ineinander verlieben?", fragte sie vorsichtig.

„Kann sein. Wahrscheinlich sogar." Robert war anscheinend immer noch geistig abwesend.

„Was ist denn der wirkliche Beweggrund für eine solche Ethik-Richtlinie?"

„Herrgott, Inga, nerv mich nicht mit diesen blöden Fragen! Das werden wir ganz sicher ganz oft noch im Betriebsrat besprechen, wenn es denn überhaupt so weit kommt, dass die uns kaufen. Können wir jetzt mal unser ureigenes Problem regeln?" Robert setzte sich wütend auf.

„Bitte. Ich warte."

„Wir können das Ganze als logistisches Problem abhandeln. Wo treffen wir uns wann, damit es keiner merkt? In unseren Wohnungen wird es nicht mehr gehen. Aber ich weiß nicht ...", sagte Robert zögernd.

„Was weißt du nicht? Wollten wir nicht klären, was wir eigentlich wollen?"

„Ich dachte, das wäre klar."

Robert umklammerte mit seinen Händen ihre Oberarme und sah sie mit seinen stahlblauen Augen eindringlich an.

„Dich. 24 Stunden am Tag und meinetwegen noch mehr. Das werde ich nicht haben können, weil du verheiratet bist. Ich verspreche dir, ich werde mich damit arrangieren. Ich werde jede Sekunde, die ich mit dir im gleichen Gebäude bin, auch ohne dass wir uns sehen, und jede Stunde, die wir gemeinsam verbringen können, genießen. Und sollte es passieren, dass wir allein sind und ich dich sogar im Arm halten kann, wird meine Begeisterung kein Ende kennen."

Sie war erleichtert, sprachlos und völlig fertig.

„Vielleicht wird es ja mit dem Kauf gar nichts und dann ist es sowieso egal", sagte Robert nachdenklich, nachdem sie sich minutenlang schweigend im Arm gehalten hatten und endlich wieder gleichmäßig atmen konnten.

Inga schüttelte den Kopf und hatte ihre Sprache wiedergefunden.

„Das glaube ich nicht. Meinst du etwa, irgendjemand findet es normal, dass der Vorstandvorsitzende mit der Betriebsratsvorsitzenden zusammen ist? Auch ohne diese Ethik-Richtlinie haben wir doch wahrscheinlich, wenn wir ehrlich sind, ein Problem."

„Das ist wohl wahr. Wir müssen auf alle Fälle so vorsichtig wie möglich sein. Es geht mir nicht um mich, es geht um dich."

Sie lehnte den Kopf an seine Schulter und schloss die Augen.

„Sehr spannend. Im Moment stört es mich nicht, aber ich fürchte, ich könnte irgendwann die zickige Geliebte werden, die mehr will."

Robert lachte leise und streichelte ihren Rücken.

„Darf ich dich darauf aufmerksam machen, dass du verheiratet bist und nicht ich?"

Inga seufzte.

„Das Leben kann aber auch verdammt kompliziert sei, findest du nicht?"

„Da gibt es noch Schlimmeres", sagte er lakonisch.

„Wir müssen uns mal über diese Veranstaltung in Düsseldorf unterhalten nächste Woche", sagte Robert zu Inga gewandt, als sie in der Kantine beim Mittagessen saßen. Inga sah ihn verständnislos an. „Welche Veranstaltung?"

„Na, ihr seid beide angemeldet bei der Podiumsdiskussion des Arbeitgeberverbandes", sagte Dr. Schriefer und schenkte sich Wasser ein. *Du hast es vergessen, was?*, fragten Roberts Augen. Er saß ihr gegenüber und schien ziemlich belustigt. Natürlich hatte sie das vergessen. Vor Monaten hatte der Geschäftsführer des Verbandes sie gefragt, ob sie nicht gemeinsam mit dem Vorstandsvorsitzenden an einer Veranstaltung teilnehmen wollte, in der unter anderem auch über die Zusammenarbeit zwischen Arbeitgeber und Betriebsrat geredet werden sollte. Er habe von Herrn Mittag gehört, dass das bei ihnen im Verlag ganz gut liefe, und er lud sie beide ein, als Teilnehmer einer Podiumsdiskussion nach Düsseldorf zu kommen.

Das war zu einem Zeitpunkt gewesen, als nicht absehbar war, dass zwischen dem Vorstandsvorsitzenden und der Betriebsratsvorsitzenden eine andere als berufliche Verbindung bestehen würde, die sich inzwischen zu einer Beziehung entwickelte hatte, die man getrost mindestens als Liebesverhältnis bezeichnen durfte.

Inga sah leicht panisch Robert an, der sich grinsend über sein Essen beugte und ihrem Blick auswich.

Wie sollen wir das denn durchstehen?
Jetzt sah er sie an.
Wie alles. Was sonst?
Das glaubst du doch selber nicht.
Und ob. Wir sind doch ganz gut in Übung.
„Wann ist denn das?", fragte Inga, nur, um etwas zu sagen.
„Nächsten Freitag. Wir müssen um 9.00 Uhr da sein und könnten zusammen hinfahren. Ich nehme Sie in meinem Auto mit."
Jetzt grinste Robert richtig unverschämt.
Gut, was? Eine Verabredung in aller Öffentlichkeit.
„Das geht nicht, Robert. Ich kann das nicht", sagte Inga, als sie

wenig später in Roberts Büro geschossen kam und die Tür hinter sich zugeknallt hatte.

„Natürlich kannst du das", sagte er ruhig und gelassen. „Du kannst seit Wochen im Verlag wunderbar so tun, als hättest du nicht gerade die letzte Nacht mit mir gemeinsam verbracht – wo ist der Unterschied zu einem Gespräch, das wir in der Öffentlichkeit über Betriebsratsarbeit führen?"

Inga seufzte.

„Ich weiß nicht ... ich fühle mich nicht sehr wohl dabei. Ich fürchte, ich werde mich gnadenlos blamieren."

„Ich bin doch bei dir."

„Das ist es ja gerade."

Er lachte. „Ich finde das eigentlich ganz komisch. Wir werden am Donnerstag gemeinsam mit dem Auto nach Düsseldorf fahren. Ich werde Frau Olsen bitten, uns zwei Zimmer in einem Hotel außerhalb des Tagungsortes zu bestellen, und wir werden es uns ein bisschen nett machen. Wir beide ganz offiziell zusammen unterwegs. Das hat doch was."

„Frau Mackenroth, wie würden Sie denn das Verhältnis beschreiben, das Sie zum Arbeitgeber, also Herrn Mittag, haben?", fragte Herr Sauerkamp, der Moderator der Veranstaltung, und wandte sich an Inga.

„Sie meinen sicher das Verhältnis, das ich als Betriebsratsvorsitzende zu ihm habe, oder?", fragte Inga und hatte gleich am Anfang die Lacher auf ihrer Seite.

Voll hinein – Angriff, keine Verteidigung, dann kommt hoffentlich gar keiner auf blöde Gedanken.

Nur der Moderator lächelte etwas gequält über ihren Gag, der auf seine Kosten ging.

Und Robert grinste.

Na bitte, geht doch, habe ich doch gesagt.

„Also, wir gehen sehr offen miteinander um. Wir können über alles reden, es gibt kein Tabuthema, ich kann auch jederzeit in sein Büro kommen. Die sogenannte vertrauensvolle Zusammenarbeit, die § 2 Betriebsverfassungsgesetz fordert, wird bei uns eigentlich wirklich gelebt. Denn dazu gehört ja miteinander reden, bis es eine Lösung gibt.

Das machen wir. In unserem Verlag herrscht ein gutes Betriebsklima, das diesen Umgang miteinander fördert." Sie lächelte und sagte nach einer kleinen Pause: „Natürlich gibt es ab und zu auch mal Ausreißer – meistens vonseiten des Arbeitgebers."

„Wenn man einen Betriebsrat hat – und das kann man sich als Unternehmer ja nicht aussuchen –, dann muss man eben die entsprechenden Gesetze einhalten, insbesondere das Betriebsverfassungsgesetz. Ob uns das nun passt oder nicht", sagte Robert zum Moderator gewandt. „Das ist wie mit den Steuern, die müssen wir ja auch zahlen."

„Nehmen wir ein Beispiel", setzte der Moderator an. „Wie läuft das bei Ihnen, wenn es z. B. um Überstunden in einer Abteilung geht?"

„Bitte", sagte Robert lächelnd zu Inga, „erzählen Sie es. Ich weiß nur, dass wir Sie fragen müssen. Machen wir das?"

Leises Lachen im Publikum.

Himmel, ist der Mann cool, fast arrogant.

Aber sie wusste mittlerweile, dass seine Neigung zur Arroganz sich meist nur dann auslebte, wenn er verhindern wollte, dass irgendjemand ihm sein Innenleben anmerkte. Irgendwie ging ihm diese Veranstaltung also doch genauso an die Nerven wie ihr.

„Sie müssen den Betriebsrat eigentlich vorher fragen, Herr Mittag", sagte Inga jetzt ein bisschen süffisant an Robert gewandt. „Aber Sie tun das deshalb nicht jedes Mal, weil wir eine Betriebsvereinbarung darüber haben, in der wir für einzelne Fälle vorab sozusagen als Betriebsrat eine Genehmigung erteilt haben und am nächsten Tag eine Meldung darüber bekommen. Das macht die Personalabteilung eigentlich ganz zuverlässig."

„Da bin ich ja beruhigt", grinste Robert und das Publikum lachte leise.

Das hatten sie besprochen, als sie am Donnerstagabend auf dem Weg nach Düsseldorf in einem Gasthaus zum Abendessen angehalten hatten.

„Man muss die Leute zum Lachen bringen, wenigstens zum Schmunzeln", hatte Robert gesagt, „sonst langweilen sie sich."

„Herr Mittag, haben Sie schon mal über den Begriff ‚füßeln' nachgedacht?", hatte Inga gefragt und sich mit strafendem Blick über den Tisch zu ihm gebeugt und dabei fast ihr Weinglas umgeworfen.

„Ja. Gerade eben."

„Dann ist Ihnen doch sicher klar, dass Sie mit Ihren Füßen meinen Fußbereich bereits weit hinter sich gelassen haben, oder?"

„Das ist mir klar, Frau Mackenroth. Bei welchem Thema waren wir gerade?"

„Die Leute sollen lachen. Ich finde, besser über dich als über mich."

„Am besten über uns beide. Wir können uns ein paar Bälle zuspielen. Ich mache auf naiver Arbeitgeber mit seichter Kenntnis vom Betriebsverfassungsgesetz und du kannst den Profi raushängen lassen."

„Ich fürchte, du verlangst eine Gegenleistung."

„Natürlich."

„Kann ich die erfüllen?"

Er hatte sich grinsend zurückgelehnt, spielte weiter mit seinem Fuß sehr weit oberhalb ihrer Füße und hatte gesagt: „Davon gehe ich ganz sicher aus, mein Schatz."

„Man muss praktikable, auf den jeweiligen Betrieb bezogene Lösungen finden, die bieten das Gesetz und die Rechtsprechung nicht immer", sagte Inga jetzt und Robert nickte zustimmend.

„Das ist wahr. Und wenn Sie es im Betriebsrat mit pragmatischen Leuten zu tun haben, haben Sie es leicht", sagte Robert ins Publikum, das aus ungefähr 50 Zuhörern bestand. „Wenn Sie einen Erbsenzähler als Betriebsratsvorsitzenden haben, der sich bei jeder Gelegenheit mit dem Gesetzbuch unterm Arm in Ihr Büro bewegt, haben Sie verloren."

„Sie haben in Ihrem Betriebsrat auch Leute, die gewerkschaftlich orientiert sind. Wie läuft die Zusammenarbeit im Betriebsrat?", fragte der Moderator wieder Inga.

„Ich bin ja nicht der Chef des Betriebsrates, ich bin nur befugt, im Rahmen der Beschlüsse, die wir fassen, den Betriebsrat zu vertreten. Das heißt auch, dass ich jedes Mal sehen muss, dass ich die Mehrheiten finde, die ich gern haben möchte. Ich muss also durch Sachargumente überzeugen, gelingt mir das nicht, gibt's einen anderen Beschluss, den ich dann auch nach außen vertreten muss", erklärte Inga.

„Also kommt es doch sehr darauf an, was für Leute im Betriebsrat sitzen, oder?"

„Das kann man wohl sagen", meinte Robert. „Aber letztlich wählen die Mitarbeiter ja die Mitglieder des Betriebsrates, als Arbeitgeber ist der Einfluss ja eher nicht gegeben. Obwohl ich auch sagen muss, dass man als Arbeitgeber ruhig Leute ansprechen sollte, von denen man meint, dass sie gute Betriebsratsarbeit – also auch im Sinne des Betriebes – leisten, das verlangt ja § 2 Betriebsverfassungsgesetz ausdrücklich. Das ist ja nicht verboten. Wenn man die für die Betriebsratsarbeit interessiert und ihnen nicht gleich mitteilt, dass ihre Karriere zu Ende ist, wenn sie Betriebsrat werden sollten, hat man einiges gewonnen. Unser Personalchef z. B. war mal Betriebsrat für eine Amtsperiode. Das hat durchaus seine Vorteile, der weiß nämlich, was die andere Seite denkt, wenn er in Verhandlungen geht."

„Ist das eine Art Unternehmenskultur?", fragte der Moderator Robert.

„Ja. Und zu dieser Unternehmenskultur gehört, dass man den Betriebsrat ernst nimmt. Der macht nämlich üblicherweise auch nur seinen Job – wie jeder im Betrieb inklusive des Vorstandes. Wenn man es von dieser Warte betrachtet, verliert er ein bisschen seinen Schrecken für den Arbeitgeber."

„Ich wusste gar nicht, dass ich dir einen Schrecken einjage", sagte Inga leise neben Robert, als sich die Veranstaltung auflöste und die Zuhörer den Saal verließen.

Robert sah sie nicht an, lächelte freundlich einem Kollegen zu, der auf ihn zugesteuert kam, und murmelte zwischen den Zähnen: „Du jagst mir sogar eine Heidenangst ein. Und zwar täglich neue."

Dann schüttelte er dem älteren Herrn die Hand, der sich danach sofort an Inga wandte.

„Kann man Sie klonen, Frau Mackenroth?" Und als Inga ihn verständnislos ansah und Robert anfing zu lachen, erklärte er: „Na ja, ich habe auch einen Betriebsrat, mit dem ich vertrauensvoll zusammenarbeiten möchte. Der aber nicht mit mir. Vielleicht haben Sie eine Idee, wie ich das anstellen kann."

Er führte Inga mit sich an einen Bistrotisch und erläuterte ihr sein Problem.

„Was machen wir mit dem angebrochenen Tag?", fragte Robert, als sie schließlich nach einer Viertelstunde zu ihm zurückkam. Die anderen Gäste waren mittlerweile gegangen.

„Es ist Freitagmittag, d. h., dem folgt ein ganzes Wochenende ...", überlegte sie laut.

„Interessanter Ansatz. Weiter."

„Ollie ist auf einem Basketball-Turnier in Pinneberg und übernachtet bis Sonntag dort."

„Höchst interessanter Ansatz. Und?"

„Wenn du nichts anderes vorhast?" Die Frage hing in der Luft.

„Habe ich aber." Robert lächelte sie beruhigend an, als sie vor Enttäuschung ein bisschen in sich zusammensackte. „Nur heute Abend. Ich bin eingeladen bei Freunden und da ich in der letzten Zeit sowieso schon etwas unsozial war und wegen einer gewissen Dame immer mal wieder Termine abgesagt habe, muss ich dahin, um nicht als totales Freundschaftsschwein dazustehen. Du könntest aber in der Zwischenzeit in meiner Wohnung bleiben, ich beeile mich, schnell wieder da zu sein."

Robert hatte sich bereits ausgehfertig in seinen Anzug geworfen und band sich vor dem Spiegel im Schlafzimmer den Schlips um. Inga lag müde und doch putzmunter auf seinem breiten Bett, dachte über diesen Widerspruch nach und sah ihm zu.

„Du machst mich zur glücklichsten Frau der Welt", sagte sie leise. Er lächelte sie im Spiegel an.

„Auch wenn ich zugeben muss, dass ich noch glücklicher wäre, wenn ich mit dir zusammen zu dieser Einladung gehen könnte. Dieses Versteckspiel ist auf Dauer nicht nur anstrengend, sondern auch ein bisschen ... unter meinem ... unserem Niveau, findest du nicht?"

Robert seufzte und drehte sich zu ihr um.

„Ich hab' mich schon gefragt, wann du wohl mit dieser Nummer kommen würdest."

„Tut mir leid, ist mir so rausgerutscht. Ich wollte da nicht noch mehr Probleme reinbringen. Es ist nur ..."

„Ich weiß, ich weiß", unterbrach Robert sie leicht wütend. „Ist mir schon alles klar. Du bist die Geliebte, die nicht mit nach draußen darf und sich nicht zeigen darf. Herrgott, ich hätte das auch gern anders!"

Er zog sich sein Jackett über und ging zu ihr ans Bett.

„Aber ich sehe im Moment nicht, wie wir das ändern könnten", sagte er und seine Augen wurden schmal.

„Ich auch nicht", flüsterte Inga und merkte, dass sie kurz vorm Weinen war. Sie wollte aufstehen, aber er hielt sie am Arm fest.

„Du bist verheiratet, ich bin dein Boss, du bist Betriebsrätin. Ich finde, das allein reicht schon, um festzustellen, das da nichts weiter geht", sagte er mit harter Stimme und sah sie durchdringend an.

„Dann gibt es da noch die Kleinigkeit, dass ich nicht heiraten will und …"

„Schon gut, schon gut", unterbrach Inga ihn genervt und spürte plötzlich ihre Nacktheit. „Gib mir bitte was zum Anziehen", bat sie leise.

„Willst du gehen? Ich dachte, du wartest, bis ich wiederkomme?"

Seine Stimme hatte jetzt einen anderen Ton. Vorsichtig, sanft, flehend.

„Hast du keine Angst, dass ich während deiner Abwesenheit den Safe hinter den Bildern suche?", fragte Inga sarkastisch. Ein bisschen, um ihn zu verletzen – und zu testen.

„Der Safe ist nicht hinter einem Bild. Er ist hinten links im Schrank, hinter meinen Pullovern."

Robert stand vom Bett auf, zog sie am Handgelenk mit zum Schrank und öffnete eine Tür. Er schob die Pullover zur Seite. Dann stellte er sich hinter Inga, nahm ihre rechte Hand und führte sie an das Zahlentableau des Safes.

„1-1-0-4-2-3", sagte er und drückte gemeinsam mit ihr die Zahlenkombination. „Das Geburtsdatum meines Vaters", erklärte er, als die Tür aufsprang. „Was siehst du?"

„Geld, Papiere. Das Übliche, was man so in einem Safe sieht. Was soll das werden? Ein Test?"

„Nein." Er umfasste ihre Taille mit seinen Armen und küsste ihren Nacken.

„Den Test hast du schon lange bestanden."

Er drehte sie zu sich herum und sah ihr in die Augen.

„Ich vertraue dir. Das ist alles. Und lass uns einfach abwarten, was die Zukunft bringt, bitte", setzte er hinzu.

Sie nickte langsam. „Es ist aber manchmal etwas schwierig. Dann will ich einfach wissen, wie es mit uns weitergeht."

„Geht mir auch so", seufzte er, nahm ihr Gesicht in seine Hände und küsste sie zärtlich.

Sie schloss die Augen, als er ihren Mund mit seiner Zunge erforschte, und merkte, wie er sich den gerade umgebundenen Schlips vom Hals riss und mit der rechten Hand sein Hemd aufknöpfte. Mit der linken hielt er sie fest.

„Was ist?", murmelte sie, ohne einen klaren Gedanken fassen zu können, als er sie aufs Bett zurückmanövrierte. Jackett und Hemd hatte er achtlos irgendwo hingeworfen.

„Du wirst mir helfen müssen", flüsterte er, als er auf ihr lag, mit seinen Händen auf ihrem nackten Körper pirschte und mit seinen Lippen das Gleiche tat.

„Wobei?"

„Ich brauche eine neue Ausrede. Ich kann nicht schon wieder sagen, dass ich Grippe habe und nicht zum Essen komme", murmelte er und es klang nicht wirklich schuldbewusst.

„Du willst nicht hingehen?"

„Nein."

„Weil du mir aus Versehen die Safekombination verraten hast und es nun bedauerst?", flüsterte sie und hatte es irgendwie geschafft, dass er sich ihr fügte – es waren ihre Hände und ihr Mund, die ihn zum Aufstöhnen brachten.

„O Gott, nein", raunte er und atmete heftig. „Ich habe Angst, dass du nicht mehr da bist, wenn ich wiederkomme."

„Ich wäre nicht weggegangen. Aber jetzt erklär mir lieber, warum ich dir eine Heidenangst einjage." „Weil ich dich liebe. Jeden Tag mehr. Und das ist auch die Antwort auf die erste Frage."

„Und es ist eine total bescheuerte Antwort. Man hat keine Angst vor jemandem, den man liebt. Es sei denn, man hat Angst vor einer festen, intensiven Beziehung."

Er warf sie mit seiner Umarmung herum, sodass er wieder auf ihr lag, und sah ihr in die Augen.

„Was wird das? Eine psychologische Beratungsstunde? Na gut, aber glaub' ja nicht, dass du ungeschoren davonkommst."

„Ja bitte?"

„Du hast auch Angst vor einer intensiven Beziehung, du bist sogar panisch. Du magst es, wenn jemand vor dir auf den Knien liegt und dich anbetet, aber du würdest es nie selber tun. Dazu bist du viel zu stolz. Du erwartest alles von anderen, aber selber hältst du dich doch ziemlich bedeckt."

Jetzt schnappte Inga nach Luft.

„Bleib' ganz ruhig. Hab' ich recht?"

„Was?" Sie war total verwirrt und sah ihn fragend an.

„So richtig vertrauen tust du mir nicht, oder?"

„Doch ... doch, natürlich."

„Wovor hast du Angst?"

„Dass es irgendwann wehtut", sagte sie, wie aus der Pistole geschossen.

Er blinzelte sie an und fragte dann leise: „Dass ich dir wehtue?"

„Ja."

„Warum glaubst du das?"

„Weil es immer so ist."

Er ließ sie los, legte sich mit verschränkten Armen auf den Rücken und sah sie zärtlich an: „Erzähl mir, was passiert ist."

Sie musste nachdenken, bevor sie es formulieren konnte.

„Eigentlich gab es keinen besonderen Vorfall. Ich bin nicht mehr enttäuscht worden im Leben als andere auch. Aber ich habe irgendwann beschlossen, mich nicht mehr mit Haut und Haaren jemandem auszuliefern. Der Schmerz ist dann nicht so groß, wenn es zu Ende ist."

Robert schwieg eine Zeit lang. Sie drehte sich zu ihm, legte eine Hand auf seinen Bauch und sah ihn an.

„Ich hätte es für mich nicht besser formulieren können", sagte er und umklammerte ihre Hand.

„Ich weiß."

„Falls ich dir irgendwann wehtun sollte, Liebling – ich kann das nicht ausschließen – ich ... also, man weiß nie, was passiert ... Dann verzeih mir."

Seine brüchige Stimme alarmierte sie und sie versuchte in seinem Gesicht zu lesen.

„Was ...?" Begann sie vorsichtig und in ihrer Magengrube formierte sich ein Rebellionsbataillon.

Er legte ihr leicht die Hand auf den Mund und legte sich auf sie. Er küsste sie so, dass ihr Hören und Sehen verging, liebkoste ihren Körper mit seinen Händen und dann flüsterte er ihr so leise ins Ohr, dass sie es fast nicht verstand: „Ich liebe dich. Aber ich weiß nicht, wie lange ich diese Nähe noch aushalte. Und das macht mir Angst."

Inga war beim Einkaufen im Supermarkt, als ihr Handy klingelte.
„Ich bin's", sagte Robert. „Ich habe nicht viel Zeit, deswegen nur ganz kurz: Die Verhandlungen sind bis Montagmorgen unterbrochen. Ich werde morgen früh nach Halifax fliegen. Die Flugdaten für morgen früh habe ich dir gerade gemailt. Ich hole dich morgen am Flughafen ab."

„Spinnst du?", schrie sie nach einigen Sekunden Sprachlosigkeit und sah sich entschuldigend um, nachdem zwei ältere Damen kopfschüttelnd mit ihrem Einkaufswagen an ihr vorbeischoben.

„Ich kann doch nicht ... Es ist jetzt 16.00 Uhr. Wie soll ich das denn machen? Und außerdem kannst du nicht so einfach über mich bestimmen, verdammt noch mal. Fragen wäre ja wohl das Mindeste!", empörte sie sich.

„Okay. Kommst du?"

Sie schnappte nach Luft.

„Nein. Das geht nicht. Ich bin morgen Abend eingeladen. Ollie hat ein Basketball-Turnier am Samstag ... und überhaupt ...!"

„Schade. Dann bis nächste Woche." Er hatte aufgelegt.

Inga tobte mit dem Einkaufswagen durch den Supermarkt.

Der hat sie wohl nicht mehr alle!

Wahllos warf sie irgendetwas in den Einkaufswagen und wunderte sich an der Kasse, für was für einen Quatsch sie fast 50 € bezahlen sollte.

Was bildet dieser Kerl sich eigentlich ein? Er kann doch nicht einfach so über mich und meine Termine bestimmen.

Kann er.

Im Auto rief sie Margrit an.

„Margrit, ich müsste ganz kurzfristig morgen bis Montag nach Amerika. Ginge das irgendwie?"

Was rede ich da eigentlich?

„Müsstest du oder musst du?"
Mütter! Siebter Sinn oder wie nannte man das?
„Wenn es bei dir nicht geht, kann ich es absagen."
Was ihr lieber war, wusste sie selber nicht.
„Ich habe morgen früh Krankengymnastik, aber da ist Ollie ja sowieso in der Schule. Und morgen Abend bin ich bei Elsbeth zum Geburtstag eingeladen. Aber das macht ja nichts. Also es würde bei mir gehen. Soll ich dann schon heute Abend kommen?"
Inga hätte vor Erleichterung fast geweint.
„Danke, Mama. Ich war gerade einkaufen, wir könnten nachher zusammen Abendbrot essen und dann kannst du gleich bleiben. Ich muss, glaube ich, sehr früh los morgen früh."
Margrit bewohnte das Gästezimmer, wenn sie auf Ollie aufpasste und für Inga den Haushalt schmiss.
Inga wählte Roberts private Handynummer. Besetzt.
Während der gesamten Fahrt versuchte sie es immer wieder. Besetzt.
Mensch, Mittag, jetzt hör endlich auf zu telefonieren. Ich will dir mitteilen, dass ich es mir überlegt habe, ich blöde Kuh.
Ihr Handy klingelte.
„Es tut mir leid, ich wollte nicht den Eindruck vermitteln, als würde ich über dein Leben bestimmen. Ich dachte nur, wir hätten endlich wieder einige Tage Zeit für uns", sagte Robert durch irgendwelche sphärischen Geräusche.
„Ich habe ja schon alles geklärt. Ich komme ja. Margrit passt auf Ollie auf. Ich freue mich so." Ingas Stimme versagte.
„Ich mich auch." Es dauerte etwas, bis Robert geantwortet hatte.
„Alles okay bei dir?"
„Wenn du kommst, ja. Bis morgen."

„Das mit deinem Job da in Amerika finde ich ja einerseits ganz cool. Aber vernachlässigst du nicht deine Aufsichtspflicht mir gegenüber?", fragte Ollie beim Abendbrot mit vollem Mund. Seine Augen, Harrys Augen, sprühten vor Ironie.
Inga fiel die Tomate vom Brot.
„Na ja, Omas zählen doch auch, oder nicht?", fragte Margrit.

„Nur bedingt. Gesetzlich ist das nicht das Gleiche", sagte Ollie im Oberlehrerton.

„Wie bist du denn drauf? Seit wann fühlst du dich vernachlässigt? Bisher hast du immer behauptet, ich würde hinter allem herschnüffeln und dir nicht die für 15-Jährige gebotene Freiheit gewähren."

„Ein gewisses Maß an Ausgewogenheit ...", fing Ollie an.

Margrit und Inga lachten. „Hör auf mit dem Quatsch", prustete Inga. „Niemand vernachlässigt dich und ich bin Dienstag wieder da."

„Wow, jetset-verdächtig. Meine Mutter fliegt für vier Tage nach Amerika."

„Bei einem der nächsten Male, mein Lieber, nehme ich dich mit. Aber nur, wenn du in Mathe eine Zwei schreibst."

„Echt? Na gut." Ollie stand auf. „Mädels, ich habe zu tun. Wenn das so ist, wollen wir doch mal sehen, dass ich diese Zwei in Mathe kriege." Und er verschwand in seinem Zimmer.

„Ob das nun pädagogisch wertvoll war, wage ich ja mal zu bezweifeln", sagte Margrit und fing an, den Tisch abzuräumen.

„Es ist noch viel schlimmer. Ich hab ihn belogen. Und dich auch." Inga räumte den Geschirrspüler ein und sah ihre Mutter nicht an.

„Ich weiß."

Inga drehte sich überrascht um.

„Ach, Kindchen, Kinder bleiben immer Kinder. Egal, wie alt wir Mütter werden, und egal, wie alt unsere Töchter werden. Ich habe schon immer gewusst, wenn etwas anderes im Busch war als das, was du mir und Papa erzählt hast."

Margrit ging zum Kühlschrank, nahm eine Flasche Weißwein heraus, zwei Gläser aus dem Schrank und setzte sich an den Küchentisch. Während sie die Flasche öffnete, sagte sie: „Du wirst mir jetzt hoffentlich erzählen, was los ist."

Und das tat sie. Inga war erleichtert, dass sie endlich jemandem über ihre – sie wusste immer noch nicht, wie sie es nennen sollte – Affäre? – erzählen konnte. Nein, das war es nicht. Viel mehr. Die große Liebe? Oder doch nur eine Liebesbeziehung, wie Johnson's Edition es in seiner Ethik-Richtlinie nannte?

Sie erzählte Margrit auch davon und den Schwierigkeiten und Sorgen, die das Ganze Robert und ihr bereitete. Erst als Margrit danach fragte, fiel ihr Harry ein.

„Nein, er weiß es nicht", antwortete sie und senkte den Kopf. „Eigentlich haben wir uns seitdem auch gar nicht gesehen. Er war schon lange nicht mehr zu Hause."

„Es sieht jedenfalls so aus, als ob dieser Mann dich liebt." Typische Mütter-Reaktion. Hoffentlich liebt das Kind nicht jemand, der es nicht liebt.

„Ich habe so etwas noch nie erlebt. Da musste ich erst so alt werden. Er macht mich glücklich. Und diese Situation jetzt im Verlag ... es ist furchtbar. Und Kanada ist für mich, und ich glaube auch für ihn, wie unser Zuhause. Es ist mein zweites Zuhause. Und als er mich anrief heute – ich hatte das Gefühl, er braucht mich."

Es war ihr nicht peinlich, mit ihrer Mutter so ein Gespräch zu führen. Ihre Vertrauensbasis währte schon ein Leben lang und nie hatte Inga sich verraten oder nicht unterstützt gefühlt. Natürlich hatte sie Dinge getan, die ihre Eltern nicht gut fanden, dachte sie jetzt. Aber sie hatten immer mit ihr gesprochen und Argumente hin und her bewegt. Auch jetzt war sie tief berührt, mit welchem Verständnis ihre Mutter ihr Geständnis aufgenommen hatte. Allerdings wusste sie auch, dass immer eine herzliche Abneigung zwischen ihr und Harry bestanden hatte, die auf Gegenseitigkeit beruhte.

Ihre Mutter stand auf.

„Irgendwann will ich ihn mal kennenlernen. Ollie hat mir schon erzählt, dass er ab und zu in deiner Küche sitzt. Daher wusste ich auch, dass da was anderes läuft. Man hat ja so seine Informanten."

„Meinst du, Ollie weiß es auch?" Das hätte Inga nicht gefallen.

„Keine Ahnung. Aber man darf die 15-Jährigen nicht unterschätzen. Gute Nacht, mein Kind. Und viel Spaß in Kanada. Das meine ich ernst. Und mach dir um uns keine Sorgen. Wir kommen schon klar."

Als Inga in Halifax aus dem Flugzeug stieg, war sie todmüde. Sie war seit fünf Uhr früh auf den Beinen, hatte Mails an alle verschickt, dass sie bis Dienstag Überstunden abbummelte, Scheithauer die Aufgaben aufgeschrieben, die er für den Betriebsrat zu erledigen hatte, und war dann zum Flughafen nach Hamburg gefahren.

Die Maschine von London nach Halifax hatte eine Stunde Verspätung. Sie rief Robert an. Sie sagte ihm auf die Mail-Box, dass es später werden würde. Die Sicherheitskontrollen waren endlos. Sie hatte ihr Buch vergessen, das sie gerade las, und kaufte sich im Flughafen-Zeitungs-Shop einen neuen Roman. Vielleicht würde sie ja auch schlafen können im Flugzeug.

Konnte sie nicht. Sie saß eingezwängt in der mittleren Reihe zwischen zwei dicken Männern, die mit ihrem jeweils linken oder rechten Arm ihre Armlehne bevölkerten. Sie guckte alle Filme, fing an, das Buch zu lesen, das langweiliger war als ein Telefonbuch, und wartete auf Robert.

Er stand am Flughafenausgang, hatte sein Jackett über die Schulter geworfen und die Ärmel seines Hemdes aufgekrempelt. Er sah müde, kaputt und krank aus – und trotzdem unglaublich attraktiv. Sie registrierte durchaus die Blicke anderer Frauen.

Anscheinend war er eben auch erst aus Washington angekommen.

Als er sie sah, war in seinem Gesicht so viel Erleichterung, dass Inga beinahe die Tränen kamen.

„Ich war mir nicht sicher, ob du wirklich kommst", sagte er in ihr Ohr und hielt sie lange fest.

„Ich hatte das Gefühl, dass du mich brauchst", flüsterte sie. Hoffentlich war ihm das nicht zu nah.

„Das wäre untertrieben."

Er ließ sie nicht mehr los. Im Auto nahm er ihre linke Hand, legte sie unter seine rechte und steuerte dann den Jeep. In Kanada und bei Automatikgetriebe ging das 100 Meilen, in Deutschland hätte er sie schon an der nächsten Kreuzung loslassen müssen.

Sie sprachen wenig auf der Fahrt nach Hause.

Es war das erste Mal, dass sie nicht sofort Sex miteinander hatten.

„Sally hat uns frischen Hummer besorgt und wir könnten bei dem Wetter draußen essen", sagte Robert, als er sich im Schlafzimmer umzog.

Kanadische Kleidung, dachte Inga amüsiert, als sie ihm zusah und gleichzeitig ihren kleinen Koffer auspackte.

„Was grinst du so?"

„Ich mag deine kanadische Kleidung."

„Ich auch. Ich wechsel damit mein Leben."

Sie ging zu ihm, schob ihre Arme unter sein Hemd und lehnte ihren Kopf an seine Brust.

„Das Gefühl habe ich für mich auch. Ich weiß nicht mehr, wo ich zu Hause bin."

Sie fühlte seine Hände unter ihrem T-Shirt und seine Lippen suchten zärtlich ihren Mund.

„Vielleicht ist es immer da, wo ich bin", sagte er dann ruhig und ihr war klar, dass das die Antwort war.

„Ja", seufzte sie, „das ist zu befürchten."

Er angelte unter dem Bett nach seinen Segelschuhen und sagte: „Ich gehe runter in die Küche und koche diese verdammten Dinger. Du hast Zeit genug zu duschen."

Als Inga in die Küche kam, brodelte das Wasser in einem riesigen Topf.

Sie setzte sich auf den Hocker am Küchentresen und sagte: „Ich esse die ja gern, aber kochen möchte ich sie nicht."

Robert hatte ihr den Rücken zugewandt, weil er mit allem Möglichen in der Küche beschäftigt war.

„Wo ist das Problem? Wasser kocht, reinschmeißen, Hummer rot und tot, essen." Er warf zwei mittelgroße zappelnde Exemplare in den Topf.

Inga lachte.

Er wandte sich ihr zu und hatte zwei Weingläser in der Hand.

„Kein Champagner, wie ich Madame kenne. Kalifornischer Weißwein?"

Als er eingeschenkt hatte, prosteten sie sich über den Küchentresen zu.

„Es ist so schön, dass du da bist", sagte Robert und sah ihr tief in die Augen.

„Finde ich auch. Du siehst müde und kaputt aus."

Er sah in den Kochtopf.

„Bin ich auch. Diese Verhandlungen mit den Johnson-Leuten sind knallhart. Ich dachte eigentlich, dass es unkomplizierter werden würde."

„Worüber streitet ihr euch? Oder willst du es mir lieber nicht erzählen, weil ich ja die Betriebsrätin bin?", fügte sie schnell hinzu und sah ihn spöttisch an.

„Hör schon auf. Du weißt genau, dass ich lernfähig bin. Und alte Fehler solltest du mir nicht immer unter die Nase reiben."

„Entschuldige. Lernfähig bist du in der Tat. Für einen Mann eigentlich ganz erstaunlich."

Er drohte ihr mit einem Löffel.

„Werde nicht frech! Ich verfrachte dich sonst ins Gästezimmer."

„Zu der Unbequemlichkeit für dich hättest du bestimmt keine Lust."

„Stimmt. Wozu hab' ich dich schließlich herkommen lassen?"

„Fang nicht schon wieder damit an."

Er grinste sie an.

„Wusste ich doch, dass dich das auf die Palme bringt. Ihr Frauen seid auch zu leicht zu durchschauen."

„Dafür haben viele Männer aber viele Schwierigkeiten mit uns."

„Zu der Spezies gehöre ich ja Gott sei Dank nicht. Ich habe mit meiner nur Schwierigkeiten, zu allen Zeitpunkten so an sie ranzukommen, wie ich möchte."

Er beugte sich über den Küchentresen und küsste sie auf den Mund.

Dann nahm er mit einer Kelle die Hummer aus dem Kochtopf und sagte: „Fertig. Ganz einfach."

„Ich unterstelle jetzt nicht, dass du vom Thema ablenken wolltest. Warum sind die Verhandlungen so schwierig? Ich meine, du siehst krank aus – entschuldige, dass ich das sage."

Er nahm ihre Hand.

„Inga, kannst du mal aufhören, dich immer für Fragen zu entschuldigen? Ich finde es ganz normal, dass man sich beim Freund erkundigt, warum der 100 Jahre älter aussieht als letzte Woche. Du musst komische Beziehungen gehabt haben."

„Hatte ich auch. Aber ich weiß bei dir immer nicht, wie weit ich in dein Leben hineindarf und wann ich zum Extremeingriff werde, den du entsorgen musst."

Er lachte und seine Augen wurden zu schmalen Schlitzen.

„Du bist mittendrin. Und ich sag dir Bescheid, wenn ich dich entsorgen will, wie du es nennst. Und um deine Frage zu beantworten: Ich habe seit ein paar Tagen Kopfschmerzen, mal mehr, mal weniger. Möchtest du noch Wein?"

Als Inga am nächsten Morgen auf den Wecker sah, war es 9.00 Uhr. Robert schlief neben ihr tief und fest. Sie stand auf, zog sich sein Hemd über und ging in die Küche, um sich einen Kaffee zu machen.

Irgendwo klingelte ein Handy, ihres war es nicht. Wenig später hörte sie Robert sagen: „Ja, ja, wir kommen gegen Abend. Bitte, Sally, lass uns ein bisschen Zeit für uns."

Einen Augenblick später kam er die Treppe herunter.

„Das riecht nach Kaffee."

Er umarmte sie von hinten und küsste ihren Hals.

„Ich habe seit Tagen nicht mehr so gut geschlafen. Deine Nähe beruhigt mich anscheinend ungemein. Ich habe dabei gestern Abend was vergessen und würde das gern nachholen."

„Vorher Kaffee?"

„Wenn du noch ein bisschen mehr an mich heranrückst, wirst du merken, dass dafür keine Zeit mehr ist."

Sie blieben den Tag über im Bett.

„Ich werde mich hier heute kein Stück wegbewegen", flüsterte sie irgendwann in sein Ohr. Er lachte leise. „Ich auch nicht."

Er lag auf dem Bauch und sie lag auf ihm. Sie streichelte gedankenverloren seinen Rücken und schaute dabei aus dem Fenster.

„Ich liebe dieses Land. Ich liebe dieses Haus. Ich liebe dich", sagte sie in seinen Rücken.

„Das gehört auch alles zusammen. Ich hoffe nur, dass die Reihenfolge etwas anders ist."

„Normalerweise haben Männer in deinem Alter eine 17-Jährige."

„Zwei."

„Was?"

„Wenn schon, dann zwei 17-Jährige", grinste Robert.

Er drehte sich vorsichtig um und legte sich auf sie. Sie schloss die Augen und gab sich dem Gefühl hin, hier und jetzt die Welt vergessen zu können.

„Sieh mich an", flüsterte er. „ Ich will in deine Augen sehen, wenn ich dich liebe. Du hast die schönsten Augen, die ich kenne. Einer der Gründe, weshalb ich mit dir zusammen bin. Die anderen Gründe, warum ich keine 17-Jährige habe, erkläre ich dir jetzt."

Irgendwann stand Robert auf und ging in sein Büro, um zu telefonieren. Inga machte in der Küche eine Kleinigkeit zu essen. Als sie mit dem Teller wieder an seinem Büro vorbeibalancierte, hörte sie ihn sagen: „Na ja, da muss aber doch der Stellvertreter dann ran. Wie heißt der noch? Scheithauer oder so."

Himmel, was war das jetzt?

Wenig später kam er ins Schlafzimmer zurück und lehnte sich gegen den Türrahmen.

„Was ist passiert?", fragte Inga und setzte sich im Bett auf.

„Sie wollen im Verlag eine fristlose Kündigung aussprechen und den Betriebsrat dazu anhören. Jetzt haben sie festgestellt, dass du nicht da bist, sondern Überstunden abbummelst."

„Der Scheithauer ist doch da."

„Habe ich ja auch gesagt. Der muss doch dann deine Geschäfte führen, oder? Die können doch die Anhörung nicht liegen lassen, bis du wieder da bist."

„Nein, nein, das tun sie auch nicht. Der Scheithauer wird begeistert sein, dass er so wichtig ist. Wer kriegt denn die fristlose Kündigung? Da muss ja irgendetwas vorgefallen sein."

„Matthias Schulte aus dem Vertrieb. Spesen. Das Übliche. Du weißt schon."

„Ach, du Schande. Der hat gerade neu gebaut und seine Frau hat einen Freund."

„Was du alles weißt. Tja, leider kann ich ihm da nicht helfen."

„Du bist doch der skrupellose Arbeitgeber, wie sie immer sagen." Aber sie lächelte ihn zärtlich an, als sie das sagte.

Robert zog seine Jeans aus, legte sich neben sie und schob seinen Körper dann langsam und zärtlich auf sie.

„Liebling, man kann niemanden vor sich selber schützen. Auch nicht der Betriebsrat. Wer betrügt, fliegt raus."

Das Gleiche sagte sie den Leuten auch immer. Wir, der Betriebsrat werden euch schützen, aber nicht, wenn ihr selber Mist baut.

Trotzdem tat Schulte ihr leid.

Robert hatte seinen Laptop aus dem Büro mitgebracht und schrieb anscheinend irgendwelche Mails, während Inga müde vor sich hin döste. Nach einer halben Stunde stellte er ihn auf den Fußboden vor dem Bett.

„Kannst du mir irgendetwas über diesen Betriebsübergangsparagraphen erzählen? § 613 a BGB oder so?", fragte er dann und küsste zärtlich ihre nackte Schulter.

„Ich bin hier privat", murmelte Inga verschlafen in ihr Kopfkissen.

„Ach ja, das hatte ich ganz vergessen. Und ich wundere mich schon, wieso die Betriebsratsvorsitzende hier in meinem Bett liegt. Ein sehr hübscher Anblick übrigens. Glaubst du, du kannst trotzdem nachher eine Sprechstunde für mich einrichten?"

„Wenn du vorher das machst, was du vorhin gemacht hast – vielleicht."

„Was? Telefonieren?"

„Fang an", sagte Robert und sah Inga erwartungsvoll an.

Sie saßen auf der überdachten Veranda, es hatte aufgehört zu regnen und langsam kam die Sonne durch.

„Wieso hat dir unsere wunderbare Rechtsabteilung eigentlich kein Dossier über den § 613 a BGB gemacht?", fragte Inga.

„Hat sie ja. 15 Seiten. Ich habe keine Lust, es zu lesen."

Robert legte die Füße auf den niedrigen Tisch und blätterte in dem Gesetzestext, den er auf dem Schoß hatte, und balancierte gleichzeitig ein Weinglas auf seinem Knie.

„So gesehen ist es vielleicht doch richtig, dass du meinen Flug bezahlt hast."

Er sah sie grinsend an.

„Gut, dass du es endlich kapiert hast. Man muss alle Ressourcen nutzen."

„Robert Mittag, ich erschlage dich gleich."

„Ich hoffe doch, nicht. Und es ist ja nicht so, dass ich dich nur wegen dieser kleinen Nachhilfestunde in Arbeitsrecht habe kommen lassen."

„Nicht?"

„Nein. Ich sagte ja, man muss alle Ressourcen nutzen."

Wenn er sie auf den Arm nehmen wollte, wurden seine Augen zu kleinen Schlitzen, viele kleine Falten umgaben die Augenpartie und das bisschen Blau, was noch zu sehen war, strahlte sie an.

„Los, jetzt fang schon an, mich mit deinem Wissen zu beeindrucken. Ich habe Sally versprochen, dass wir nachher vorbeikommen", sagte Robert.

„Es ist einfach, wenn wir komplett verkauft werden. Alle Arbeitsverhältnisse gehen automatisch über. Mit allen Rechten, also Betriebszugehörigkeiten, Betriebsrente, Inhalte von Arbeitsverträgen und so."

„Das heißt, jemand, der 20 Jahre im Verlag ist, hat kein neues Arbeitsverhältnis, sondern ist immer noch 20 Jahre da?"

„Genau."

„Kann man das vertraglich ausschließen?"

„Nein. Es ist eine gesetzliche Regelung. Alles, was bisher bei solchen Verträgen versucht wurde, ist unwirksam. Es gibt da auch keine Lücke."

Robert schwieg und blätterte in dem Buch auf seinen Knien.

Dann sagte er langsam: „Das heißt, es bleibt beim Betriebsübergang niemand auf der Strecke? Kündigungen deswegen sind doch unwirksam, steht hier, oder?"

Inga nickte. „Es sei denn, der neue oder der alte Inhaber hat Gründe für betriebsbedingte Kündigungen, also weil er jetzt Leute zu viel hat z. B."

„Verstehe. Und wenn der Käufer weniger Leute haben will, als der Verkäufer bisher hat, gibt es ein Problem."

Inga setzte sich elektrisiert auf.

Robert winkte sofort ab. „Nein, nein, das ist anscheinend gar kein Thema. Sie haben mir versichert, dass sie alle Leute wollen. Ich muss nur wissen, was das Ganze für unsere Mitarbeiter für Folgen hat."

Er las weiter im Text.

„Dann steht da, dass die Mitarbeiter dem Betriebsübergang widersprechen können?"

„Ja, ihr müsst ihnen den Betriebsübergang vier Wochen vorher mitteilen. Sie können widersprechen, gehen aber natürlich das Risiko ein, dass ihnen betriebsbedingt gekündigt wird. Weil ja bei uns im Verlag der Arbeitsplatz weggefallen ist."

„Verstehe", murmelte Robert, sah aber nicht so aus.

„Uns als Hamburger Verlagshaus wird es nicht mehr geben ..."

„Das hab' ich kapiert. Ich versteh nur nicht, warum die Arbeitnehmer widersprechen können. Tun das üblicherweise welche? Sie haben dann doch keine Arbeit mehr."

Inga nickte. „Es tun welche, da kannst du Gift drauf nehmen. Weil sie eine Abfindung wollen oder was weiß ich. Die Gewerkschaft bringt üblicherweise auch noch den Spruch, dass das alles Teufelszeug ist und sie das verhindern werden."

„Können sie das etwa?", fragte Robert argwöhnisch.

„Nein, der Arbeitgeber trifft ja eine unternehmerische Entscheidung, da gibt es keine Mitbestimmung. Aber sie tun so und emotionalisieren erheblich, indem sie Ängste um die Arbeitsplätze schüren."

Robert schwieg und dachte anscheinend nach. Inga wollte noch etwas sagen, aber er klappte das Buch zu, stand auf und grinste sie an.

„Okay, fürs Erste reicht es mir. Ich werde morgen übers Intranet verbreiten, dass mir die Betriebsratsvorsitzende bei der Abwicklung eine große Hilfe war. Dann haben wir damit auch gleich das Problem gelöst, wie wir es den Leuten sagen, dass du aus dem Amt ausscheidest und in die Öffentlichkeitsabteilung wechselst. Das ergibt sich dann sozusagen von selbst."

Inga stand ebenfalls auf. „Das finde ich überhaupt nicht komisch", sagte sie und war tatsächlich angesäuert.

Robert legte den Arm um sie.

„Das war ein Witz, Liebling."

„Ich frage mich aber allen Ernstes, ob ich nicht noch so lange den Betriebsratsvorsitz machen sollte, bis euer Kauf abgewickelt ist."

„Warum?", fragte er erstaunt.

„O Mann, Robert, du kapierst auch gar nichts. Ein Verkauf des Unternehmens ist für die Mitarbeiter eine sensible Angelegenheit."

Inga machte sich aus seiner Umarmung frei und fuhr sich durch die Haare.

„Du kannst nicht davon ausgehen, dass das spurlos und ohne Emotionen an allen vorbeigeht. Ein deutscher Verlag wird an die Amerikaner verkauft! Sie sind nicht mehr ‚Hamburger', wie sie sich jetzt stolz nennen, sondern, sondern ... Amerikaner oder was weiß ich! Es ist nicht mehr dasselbe. Sie werden sich heimatlos fühlen, im Stich gelassen, obwohl sie für dieses Unternehmen geschuftet haben."

Inga wanderte auf der Veranda auf und ab und Robert setzte sich wieder hin.

„Weiter", sagte er auffordernd und es klang nicht gelangweilt oder ironisch.

Inga blieb vor ihm stehen.

„Was bringen sie euch eigentlich als Manager bei?"

„Nichts. Wir sind." Robert grinste sie unverschämt an und sie musste lachen.

„Nach allem, was ich darüber gelesen habe und in dem Seminar von diesem Rechtsanwalt Sowienoch, dessen Namen ich vergessen habe, gehört habe, ist das größte Problem bei diesen Betriebsübergängen die emotionale Komponente. Und die Arbeitgeber machen wohl immer wieder den Fehler in allerletzter Sekunde, wenn man sich über alles andere einig ist, ... also dann fällt ihnen ein, dass da ja auch noch Arbeitnehmer sind, die betroffen sind. Und denen man was sagen muss, undsoweiterundsoweiter. Diesen Fehler solltest du nicht machen."

Sie hatte sich in Rage geredet. Ihre Augen sprühten und sie hatte mit den Händen wild in der Luft herumgefuchtelt.

Robert kniff die Lippen zusammen.

„Wenn es stimmt, was du sagst, und ich habe daran keinen Zweifel, weil es mir auch sehr einleuchtet ... Also, die Frage, die ich jetzt stelle, ist eigentlich nicht erlaubt ... unter den Umständen, dass wir beide ... verdammte Scheiße ..." Er wusste anscheinend nicht weiter und sah sie irgendwie wütend an.

„Du willst mich fragen, ob ich dir als Betriebsratsvorsitzende helfe oder dagegen bin, stimmt's?", fragte Inga ruhig.

„So könnte man es formulieren", sagte er leise nach einer Pause, in der er sie nur angesehen hatte, ohne dass erkennbar war, was in ihm vorging.

„Wenn du meinst, dass der Verkauf das Beste für uns ist, meine ich das auch", sagte Inga und fand, das war genug.

„Ich liebe dich."

„Das hat nichts mit dir zu tun. Ich meine ..."

„Ich liebe dich trotzdem."

Sie setzte sich auf seinen Schoß und küsste ihn auf den Mund, langsam, zärtlich. Er reagierte schnell und heftig.

„Wann hast du eigentlich vor, dem Betriebsrat mitzuteilen, dass du Verkaufsverhandlungen mit Amerikanern führst?", fragte sie schließlich atemlos. „Ich meine, ich bin ja hier nicht in offizieller Mission unterwegs."

„Wenn es so gut wie unter Dach und Fach ist."

„Das ist nach dem Betriebsverfassungsgesetz zu spät. Du hättest uns schon längst ..."

„Ich weiß, ich weiß", seufzte Robert und sah sie genervt an. „Und dann? Es wüsste garantiert schon die ganze Konkurrenz, na super."

„Das gibt Ärger, wenn der Scheithauer zur Gewerkschaft rennt", sagte Inga vorsichtig.

„Scheißegal. Erinnerst du dich an diese Geschichte mit dem gekündigten Druckvertrag? Das wusste die Gewerkschaft schon fast vor allen Vorstandsmitgliedern, nur, weil ich freundlicherweise in der Betriebsratssitzung eine Andeutung gemacht habe, obwohl es euch gar nichts angeht. Nee, das nicht noch mal. Die waren ganz schön sauer auf mich."

„Ich war's nicht", sagte Inga und er nickte grinsend.

„Davon gehe ich aus. Unser Gespräch hier wäre etwas schizophren, wenn ich glaubte, dass du es warst."

Inga schlang die Arme um ihn und küsste ihn erneut. Seinen Mund, seine Augen, seine Stirn. Diesmal reagierten seine Hände sofort und sie stöhnte auf.

„Habt ihr bei euren blöden Beratungen über die Ethik-Richtlinie eigentlich jemals daran gedacht, dass es zwischen Mitarbeitern und Vorgesetzten wirkliche Liebe geben kann?", fragte sie leise atemlos zwischen zwei Küssen.

Er löste seine Lippen anscheinend nur schwer von ihr und schüttelte den Kopf.

„Ich glaube nicht. Wir haben das nie richtig thematisiert. Alle, auch die Frauen, die in dieser Kommission waren, gingen irgendwie davon aus, dass es sich lediglich um irgendwelche Affären handeln würde. Die

Vorstellung, dass ein Vorstandsvorsitzender mit einer Betriebsratsvorsitzenden mehr, viel mehr hat, da wären wahrscheinlich alle vor Lachen vom Stuhl gefallen."

Er lachte kurz und eher frustriert auf.

„Und wenn ich darüber nachdenke, dass ich der Projektleiter für das Ganze war und heute derjenige bin, der mit einer Betriebsratsvorsitzenden genau gegen das verstößt, was wir da ungefähr sechs Monate in einem Team ausgearbeitet haben: Lass die Mitarbeiter in Ruhe, besonders die Mitarbeiterinnen, fass sie nicht an, bring dich nicht in Abhängigkeiten, was unweigerlich passieren wird, wenn du mit einer Mitarbeiterin schläfst, denk nur an die Rendite, das wirst du nicht schaffen, wenn du mit einer Mitarbeiterin ins Bett gehst, du wirst erpressbar, du öffnest der Korruption Tür und Tor, unser Unternehmen ist nicht korrupt undsoweiterundsoweiter ... An Betriebsratsvorsitzende hat da eigentlich überhaupt keiner gedacht. Das war weit weg von jeglicher Fantasie. Na ja, da hat ja auch keiner dran gedacht, dass Johnson's Edition mal den deutschen Markt aufmischen würde."

Er seufzte und fuhr sich mit einer Hand durch die Haare. Mit der anderen hielt er Inga fest.

„Die Vorstellung, dass ich an dieser völlig bescheuerten Situation zwischen uns nicht ganz unschuldig bin – also jedenfalls ziemlich beteiligt war –, macht mich irgendwie nervös", sagte er und sah hinaus auf den Atlantik.

„Na ja, du konntest doch nicht ahnen, dass du mich kennenlernen würdest."

Ein bisschen Selbstbewusstsein ist ja wohl erlaubt, oder?

„Und außerdem ... es hätte sonst jemand anders gemacht, oder nicht? Und die Grundsätze, die sich Leute ausdenken, sind ja im Großen und Ganzen immer in Ordnung. Aber dann kommt plötzlich –Peng – der Einzelfall. Und schon sieht die Welt ganz anders aus."

Robert grinste und küsste sie auf die Nasenspitze.

„Netter Einzelfall."

Sie gingen zu Fuß zu Sally und Walter.
Inga hatte es vorgeschlagen.

„Bist du verrückt? Kein Kanadier geht zu Fuß auch nur einen Meter. Es sei denn, er ist im Wald und auf Bärenjagd", hatte Robert gesagt.

„Du suchst dir deine Nationalität auch immer so aus, wie es dir gerade passt. Lass mal den Deutschen raus. Etwas Bewegung tut uns gut."

„Ich für meinen Teil hatte heute schon viel Bewegung, Einzelfall", hatte er grinsend erwidert. „Was nicht bedeutet, dass ich davon für heute genug hätte", setzte er hinzu und küsste sie in den Nacken.

„Meine Selbstständigkeit gleitet mir aus den Händen", sagte er jetzt kopfschüttelnd.

Inga lachte. „So schlimm ist es ja wohl auch nicht. Machst du eigentlich Sport in Hamburg?"

„Ab und zu gehe ich in ein Fitness-Center wie jeder Mann Mitte 50. Manchmal allerdings auch nur in Gedanken." Robert verzog das Gesicht.

„Ich spiele auch noch manchmal Tennis, in Basketball war ich auch ganz gut. Meine Ruder-Karriere habe ich komplett aufgegeben, aber schon vor 20 Jahren." Er seufzte. „Wenn ich ehrlich bin, lässt das alles etwas zu wünschen übrig. Aber eigentlich ist es auch egal." Der letzte Satz klang resigniert.

Inga sah ihn von der Seite an.

„Lohnt sich nicht mehr, oder was willst du damit sagen?" Es sollte ein Scherz sein, aber sie merkte, dass seine Gesichtszüge sich verdunkelten. „Entschuldige, das war nicht so gemeint. Es ist so ein Spruch, den Ollie immer bringt, wenn meine Mutter mit ihren 75 Jahren so guckt, als lohne es sich nicht mehr, den Maler für ihr Haus kommen zu lassen, weil sie ja doch bald das Zeitliche segnet."

Robert sagte nichts, sondern umklammerte ihre Hand, dass es fast wehtat.

Nach seiner letzten Liebeserklärung vor einer Stunde – da ist mehr, viel mehr zwischen dem Vorstandsvorsitzenden und der Betriebsratsvorsitzenden – war sie mutig.

Sie versuchte es ironisch.

„Ich bewundere dich dafür, dass du es manchmal innerhalb von zwei Sekunden schaffst, eine Mauer vor dir hochzuziehen, durch die ich nicht hindurchkomme."

Chance, Robert. Sag was!

Seine Schritte wurden noch größer, sodass sie Mühe hatte mitzukommen. Er sagte immer noch nichts und sah auf den Waldweg. Seine Kiefer mahlten, sein Gesicht war angespannt.

Inga gab auf.

„Entschuldige, ich wollte dir nicht zu nahe treten", sagte sie leise atemlos.

„Wie oft hab' ich dir schon gesagt, du sollst dich nicht entschuldigen, verdammt." Er klang sehr wütend. Dann stieß er hervor: „Ich bin eben so."

Wenn's dir nicht passt, kannst du ja gehen, hätte nur noch kommen müssen.

Sallys und Walters Haus kam in Sicht. Walter fegte auf dem großen Rasen Blätter zusammen und Sally hantierte auf der Veranda. Sie hatten sie anscheinend noch nicht gesehen.

Inga war plötzlich zum Heulen zumute.

Wir können doch da jetzt nicht so hingehen. Wir hatten gerade ein Nicht-Gespräch und er hat mich abgebürstet. Und ich weiß noch nicht mal, warum.

Robert blieb stehen und sah sie an. Da war wieder dieser endlos traurige Blick, die Verzweiflung über irgendetwas, das sie nicht kannte – und diese Liebe.

„Sieh mich nicht so an", flehte sie. „Ich halte das nicht aus." Und dann: „Bitte, sag mir doch, warum du so verzweifelt bist."

Er zog sie so fest an sich, dass sie glaubte ersticken zu müssen. Als er seine Arme um ihren Nacken legte und sein Gesicht in ihrem Haar vergrub, wusste sie schon, was er sagen würde.

„Es tut mir leid. Es tut mir leid."

Jetzt oder nie!

„Du musst dich genauso wenig entschuldigen wie ich. Willst du mir nicht endlich sagen, was dich bedrückt? Und sag nicht wieder: ‚Ich habe meine Gründe.' Bitte", flehte Inga.

Sie spürte nur, dass er den Kopf schüttelte.

Er ließ sie los, nahm wieder ihre Hand und sagte, ohne sie anzusehen: „Lass uns den Abend genießen." Dann sah er sie doch an.

„Und vertrau' mir trotzdem. Mehr geht nicht. Bitte."

Merkwürdigerweise tat sie das nach jeder solchen Situationen mehr denn je. Sie war sich sicher, dass er sie liebte, im nächsten Moment stieß er sie durch einen Satz aus seinem Leben, dann entschuldigte er sich mit diesem absolut unwiderstehlichem Blick, sagte irgendetwas Beruhigendes und sie verfloss vor Liebe zu ihm.

Das gefiel ihr nicht. Obwohl sie nicht das Gefühl hatte, dass dahinter eine Taktik steckte, beunruhigte es sie zusehends.

Ich werde doch nicht auf meine alten Tage von einem Mann abhängig werden? Oder etwa hörig? Das wäre ja wohl das Allerletzte!

Allein der Gedanke versetzte sie in Panik.

Sie ließ seine Hand los und steckte beide Hände in ihre Jackentaschen.

Er sah sie von der Seite an, sagte aber nichts.

Da hatte Walter sie gesehen.

„Ich fall in Ohnmacht. Ihr seid zu Fuß?"

Robert legte die Arme wieder um Ingas Nacken, zog sie an sich und rief Walter zu: „Noch einen Augenblick. Wir kommen gleich."

Dann sah er sie ernst an.

„Ich mag keine Gespräche über den Tod."

Sie war sprachlos und konnte nur nicken.

Aha.

Sie kannte viele, die solche Gespräche nicht mochten und Scherze schon gar nicht. Sie hatte nie dazugehört. ‚Der Tod gehört zum Leben', hatte Margrit immer gesagt, und das war so selbstverständlich gewesen in ihrer Familie wie Zähneputzen.

Es war die Ernsthaftigkeit, mit der er diese Worte gesagt hatte, die sie erstarren ließ. Als sie ihre Sprache wiedergefunden hatte, sagte sie: „Entschuldige. Es ... ich verstehe."

„Du kannst gar nicht verstehen", sagte er tonlos. „Ich bitte dich nur, solche Formulierungen nicht mehr zu benutzen."

Der Typ hat 'nen Knall!

Zu ihrem eigenen Erstaunen nickte sie schon wieder.

„Okay. Versprochen."

„Und falls du jetzt denken solltest, ich hätte 'nen Knall, dann hast du recht", sagte er, umklammerte ihr Handgelenk wie gewohnt und zog sie zu Walter auf den Rasen.

„Wir sollen ins ‚Blue Noise', da spielen die Old Young Boys. Ich soll dir sagen, wenn du nicht kommst, gibt's Ärger", sagte Walter nach dem Essen zu Robert.

„Meine alte Musik-Band", erklärte Robert Inga. „Guck nicht so. Ich war mal Gitarrist."

„Ich kann doch mal erstaunt gucken, oder?", rechtfertigte Inga sich.

„Wenn man 55 ist, hat man eben schon viel erlebt", grinste Robert und sie verstand es als leichte Annäherung an das Thema von vorhin.

Seine Augen, die sie entschuldigend ansahen, signalisierten ihr, dass sie richtiglag. Sie lächelte ihn liebevoll an.

Du kannst sowieso machen, was du willst, Robert Mittag. Ich kann dir gar nicht böse sein, weil ich dich liebe.

Sie merkte, dass er sich entspannte. Er streckte seine langen Beine unter den Tisch, schob seine rechte Hand in ihre linke und strich mit seinem Zeigefinger zärtlich über ihre innere Handfläche. Ihr gingen alle Nackenhaare hoch.

Das „Blue Noise" war ein rustikales Restaurant mit langem Bartresen, einer Bühne und kleiner Tanzfläche. Als sie ankamen, war es bereits ziemlich voll und sie wurden mit großem Hallo begrüßt. Sie stellten sich an den Tresen, bestellten Bier und die dreiköpfige Band, alles Männer in Roberts Alter, begannen mit leisen kanadischen Balladen im Country-und-Western-Stil, den Inga so mochte. Refrains wurden in mal falscher, mal richtiger Tonlage mitgesungen, die Ersten fingen an zu tanzen.

Robert hatte sich an den Tresen gelehnt, einen Arm auf Ingas Schulter, in der anderen Hand ein Bierglas, und unterhielt sich mit zwei Männern, mit denen er zusammen zur Schule gegangen war.

Inga redete mit Sally und Walter über die bevorstehenden Wahlen zum kanadischen Parlament und dann über Sallys neu eingerichtete Küche. Sie freute sich immer, die beiden zu sehen, was ganz offensichtlich auf Gegenseitigkeit beruhte.

Ab und zu zog Robert sie, ohne sie anzusehen oder sein Gespräch zu unterbrechen, noch näher an sich heran und sie spürte in der Menge eine Nähe und Verbundenheit zu ihm, die ihr vor Glück den Hals zuschnürte.

Zu ihrer Überraschung wurde Robert von der Band auf die Bühne gerufen und musste einen Song, den sie offenbar früher zusammengespielt hatten, als Gitarrist mitspielen. Er sang sogar teilweise mit seiner rauen, brüchigen Stimme und hatte noch Zeit, wenn er nicht den Blick des Lead-Gitarristen suchte, Inga zuzulachen. „Just want you to know I love you ..."

Sie lächelte ihm kopfschüttelnd zu.

Warum hast du mir nie erzählt, dass du auch Musiker bist?

Als Antwort zuckte er nur grinsend mit den Schultern.

Inga musste lachen.

Wenn die Mitarbeiter in Hamburg wüssten, dass der Vorstands-Vorsitzende vor Publikum lockere Liebeslieder auf der Gitarre spielte und dazu auch noch mitsang!

Die Leute klatschten und pfiffen. Jeder schien ihn hier zu kennen und sich zu freuen, ihn zu sehen. Wärme und Sympathie schlugen ihm entgegen, die auch Inga zu spüren bekam, da jeder mit ihr reden wollte, wissen wollte, was sie macht, wo sie herkam, und fast jeder hatte einen deutschen Verwandten.

„Ha, dass ich das noch kann, hätte ich nicht gedacht."

Robert strahlte stolz, als er von der Bühne zurückkam, und nahm bereitwillig Lob und gut gemeinte Ratschläge von den Umstehenden entgegen.

„Ich fürchtete schon, du singst den Laden leer", sagte Walter grinsend.

„Du bist nur neidisch, weil deine Stimme wie eine explodierende Kaffeemaschine klingt", antwortete Robert lachend und legte den Arm wieder um Ingas Schulter.

„Du musst in der Schule irgendwie mindestens zehnmal sitzengeblieben sein", sagte Inga und war froh, dass sie wieder seine Nähe spürte.

„Na ja, ganz so oft nun auch nicht. Wieso?"

„Mit jedem Zweiten in Lunenburg bist du anscheinend irgendwann zur Schule gegangen."

Robert lachte.

Sie wollte zu ihrer eigenen Überraschung mit ihm tanzen und zu ihrer nächsten Überraschung sträubte er sich nicht.

Plötzlich fiel ihr etwas ein und sie wurde leicht panisch.

„Was ist eigentlich, wenn wir hier von jemandem entdeckt werden? Es ist doch gar nicht auszuschließen, dass hier jemand rumläuft, der für Johnson's Edition arbeitet. Und so wie wir uns gerade bewegt haben oder auch nicht, wird jeder Idiot erkennen, dass da was läuft zwischen uns."

„Dann fliege ich raus", sagte Robert ungerührt.

Er wollte weiter mit ihr tanzen, aber sie zog ihn an den Tresen zurück.

„Hey, bleib ruhig. Ich kenne hier alle. Da ist keiner dabei, um den wir uns Sorgen machen müssen."

Er bestellte noch zwei Bier und lehnte sich mit dem Rücken an den Tresen.

„Für einen Vorstandsvorsitzenden bist du ganz schön naiv", stellte Inga fest und es klang sorgenvoll.

Er nickte und sagte unbekümmert: „Stimmt. In diesem Falle ja. Und ich sag dir was: Ich will naiv sein."

„Willst du tatsächlich meinetwegen deine Karriere aufs Spiel setzen?"

„Sieht so aus."

„Womit habe ich das verdient? Du machst mich unglücklich."

„Bisher schien mir eher das Gegenteil der Fall zu sein."

„Sei nicht so selbstgefällig, Herrgott noch mal. Das bist du schon den ganzen Abend. Unausstehlich."

„Ich hab' aber recht, oder?"

Sie seufzte, fuhr sich mit den Händen durch die Haare und sah ihn verzweifelt an. Er saß breitbeinig auf dem Barhocker und sie schob sich zwischen seine Beine. Sie sahen sich an, sekundenlang. Sein Gesichtsausdruck war plötzlich völlig neutral.

Und ohne seinen Gesichtsausdruck zu verändern, sagte er rau: „Vielleicht wäre es besser, wenn wir nach Hause fahren."

„Ich liebe dich, ich gehöre dir."

Sie merkte noch, dass sie all das sagte, war überrascht, dass sie es sagte, und noch überraschter, dass sie es völlig ernst meinte, und musste dann über ihre eigenen Worte lachen. Vielleicht, um das ganze Drama ihrer empfundenen Selbstaufgabe für sich etwas zu lindern.

„Jetzt ist es soweit", flüsterte sie, kuschelte sich eng an ihn und sah ihn mit großen Augen an. Er lächelte sie etwas verklärt und abwesend an. Dafür hatte sie gewisses Verständnis und hoffte, dass er den Satz, der wie von selbst kam, nicht ganz mitgekriegt hatte.

„Ich bin das erste Mal in meinem Leben einem Mann verfallen."

„Keine Sorge, ich werde es nicht ausnutzen. Aber falls du jemals mit irgendeinem anderen Mann das machen solltest, was du gerade mit mir gemacht hast, werde ich mein Gewehr suchen müssen", murmelte er schläfrig mit geschlossenen Augen, lehnte sich gemütlich in die Kissen auf dem Bett zurück und zog sie noch dichter an sich.

„Du hast ein Gewehr?"

„Natürlich, jeder Kanadier hat ein Gewehr. Jedenfalls, wenn er so weit von der Zivilisation lebt wie ich."

Inga prustete. „Lunenburg ist zehn Minuten weit weg."

Robert grummelte etwas Unverständliches.

Inga versuchte sich aufzurichten, aber seine Arme ließen nicht locker.

„Jetzt ist aber langsam Schluss!", sagte sie in gespielter Empörung. „Vor drei Stunden machst du auf softer Gitarren-Musiker und jetzt muss ich auch noch erfahren, dass du ein Gewehr hast und in der Gegend rumballerst."

Robert klappte träge ein Auge auf.

„Ich baller nicht in der Gegend rum, ja? Ich habe das Ding vor zehn Jahren das letzte Mal benutzt. Und das war schrecklich genug. Da habe ich den altersschwachen Hund von Sally und Walter erschossen. Aber nur, weil Walter sich dauernd übergeben musste und Sally nur noch kreischend durch die Gegend lief. Von den Kindern ganz zu schweigen."

Inga legte sich auf ihn und klappte vorsichtig mit den Fingern seine Augenlider auf. Er guckte erstaunt.

„Ich will deine Augen sehen."

„Wieso?"

„Weil ich dir was zu sagen habe."

„Bitte?" Das kam im süffisanten englischen Buckingham-Palace-Akzent und sie knuffte ihn in den Bauch.

„Ich will jetzt keine Überraschungen mehr. Wenn es noch etwas gibt, was ich über dich wissen sollte, finde ich, solltest du es jetzt sagen."

Er schubste sie mit ziemlicher Gewalt von seinem Bauch, setzte sich gerade hin und seine Augen fixierten sie böse, als hätte sie gerade eine Bombendrohung gegen ihn ausgesprochen.

Was war jetzt los? Das zärtliche liebevolle Geplänkel war offenbar vorbei.

Sie hielt die Luft an vor Schreck.

Dann sagte er leise mit kühlem Unterton: „Da gibt es nichts, was ich dir noch zu sagen hätte."

Sie zuckte zusammen und er reagierte endlich. Er zog sie in seine Arme, küsste sie, ihren Hals, ihre Schulter und schließlich ihren Mund in wilder Verzweiflung. „O Gott, Liebling", stöhnte er, „bitte, bitte ... so hab' ich das nicht gemeint ... ich liebe dich ... mehr als mein Leben ... es gibt keine Geheimnisse."

Mitgerissen von seinen Zärtlichkeiten, konnte sie nur flüstern: „Spiel nicht mit mir."

„Nein", flüsterte er zurück, hatte jetzt seine Augen geöffnet und sah sie ernst und ein bisschen verzweifelt an, „nein, es ist kein Spiel. Nicht mehr – ich glaube, es ist nie eins gewesen."

„Verlass mich nicht, ich glaube nicht, dass ich das überleben würde", sagte Inga leise und fragte sich, was für merkwürdige Sätze ihr wohl als Nächstes einfallen würden.

„Niemals, mein Liebling, und wenn, wird es unfreiwillig sein", murmelte er zwischen seinen Zärtlichkeiten.

Und sie dachte noch, dass sie über diesen Satz irgendwann mal intensiver nachdenken sollte.

„Der Vorstandsvorsitzende will ein Treffen unbedingt heute über die Arbeitszeit. Du sollst den Betriebsausschuss zusammentrommeln. Am liebsten wäre ihm 10.00 Uhr", sagte Meike, die heute Frühdienst im Betriebsratsbüro hatte. „Ich hab' schon ein paar Leute angerufen. Die können alle."

Im Besprechungszimmer saßen die Betriebsräte wie immer auf der einen, die Geschäftsleitung auf der anderen Seite des großen Tisches. Jeder schenkte sich Kaffee oder Tee ein und Robert begann mit seinen Ausführungen zum neuen Arbeitszeitmodell.

„Wie Sie ja wissen, haben wir ein Überstundenproblem. Im Durchschnitt schiebt jeder Mitarbeiter ca. 60 Überstunden vor sich her. Wenn wir die bezahlen müssen, haben wir ein finanzielles Problem."

„Mehr Leute einstellen", grummelte Stefan Scheithauer.

Inga rollte innerlich mit den Augen. Wenn das so einfach wäre. Bis gestern Abend war sie auch der Meinung gewesen, dass das helfen würde. Aber heute Morgen nicht mehr.

„Die meisten Leute machen die Überstunden ja noch nicht mal, weil sie angeordnet worden sind, sondern weil sich eine gewisse Eigendynamik entwickelt hat. Wenn man vor 18.00 nach Hause geht, wird man vom Abteilungsleiter schief geguckt. Ich glaube, wir müssen hier an der Unternehmenskultur etwas ändern", sagte sie und sah mehr den Personalchef, Dr. Schriefer, als Robert an.

„Sehr richtig, Frau Mackenroth", sagte Robert, obwohl Dr. Schriefer Luft geholt hatte, um Inga zu antworten.

„Deswegen haben wir uns überlegt, wie es mit einem Arbeitszeitkonto für jeden Mitarbeiter wäre, auf dem Stunden angespart, aber auch genommen werden können."

Inga hörte nicht mehr richtig zu. Robert hatte sich das Modell, das auch in anderen Betrieben angewandt wurde, gestern Abend von ihr erklären lassen – nachdem er ihr ausführlich und geduldig erläutert hatte, warum der Verlag keine neuen Leute einstellen konnte.

„Zu teuer, das können wir uns nicht leisten. – Wie willst du deinen Leuten erklären, dass sie keine Überstundenzuschläge mehr kriegen?", hatte er sie gefragt.

„Indem ich ihnen sage, dass sie damit ihre Arbeitsplätze erhalten. Du erzählst ihnen doch schließlich auf jeder Betriebsversammlung, dass sie zu teuer sind und damit ihre Arbeitsplätze gefährden. Sie haben die Wahl zwischen Cholera und Pest, das predige ich ihnen ständig. Zu fordern gibt es nichts mehr."

Robert hatte sie angegrinst und gesagt: „Jetzt verstehe ich auch, warum dich diese Gewerkschaftsfuzzis so ins Herz geschlossen haben, dass sie dich auf jedem Flugblatt fertigmachen. Du denkst ein bisschen wie eine Unternehmerin und machst ihnen damit ihre ganze Arbeitnehmer-Ideologie kaputt. Pass auf, dass du nicht zu weit gehst."

„Danke für den Tipp, aber wenn ich nicht auch wie eine Unternehmerin denken würde, wüsste ich nie, was für Schweinereien mein Arbeitgeber gerade vorhat."

„Na ja, eine Schweinerei würde ich das nicht nennen, was ich gerade mit dir vorhabe", hatte Robert gesagt, sich im Bett über sie gebeugt und sich mit seinem Körper zärtlich an ihrem entlanggehangelt.

Inga hatte ein kleines Frühstückshotel in einer alten Villa in Blankenese gefunden, in dem sie sich ab und zu trafen. Die Treffen wurden in letzter Zeit immer häufiger, der Wunsch, sich zu sehen, in den Armen zu halten und zu reden und allein miteinander zu sein, wurde immer intensiver. Kostbare Minuten und Stunden, in denen sie sich in dem Hotelzimmer mittlerweile wie zu Hause fühlte. Sie wunderte sich manchmal, wie Robert es bei seinen Terminen und seinem Stress schaffte, fast immer vor ihr da zu sein und ihr strahlend die Tür zu öffnen.

„Es ist nicht ganz wie in Kanada, aber doch ein bisschen", sagte sie glücklich und kuschelte sich im Bett an ihn. Da sie sich oft in der Mittagspause aus dem Büro schlichen, hatte Inga sich angewöhnt, Käse und Brot mitzubringen, was sie gemütlich im Bett verspeisten. Die Brotkrümel piksten später und Robert versuchte hingebungsvoll, jeden einzelnen aus dem Bett zu schieben, weil die „Prinzessin auf der Erbse", wie er sich grinsend ausdrückte, leider so empfindlich war.

Manchmal war sie überwältigt von ihren eigenen Gefühlen, ihn endlich zu sehen und zu spüren, wenn er sie schon an der Tür in die Arme nahm und ihren Hals mit seinen Küssen bedeckte.

„Ich habe so lange gewartet", flüsterte er dann. „Genauer gesagt, seit gestern Mittag, als du hier weggegangen bist."

Das größte Glück waren Abende und Nächte, die sie gemeinsam verbringen konnten, weil Olli bei einem Freund schlief. Die Vertrautheit, die sich so schnell zwischen ihnen entwickelt hatte, raubte ihr manchmal den Atem.

Einmal hatte er sie im Büro angerufen und klang schon am Telefon völlig fertig.

„Ich habe ein bisschen Zeit. Und ich brauche etwas Ablenkung. Es ist besser als nichts."

Sie hatte ihre Tasche genommen und war losgefahren.

Er war wie immer schon da gewesen, hatte die Zimmertür geöffnet, sie merkwürdig angesehen und gesagt: „Ich will dich nur in den Armen halten. Mehr nicht."

Sie hatten angezogen auf dem Bett gelegen, sich in den Armen gehalten und sie merkte, dass er schwer und wild atmete, als würde er keine Luft mehr bekommen. Als sie sein Gesicht küsste, spürte sie, dass seine Augen feucht waren.

Wenn Männer weinen, hat das einen schwerwiegenden Grund.
Aber welchen?
Wenn man Männer fragt, warum sie weinen, bekommt man keine Antwort.
Was nun?

„Ich liebe dich", hatte sie geflüstert und gehofft, dass das genug war. „Erzähl mir was Nettes", hatte er an ihrem Ohr geflüstert und da ihr nicht klar war, was er in dem Moment als „Nettes" empfinden würde, hatte sie geschwiegen und ihn geküsst.

Sie merkte, dass er sich entspannte, ruhiger wurde, gleichmäßig atmete und auf ihre Küsse reagierte.

Dann hielt er plötzlich ihr Gesicht mit seinen Händen fest und sah sie mit traurigen dunklen Augen durchdringend an.

„Wenn du mir auch nur eine Frage stellst, ist es vorbei."

Es hatte sie nicht wirklich überrascht.

Sie hatten lange Zeit einfach geschwiegen und sich weiter in den Armen gehalten, ohne in irgendwelche andere Aktivitäten zu verfallen.

Und dann war auch Inga zum Heulen zumute. Von Robert ging eine dunkle, traurige Strömung aus, die sie nicht einordnen konnte. Sich dem zu entziehen, hätte bedeutet zu gehen.

Und das kam überhaupt nicht infrage.

Irgendwann hatte er sie zärtlich auf den Mund geküsst, war aufgestanden, hatte sich sein Jackett angezogen, den Schlips umgebunden und lächelnd gesagt: „Danke, Liebling."

„Wofür? Dass ich dich liebe?"

Er hatte sie sehr zärtlich und sehr traurig angesehen und mit der Türklinke in der Hand gesagt: „Ich muss jetzt los." Und dann: „Ich liebe dich auch."

„Frau Mackenroth, ich scheine Sie zu langweilen. Das tut mir leid", hörte sie Robert gerade süffisant sagen.

Jetzt geht das wieder los!

Er hatte mittlerweile einen Riesenspaß daran entwickelt, in Informationsrunden mit dem Betriebsrat oder anderen Meetings, an denen mehrere beteiligt waren, Sätze zu sagen, die sich nur auf sie beide bezogen. Inga musste immer höllisch aufpassen, dass sie nicht lachte, nicht wütend wurde oder sonst etwas Unüberlegtes tat. Meistens gelang ihr eine passende Antwort, die schon dazu geführt hatte, dass Renate, ihre Kollegin, nach einem solchen Wortgefecht später gesagt hatte: „Ich verstehe das nicht. Wieso hat der Mittag dich so auf dem Kicker? Der will dich wohl fertigmachen. Und du kannst ihn auch nicht leiden, oder?" Und Inga war ganz schnell in die Damentoilette verschwunden, wo sie in Ruhe vor sich hin lachen konnte.

„Nein, Herr Mittag, Sie langweilen mich nie. Ich habe von diesem Modell nur schon mal gehört", sagte sie jetzt nachsichtig und betonte „nie".

„Das freut mich, dass Sie sich anscheinend auch in Ihrer Freizeit mit dem Verlag beschäftigen." Roberts Augen blitzten vor Schalk. Als sie wütend zurückblitzte, sah er schnell auf seine Unterlagen.

„Das tue ich sogar sehr häufig." Allerdings mehr mit dem Verlagschef, wie gestern Abend zum Beispiel.

„Solch ein Engagement ist doch sehr wohltuend." Robert betonte das Wort „wohltuend" und grinste.

Jetzt reicht's, hör auf, Robert!

Robert räusperte sich, guckte ernst in die Runde und sagte: „Kann ich dann davon ausgehen, dass wir über ein solches Modell in Verhandlungen eintreten wollen?"

Allgemeines Nicken.

Inga warf ihm einen Blick zu.

Hab' ich doch gesagt. Sie machen es, wenn d u es ihnen verkaufst.

Ein unmerkliches Blinzeln in seinen Augen signalisierte ihr, dass er verstanden hatte.

„Schön, dann wird Herr Dr. Schriefer die weitere Vorgehensweise mit Ihnen besprechen. Ich muss mich dann verabschieden. Wenn es Probleme gibt, dürfen Sie mich jederzeit ansprechen."

Robert packte seine Unterlagen zusammen, stand auf und ging.

Der Raum erschien Inga plötzlich leer und kalt.

Sie berieten ohne Dr. Schriefer noch einige Punkte unter „Verschiedenes" in der Tagesordnung, als Ingas privates Handy klingelte. Sie kramte es aus ihrer Handtasche und eilte aus dem Raum.

„Entschuldigt mich. Mach mal weiter, Stefan."

„War es so in Ordnung?", fragte Robert am anderen Ende der Leitung.

Den Geräuschen nach zu urteilen, saß er im Auto.

„Perfekt. Habe ich dir doch gesagt."

„Ich melde mich bei dir morgen."

„Ja." Mehr konnte sie nicht sagen, weil gerade zwei Team-Assistentinnen sich laut unterhaltend dicht an ihr vorbeigingen.

„Hallo, Inga. Ich komme nachher mal vorbei", sagte die eine. Inga nickte zustimmend.

„Kannst du reden?", fragte Robert.

„Nein, nur zuhören." Sie vermisste ihn jetzt schon, weil sie wusste, dass er auf dem Weg nach Washington war und sie sich einige Tage nicht sehen würden.

„Ich vermisse dich jetzt schon. Und diese Sitzungen mit dir gehen langsam über meine Kräfte", sagte Robert, aber sie merkte, dass er innerlich dabei lachte.

„Du solltest in diesen Sitzungen nicht solche anzüglichen Dinge zu mir sagen."

„Ich weiß. Aber es ist zu verlockend. Und macht unheimlich viel Spaß."

Der Hamburger Verlag gehörte jetzt zu 100 % Johnson's Edition.

Die Mitarbeiter erhielten eine seitenlange Mitteilung, dass ihr Arbeitsverhältnis mit allen Rechten und Pflichten gem. § 613 a BGB auf Johnson's Edition übergehen würde, sich für sie aber nichts ändere. Sie könnten widersprechen, aber dann müsse man leider eine betriebsbedingte Kündigung aussprechen, weil der Arbeitsplatz beim Hamburger Verlag weggefallen sei, weil es den ja nicht mehr gebe.

Im Betriebsratsbüro war die Hölle los. Die Leute gaben sich die Türklinke in die Hand und das Telefon klingelte ununterbrochen. Obwohl der Vorstand in einer ausführlichen E-Mail an alle Mitarbeiter die rechtlichen und tatsächlichen Folgen für die Arbeitnehmer noch einmal deutlich erklärt hatte, musste Inga Fragen über Fragen beantworten, meistens die gleichen.

Passiert wirklich nichts mit meinem Arbeitsplatz? Nein, Johnson's Edition hatte garantiert, dass sie alle Mitarbeiter übernehmen und alle Arbeitsplätze erhalten bleiben.

Kriege ich einen neuen Chef? Nein, im Moment nicht, im nächsten halben Jahr könnte es aber sein, dass einige Amerikaner kommen.

Kann ich den ablehnen? Nein, er ist der Chef, nicht du.

Müssen wir jetzt Englisch reden? Nein, nur wenn du einen Amerikaner am Telefon hast.

Bleiben unsere Arbeitsverträge, wie sie sind? Ja, mindestens für ein Jahr, das schreibt das Gesetz so vor, aber danach kann es auch anders sein.

Verdiene ich weniger Geld? Nein, das sagte ich doch gerade, es bleibt alles beim Alten.

Gegen 17.00 Uhr hatte Inga das Gefühl, sie hätte Watte im Mund.

„Betriebsrat, Mackenroth", brüllte sie entnervt ins Telefon, als es schon wieder klingelte.

„Mittag hier. Können Sie in mein Büro kommen?"

„Jetzt? Ich hab da noch zwei Leute auf dem Flur sitzen, die mich mit Fragen löchern. Anscheinend war Ihre E-Mail doch nicht so ausführlich, wie Sie dachten."

„Dann in einer halben Stunde?"
„Ich versuch's."
Er hatte aufgelegt.

Ein Rechtsanwalt Rehder rief an und teilte mit, dass er Herrn Schulte vertrete und für diesen Kündigungsschutzklage vor dem Arbeitsgericht Hamburg eingereicht habe. Er wolle von ihr wissen, ob und wie die Betriebsratsanhörung nach § 102 BetrVG gelaufen sei und welchem Umstand sein Mandant es zu verdanken habe, dass der Betriebsrat der Kündigung zugestimmt habe. Das sei ja wohl nicht ganz richtig und das habe er noch nie gehört, dass ein Betriebsrat so unverantwortlich handelt.

Sie sagte ihm, dass die Anhörung nach ihrer Kenntnis ordentlich gelaufen sei, und verwies ihn für weitere Informationen an die Personalabteilung, da sie nicht gewillt war, über Interna aus dem Betriebsrat zu plaudern. Und schon gar nicht ließ sie sich von einem Rechtsanwalt anmachen.

Zu einem Betriebsrat, der ernst genommen werden wollte, gehörte auch ein genaues Abwägen bei der Anhörung zur Kündigung. Und man konnte durchaus auch mal dem Antrag des Arbeitgebers zur Kündigung zustimmen, wenn die Kündigungsgründe für einen Mitarbeiter im strafrechtlichen Bereich lagen. Und selbstverständlich war ihr bekannt, dass die nicht ordnungsgemäße Betriebsratsanhörung die Kündigung unwirksam gemacht hätte. Soweit sie wusste, war das aber bei Schulte alles in geordneten Bahnen verlaufen. Auch wenn sie an dem Vorgang nicht beteiligt gewesen war, weil sie mit dem Vorstandsvorsitzenden in dessen Haus in Kanada mit völlig anderen Dingen beschäftigt gewesen war. Jetzt war ihr das ein bisschen unangenehm, aber sie beruhigte sich damit, dass Dr. Schriefer in solchen Angelegenheiten sehr sorgfältig war.

„Das wird für Sie ein Nachspiel haben", drohte der Rechtsanwalt und Inga legte entnervt den Hörer auf.

Frau Olsen hatte schon Feierabend, als Inga in Roberts Vorzimmer kam. Die Tür zu seinem Büro stand offen. Er lehnte am Schreibtisch mit dem Rücken zu ihr und telefonierte natürlich. Sie klopfte laut an die Tür, er drehte sich um und winkte sie herein.

Er sah völlig fertig aus. Unter seinen Augen waren dunkle Ränder, in seinem Gesicht waren Falten, die sie noch nie bemerkt hatte. Aber seine Augen lächelten sie an.

Sie sah ihn besorgt an und er schüttelte müde den Kopf. Sie wusste, dass er in den letzten zwei Wochen zwischen Washington und Hamburg hin- und hergeflogen war, zum Schluss mit dem gesamten Vorstand und einem Tross von Anwälten.

Sie hatten sich nach dem Kanada-Wochenende kaum gesehen, und wenn, dann hauptsächlich als Vorstandsvorsitzender und Betriebsratsvorsitzende, da er dann doch nach ihrer Ermahnung begriffen hatte, dass es sinnvoll war, den Betriebsrat über die Verkaufsverhandlungen auf dem Laufenden zu halten.

„Ich weiß, dass es uns in diesem Stadium der Verkaufsverhandlungen noch nichts angeht", hatte sie gesagt. „Aber es hilft ungemein, wenn wir ein bisschen wissen, was da zwischen euch abgeht in den Verhandlungen. Du brauchst gar keine Details zu erzählen, nimm uns nur informativ mit ins Boot und es wird später alles einfacher."

Sie hatten einmal am Tag telefoniert. Selbst als er in Washington war, hatte er sie angerufen, manchmal nur, um ihre Stimme zu hören, wie er sagte, abends, wenn er völlig müde im Bett lag, und manchmal, um frustriert über die stockenden Verhandlungen in einer längeren Verhandlungspause fast eine Stunde mit ihr zu reden. Auch über Details der Verhandlungen und sie liebte ihn für dieses Vertrauen. Sie wusste, dass jeder im Betriebsrat über sie hergefallen wäre, wenn er wüsste, das und was sie wusste.

„Machen Sie die Tür zu", sagte er zu ihr, als er den Telefonhörer mit den Worten „Ich muss jetzt Schluss machen" aufgelegt hatte.

Er kam um den Schreibtisch herum, blieb vor ihr stehen und steckte die Hände in die Hosentaschen.

„Ich würde jetzt gern ganz etwas anderes tun und ich muss meine Hände festhalten", sagte er und sah ihr in die Augen.

„Ich auch." Ihre Stimme war fast weg und ihr Hals trocken.

„Aber es geht hier nicht. Da kann jeden Moment einer reinkommen. Es sind noch zu viele Leute im Haus. Ihr Deutschen klopft an und reißt gleichzeitig die Tür auf. In solch einer Verfahrensweise liegt ein gewisses Risiko."

„Für alle Beteiligten", murmelte sie und hatte das Gefühl, er würde sie mit seinem Blick hypnotisieren.

Und nach einer Pause sagte er: „Ich habe dich so lange nicht gesehen."

Er räusperte sich, sah sie einen Augenblick schweigend an, war offenbar versucht, seine Hände aus den Taschen zu nehmen, ließ es aber und ging zurück hinter seinen Schreibtisch.

„Ich wollte eigentlich nur wissen, was im Betriebsrat los ist und wie die Leute das alles aufnehmen", sagte er in neutralem Ton und bedeutete ihr mit der rechten Hand, sich auf den Besuchersessel zu setzen.

„Das hätten Sie mich auch am Telefon fragen können", entgegnete Inga, bemüht um den gleichen neutralen Tonfall in ihrer Stimme.

„Stimmt, wollte ich aber aus bestimmten Gründen nicht", grinste er. „Ich glaube nicht, dass ich Ihrer Fantasie auf die Sprünge helfen muss, warum ich das nicht wollte."

Sie lachte leise und schüttelte den Kopf.

„Nein, das müssen Sie nicht, Herr Mittag. Um es kurz zu machen: Die Leute sind verunsichert, aber es hält sich in Grenzen. Und ich erzähle ihnen, dass sie sich um ihren Arbeitsplatz keine Sorgen zu machen brauchen. Ist doch richtig, oder?"

Robert nickte, aber sein Gesichtsausdruck war sorgenvoll.

„Jedenfalls haben wir das so besprochen."

Er hatte sich eben hingesetzt, als er schon wieder aufstand, sich durch die Haare fuhr und hinter seinem Schreibtisch auf und ab wanderte.

„Was ist los?", fragte Inga ahnungsvoll.

„Vergiss, dass du die Betriebsratsvorsitzende bist. Ich muss mal mit jemandem reden, zu dem ich Vertrauen habe."

Das war nicht mehr im neutralen Tonfall.

„Schieß los."

Er setzte sich ihr gegenüber auf den zweiten Besuchersessel und beugte sich zu ihr vor. Seine Hände berührten flüchtig ihre Knie und er sagte geschäftsmäßig: „Ich habe ein komisches Gefühl, was den Verkauf angeht. Nicht, dass ich befürchte, wir kriegen das Geld nicht. Das haben wir alles prüfen lassen. Aber ich kann mir nicht vorstellen, dass sie alle Mitarbeiter behalten wollen, bei dem, was sie vorhaben."

„Also doch betriebsbedingte Kündigungen?"

„Versteh mich richtig: Es gibt zurzeit keinerlei Hinweise. Nur ..." Er machte eine Pause und runzelte die Stirn. „Mein Gefühl hat mich noch nie betrogen."

„Das hoffe ich doch", versuchte Inga sein angespanntes Gesicht zum Lächeln zu bringen.

Das tat er tatsächlich. Er steckte wieder die Hände in die Hosentaschen, wie um sie nicht zu berühren, und sah sie aus zusammengekniffenen Augen ernst an. Er schien zu überlegen, ob er etwas sagen sollte oder nicht.

„Ich hab dich vermisst. Du kannst dir nicht vorstellen, wie", sagte er schließlich leise.

„Doch, das kann ich. Warum soll es dir besser gehen als mir?"

„Na Gott sei Dank."

Er lachte leise, lehnte sich zurück und schlug ein Bein über das andere.

„Ich wollte dir nur sagen, sei nicht zu sicher, dass keine Kündigungen kommen, und wiege die Leute vor allen Dingen nicht in Sicherheit. Stell den Vorstand infrage, damit dir die Leute später nicht den Kopf abreißen. Ich für mein Teil werde nichts anderes tun können, als jeden abzubürsten, der entsprechende Fragen stellt. Und was danach kommt, werden wir sehen."

„Was meinst du damit?"

Robert stand auf. „Wie ich's gesagt habe. Hast du schon was gegessen heute?"

„Wechsel nicht immer das Thema, wenn ich konkret was wissen will."

„Ich wechsel nicht das Thema. Wer weiß schon, was noch passiert?"

Solche düsteren Andeutungen machten sie verrückt.

Aber sie kannte Robert mittlerweile gut genug, um zu wissen, dass sie mit weiteren Fragen auf Granit bei ihm beißen würde.

Vorhang zu, keine weiteren Fragen zugelassen bis hin zu ausgesprochen wütenden Blicken und schlimmstenfalls sogar Worten.

„Ich will und kann dir nicht alles über mich sagen."
Na super, Herr Mittag.
Was er ihr allerdings an Informationen hinsichtlich des Betriebsüberganges hatte zukommen lassen, war mehr, als man als Betriebsratsvorsitzende erwarten durfte.
Aber als Freundin? Na ja, hätte mehr sein können, fand sie. Immerhin hatte er sie als seine Vertraute angesprochen – aber mehr konnte man wohl unter den gegebenen Umständen nicht verlangen.
„Ich kann dir nicht mehr sagen, weil ich nicht mehr weiß", führte er ihre Gedanken fort.
Aha, anscheinend habe ich wieder mein Leuchtband auf der Stirn an.
„Auch nicht als meine Freundin – den Unterschied mache ich schon."
„Ich hatte gerade so einen merkwürdigen Anruf von einem Anwalt in Sachen Schulte. Der hat Kündigungsschutzklage erhoben und mich fertiggemacht, weil der Betriebsrat der Kündigung zugestimmt hat", berichtete Inga.
Robert runzelte missmutig die Stirn.
„Ihr Deutschen mit eurem Kündigungsschutzgesetz! Ihr werdet uns Unternehmer noch alle fertigmachen!"
„Ich mag es nicht, wenn du den Kanadier so raushängen lässt", sagte Inga und setzte dann hastig hinzu: „Also, ich meine im geschäftlichen Bereich – sonst schon."
„Und ich mag es nicht, wenn du so rassistische Äußerungen machst. Der Zusatz hat dich gerade noch davor gerettet, hochkant aus meinem Büro zu fliegen", knurrte er, aber seine Augen blitzten.
„Wirklich?"
„Ich bin nicht in der Laune, solche Gespräche mit dir zu führen."
„Kann ich mit irgendwelchen Maßnahmen behilflich sein?"
„Ganz sicher, Frau Mackenroth. Ich bin morgen aber schon wieder weg. Ich habe einen Termin in München bei einer neuen Druckerei. Jetzt guck nicht so, ich such mir schon keine andere." Er lächelte jetzt.
Es klopfte an der Tür und im selben Moment kam Mayer herein.
„Oh, Entschuldigung", sagte er schnell und sein Blick wanderte zwischen Inga und Robert hin und her.
Robert grinste Inga an.

Was habe ich gesagt?
Inga stand auf.
„Ich wollte sowieso gerade gehen. Ich habe Herrn Mittag nur kurz über die Stimmung bei den Mitarbeitern berichtet", sagte sie und fand sich cool. Aber sie merkte, dass ihr Herz raste vor Aufregung.
Himmel, das ist gerade noch mal gut gegangen – ich war kurz davor, den Vorstandschef im Büro zu umarmen.

Als sie gegen 22.00 Uhr nach Hause kam, saß Harry mit Margrit und Ollie in der Küche. Sie hasste diese Überraschungen, die er so liebte, schon immer, aber heute Abend ganz besonders.
Margrit kam ihr im Flur entgegen und flüsterte: „Harry ist da", und verschwand auf der Toilette.
„Ma, Harry ist da", rief Ollie mit der Begeisterung eines 15-Jährigen, der nach Wochen seinen Vater wiedersieht.
Und sie stand im Flur und ihr schossen die Tränen in die Augen. Ihr Körper war noch warm von Roberts Zärtlichkeiten und Umarmungen. Sein geflüstertes „Ich liebe dich so sehr" war so laut in ihrem Ohr, dass sie glaubte, er würde neben ihr stehen.
Sie hatten sich wie immer in ihrem Hotel getroffen. Es sollte nur kurz sein, wenigstens ein Berühren, eine Umarmung, ein paar private Sätze, ohne Angst zu haben, jemand würde merken, dass sie nicht über den Verlag redeten, sondern über sich.
Es wurden drei Stunden. Sie kamen irgendwie nicht voneinander los, sie versanken immer wieder ineinander und es war plötzlich egal, wie spät es war.
Du musst es Harry jetzt sagen. Du kannst so nicht weitermachen. Verlass ihn in aller Freundschaft. Er wird es verkraften.
„Ich werde dir nicht sagen, dass du Harry verlassen sollst", hörte sie Robert sagen. Was wird aus uns werden, Robert? Was, wenn du rausfliegst meinetwegen? Wirst du mich immer noch lieben, auch wenn ich das Ende deiner Karriere bin?
Was würde er sagen, wenn er plötzlich das Gefühl haben musste, dass sie ihn bedrängte? Ein neuer Extrem-Eingriff in sein Leben, der ihn dazu bewegen würde, sich von ihr zu trennen, weil sie ihm zu nahe kam?

Egal. So geht es jedenfalls nicht weiter.
Aber was wird mit Ollie? Wie wird er das aufnehmen? Aber letztlich sah er seinen Vater auch nur alle paar Wochen, daran musste sich ja nichts ändern.

Sie würde es ihm jetzt sagen.

Sie holte tief Luft und ging in die Küche.

Harry stand auf, umarmte und küsste sie. Eher freundschaftlich, fand sie.

„Bist du müde oder wollen wir noch ein Glas Wein zusammen trinken?", fragte er.

Inga holte ein Weinglas aus dem Küchenschrank und sagte zu Ollie: „Junger Mann, wenn mich nicht alles täuscht, ist morgen Dienstag und damit Schule um 8.00 Uhr. Ich wüsste nicht, dass es sich für einen 15-Jährigen gehört, mitten in der Nacht in der Küche zu sitzen."

„Es kommt ja auch nicht jede Dienstagnacht mein Vater nach Hause", sagte Ollie schlagfertig.

„Da hat er recht", nickte Harry grinsend.

Margrit steckte den Kopf durch die Tür.

„Ich fahre nach Hause. Tschüss, bis morgen."

Sehr schneller Abgang. Anscheinend spürte sie, was in der Luft lag.

Ollie ging schließlich doch murrend ins Bett und Harry wollte anfangen, Geschichten zu erzählen. Er sah müde und etwas mitgenommen aus. Na ja, fünf Wochen der Blick auf hungernde Kinder, denen er letztlich wohl auch nicht helfen konnte, die Grenzen der Macht eines Journalisten erkennen ... Inga konnte sich gut vorstellen, was in ihm vorging. Aber sie wollte keine Rücksicht mehr nehmen.

„Ich muss dir was sagen."

„Ja?"

„Ich ... ich habe da jemand kennengelernt." Inga senkte den Blick.

Harry schwieg.

Zu ihrer Überraschung beugte er sich dann zu ihr und nahm ihre Hände in seine. Sein Blick war freundlich, freundschaftlich, fast liebevoll.

„Darauf habe ich schon die ganze Zeit gewartet. Glaub' mir, ich kann's verstehen. Ich meine das wirklich ernst."

„Was???"

Wie lange hat er mich schon abgeschrieben? Zwei Jahre, vier Jahre? Jetzt erst?

Sie war schlagartig wütend.

„Das ist ja ganz toll", fauchte sie. „Danke für dein Vertrauen. Es ist erst und überhaupt das erste Mal vor drei Monaten passiert."

„So habe ich das nicht gemeint", sagte Harry schnell. „Ich wollte sagen, dass ich es verstehe." Und nach einer Pause: „Ich bin ja schließlich nie da."

„Das ist nicht allein der Grund. Ich komme ganz gut damit klar, dass du öfter weg bist. Aber wenn du da bist, ist es schon lange nicht mehr wie früher."

Seine Gelassenheit irritierte sie etwas. Aber was soll's? Besser als ein Anfall oder große Liebeserklärungen. Und ganz offenbar war es an der Zeit gewesen, einen Schlussstrich zu ziehen.

„Sagst du mir, wer es ist?", fragte Harry leise, nachdem sie lange geschwiegen hatten und auch er anscheinend ihren gemeinsamen Erinnerungen nachgehangen hatte.

Darauf hatte er wohl einen Anspruch.

„Robert Mittag. Aber wenn du es irgendjemand erzählst, verlieren wir beide unseren Job und du dein Leben, das schwör ich dir."

Harry schwieg. Seinem Gesichtsausdruck nach war er ziemlich erstaunt.

Dann sah er sie lächelnd an.

„Du suchst dir auch immer die schwierigsten Fälle. Da bist du mich los und schmeißt dich gleich in eine neue chaotische Situation." Er winkte ab, als Inga etwas sagen wollte.

„Nichts gegen Mittag. Aber ich habe von der Ethik-Richtlinie gehört. Das kann ja ziemlich übel werden."

Inga seufzte. „Wohl wahr."

Das war ja eine merkwürdige Situation. Das saß sie hier mit ihrem Mann, dem sie gerade mitgeteilt hatte, dass sie einen anderen hatte, und der bedauerte dann gemeinsam mit ihr die schwierige Situation mit ihrem neuen ... ja was? Liebhaber? Lebensgefährten?

Sie lächelte ihn freundlich an.

„Wir waren schon immer ein komisches Paar, findest du nicht?"

Er wusste offenbar, was sie meinte, und grinste.

„Können wir doch auch bleiben, oder willst du die Scheidung? Ich meine, ich bin sowieso nie hier und für Ollie wäre es vielleicht das Beste, wenn wir irgendwie zusammenbleiben."

„Wir könnten aus dem Schlafzimmer ein Zimmer für dich machen und ich gestalte das Wohnzimmer als mein Zimmer um", dachte Inga laut, die vor ihrem Auge schon die Planung fertig hatte.

„Genau, da machen wir auf unsere alten Tage eben eine Wohngemeinschaft." In Harrys Stimme klang Erleichterung.

„Welche Regeln?"

„Wie? Welche Regeln?" Er sah sie verständnislos an.

„Willst du deine Frauen mitbringen oder nicht?"

Er schluckte und stotterte: „Sag mal, du bist aber ..."

„Reg dich ab. Mittag kann nicht hierherkommen."

„Dann werde ich auch keine Frauen herbringen. Ich meine, das ist vielleicht für Ollie auch besser, finde ich."

Damit hatte er immer noch nicht gesagt, was sie eigentlich wissen wollte: ob er gerade auch eine Freundin hatte.

„Da läuft im Moment sowieso nichts, zu deiner Beruhigung."

„Aber früher, stimmt's?"

Die Antwort fiel ihm offensichtlich schwer.

„Na komm schon, jetzt kannst du's ruhig sagen."

Sie war nicht so locker, wie sie tat.

Harry nahm ihre Hand. „Ich finde nicht, dass wir die letzten Jahre jetzt durcharbeiten müssen. Lass uns nach vorne gucken und Freunde sein."

Auch gut. Das war ja schließlich auch eine Antwort.

„Soll ich heute Nacht auf der Couch schlafen?", fragte Harry.

Sie schüttelte lächelnd den Kopf. „Nein, das musst du nicht. Freunde können auch mal nebeneinander in einem Bett schlafen."

Inga war früh im Verlag. Merkwürdigerweise stand Roberts Auto auch schon in der Tiefgarage. Sie freute sich. Vielleicht würden sie sich heute sehen.

Sie war noch gar nicht ganz im Büro, als Scheithauer, Meike und Wolfram hereinkamen. Alle drei redeten gleichzeitig.

„Mach deinen Computer an. Guck ins Intranet. Da wirst du staunen", sagte Scheithauer und machte sich an ihrem Computer zu schaffen.

„Finger weg", sagte Inga scharf und erledigte das selbst.

„Los, geh auf ‚Aktuelles vom Vorstand'", sagte Meike.

Es dauerte etwas, bis der Computer in Gang kam.

„Was habt Ihr eigentlich alle?"

„Guck selbst!"

Ein Schreiben des neuen Inhabers, Johnson's Edition, dass er sich freue, Eigentümer des Hamburger Verlages zu sein, und alles in hanseatischer Tradition weiterführen werde.

„In der Anlage einige Regelungen, die wir Sie bitten, ab sofort einzuhalten ..." Inga stockte der Atem.

Sie öffnete die Anlagen und überflog hektisch die Überschriften.

Arbeitsanordnung, Verhalten bei Krankheit, Arbeitszeit – und da war sie: Ethik-Richtlinie für die Unternehmensgruppe Johnson's Edition.

20 Seiten, freundlich geschriebener Verhaltenskodex für Vorgesetzte, Mitarbeiter und Zulieferer. Unternehmensgrundsätze: Respekt, Service und Leistungen. Ethik-Regeln für dienstliches Verhalten, außerdienstliches Verhalten und Anzeigepflicht bei Verstößen. Überschrift: Integrität und ethisches Verhalten.

„Was ist ethisches Verhalten eigentlich?", fragte Meike.

Betretenes Schweigen.

Als das Telefon klingelte, wusste Inga, dass es Robert war. Und sie war auch überhaupt nicht überrascht, dass er ins Telefon brüllte.

„Bevor Sie irgendetwas Unüberlegtes tun, Frau Mackenroth, trommeln Sie Ihren verdammten Betriebsrat zusammen und lassen mich mit dem reden. Oder noch besser, Sie kommen erst mal hoch. Hier sitzt der versammelte Vorstand und wird Ihnen einiges erklären." Dann hatte er schon aufgelegt.

„Ich gehe erst mal da rauf und versuche in Erfahrung zu bringen, was los ist", sagte sie so ruhig wie möglich. „Der Mittag will uns in einer Betriebsratssitzung alles erklären."

„Ich komme mit", sagte Scheithauer und ging zur Tür.

Aus irgendeinem Grund hatte Inga nicht die Kraft, ihn davon abzuhalten.

Es machte aber anscheinend auch niemandem was aus. Außer dem Vorstand saßen der Personalchef Dr. Schriefer und der Chef der Rechtsabteilung in Roberts Büro. Die Stimmung war offensichtlich angespannt.

Robert stand mit verschränkten Armen am Fenster und starrte Inga abwesend an, als sie mit Scheithauer zusammen den Raum betrat. Mayer und Klein waren in dem Ledersofa versunken, Dr. Schriefer unterhielt sich leise mit dem Juristen.

Großer Gott, was sollte das denn hier werden?

„Nehmen Sie Platz", sagte Robert gepresst zu Inga und Scheithauer und setzte sich ebenfalls. Er beugte sich vor und Inga fand, dass er ihr gerade ziemlich nah war. Sie hielt die Luft an vor Schreck. Er legte die Ellenbogen auf seine Knie, rieb seine Hände aneinander und sah Inga mit gerunzelter Stirn an.

„Das, was Sie da im Intranet lesen können, ist mit uns, also dem Vorstand nicht abgesprochen. Die Amerikaner hatten uns zugesichert, all diese Dinge mit uns abzusprechen, damit wir ihnen dann sagen, ob da was mitbestimmungspflichtig ist oder nicht. Das, was da jetzt im Intranet steht, geht nicht ohne den Betriebsrat, das ist uns klar. Wir werden das unseren amerikanischen Freunden mitteilen. Ich möchte Sie bitten, unsere Entschuldigung anzunehmen und keine rechtlichen Schritte einzuleiten."

Scheithauer pfiff durch die Zähne.

„Würde Sie auch einiges kosten, wenn wir klagen", sagte er.

„Das glaube ich nicht", erwiderte Robert schneidend. „Bevor das was kostet, müssen wir vorsätzlich gegen Auflagen des Arbeitsgerichtes verstoßen. Ich versichere Ihnen, Herr Scheithauer, das werden wir nicht tun."

Roberts Kenntnisse im Betriebsverfassungsrecht haben sich ja erheblich verbessert, dachte Inga leicht amüsiert und sie nickte ihm unmerklich zu. Roberts Augen signalisierten Erleichterung.
Habe ich also richtig gelegen? – Ja.
Scheithauer, der ein bisschen in dem Ledersessel herumgelümmelt hatte, setzte sich gerade hin.
„Ich meinte ja nur, wenn ..."
„Es wird kein Wenn geben. Das können Sie den Damen und Herren Ihrer Gewerkschaft mitteilen." Roberts Stimme war jetzt eiskalt und leicht arrogant.
„Und deswegen sitzen Sie alle zusammen hier, um uns das mitzuteilen?", fragte Scheithauer sarkastisch.
„Nicht nur, da kann ich Sie beruhigen. Wir haben auch noch andere Probleme als den Betriebsrat", sagte Mayer süffisant und Dr. Schriefer sah ihn etwas missbilligend an.
„Wir werden über alle Dinge, die dort jetzt als Anordnung stehen, mit Ihnen reden und eine Betriebsvereinbarung abschließen. Und was die Ethik-Regeln angeht ..."
Robert machte eine Pause und sah mit zusammengekniffenen Augen und sehr angespannt auf die gegenüberliegende Wand.
„Auch darüber werden wir reden müssen, weil natürlich nicht alles als Anordnung in Deutschland so geht, wie die Amerikaner sich das vorstellen."
Neutral formuliert, wahrscheinlich kriege ich gleich einen Herzinfarkt. Das hätte ja was.
Fast hätte sie gelacht.
Robert guckte sie ein bisschen säuerlich an und sie kniff die Lippen zusammen.
Und wenn die hier Anwesenden wüssten, dass der Vorstandsvorsitzende und die Betriebsratsvorsitzende gestern Abend in einem Hamburger Hotelzimmer in Worten und in Taten alles gemacht haben, was gegen diese verdammte Ethik-Richtlinie verstößt...
Sie bekam einen Heidenschreck, als Robert ihr erneut einen Blick zuwarf, in dem sie erkannte, dass er an dasselbe dachte.
Himmel, Mädel, reiß dich zusammen, sieh mich nicht so an, sonst fliegen wir hier beide gleich raus.

Und sie war verwundert, dass in seinen Augen weder Panik noch Ärger waren, sondern eher eine leichte Amüsiertheit.

Und noch etwas.

Etwas, das sie beunruhigte ... Seine Abgeklärtheit konnte sie einordnen, aber nicht die Erleichterung in seinen Augen.

Worüber?

Wenn sie nicht gleich hier rauskam, würde sie anfangen zu schreien.

„Wir sind in der Tat etwas beunruhigt", begann sie stattdessen förmlich. „Ich denke aber, wir werden das akzeptieren können, was Sie gesagt haben, Herr Mittag. Ich werde das dem Betriebsrat so mitteilen und da ich annehme, dass Sie einige Telefonate mit den Amerikanern führen wollen, und bitte mit den schönsten Grüßen des Betriebsrates, denke ich, dass wir Sie erst mal in der heutigen Betriebsratssitzung nicht brauchen."

„Danke. Aber falls es erforderlich sein sollte, werde ich nach Washington fliegen müssen. Wir haben mit den Herrn dort nämlich auch noch ein paar andere Dinge zu besprechen."

„Müssen wir da was wissen?", fragte Scheithauer neugierig.

„Nein. Und wenn doch, werden Sie es früh genug erfahren", sagte Dr. Schriefer schlecht gelaunt.

„Falls wir Sie in der Betriebsratssitzung doch brauchen sollten, sind Sie heute im Haus, oder?", fragte Inga, stand auf und sah Robert fragend an.

„Ja, na klar. Aber es wird schon alles nicht so schlimm werden", antwortete er.

Bleib ruhig.

Es ist also doch so gekommen, wie wir befürchtet haben.

Na und?

Inga hörte Mayer sagen: „Das ist schon ganz schön frech von den Amerikanern. Wir müssen uns gut überlegen, wie wir als Vorstand darauf reagieren."

„Ich melde mich heute noch mal bei Ihnen, wenn es etwas Neues gibt", sagte Robert zu Inga.

Ich rufe dich auf jeden Fall an.

„Ich bin heute sicher länger im Büro."

Ich warte, bis du angerufen hast.
„Danke für Ihr Verständnis."
Ich liebe dich.
„Keine Ursache. Sie können ja anscheinend tatsächlich nichts dafür."
Ich dich auch.

„Das glaube ich ja wohl nicht", ächzte Wolfram, als er die 20 Seiten der Ethik-Richtlinie überflogen hatte. Im Betriebsrat war eine kurze Lesepause für all die Unterlagen angesagt worden, die Inga im Laufe des Vormittags aus dem Intranet gezogen und für alle kopiert hatte. Nach betretenem Schweigen während des ersten Teils der Betriebsratssitzung kam es jetzt zu fast tumultartigen Szenen. Alle redeten durcheinander, standen auf, gingen hin und her und regten sich auf.

Inga beobachtete sie leicht amüsiert. Sie war zwar eigentlich völlig entnervt, aber das Ganze war auch nicht ohne Komik. Sie dachte an Roberts Gesichtsausdruck und war durchaus gewillt, das ganze so locker zu sehen wie er. Allerdings fehlte ihr dazu wohl die gewisse Nonchalance, die Vorstandsvorsitzende anscheinend qua Gehalt haben.

Und dein persönliches Schicksal, Mackenroth, vergessen wir mal schnell. Das wird sich wohl zur Tragikomödie entwickeln.

Sie hatte die Ethik-Richtlinie gelesen und hatte sich nach den ersten Seiten beruhigt.

Na ja, welcher Unternehmer hat kein berechtigtes Interesse daran, dass seine Mitarbeiter weder direkt noch indirekt Bestechungs- oder Schmiergelder annehmen? Dass allerdings eine Verpflichtung der Mitarbeiter bestehen sollte, Verstöße gegen die Ethik-Richtlinie intern an den Vorgesetzten zu melden, damit „angemessene" Maßnahmen ergriffen werden können, fand sie dann doch etwas bedenklich.

Das trägt ja ungemein zum Betriebsklima bei, dachte sie und schüttelte innerlich den Kopf über so viel Naivität. Immerhin sollten Vergeltungsmaßnahmen gegen den Whistleblower untersagt sein. Aber wer konnte das später noch prüfen, ob die Abmahnung nicht doch in einem Zusammenhang mit dem „Anschwärzen" stand?

Auf der fünften Seite stand dann das, was sie befürchtet hatte.

„Zwischen Arbeitnehmern untereinander und Arbeitnehmern und Vorgesetzten darf keine intime Beziehung bestehen. Verstöße sind sofort zu melden. Es gilt ein generelles Flirt- und Kussverbot am Arbeitsplatz. Bei Zuwiderhandlungen ist mit einer Kündigung zu rechnen."

„Da steht: Ziel ist es, die Mitarbeiter vor Abhängigkeiten zu schützen, deshalb ist dafür Sorge zu tragen, dass Mitarbeiter untereinander, aber insbesondere Vorgesetzte und Mitarbeiter keine Beziehung unterhalten", las Meike laut vor und auch sie schüttelte den Kopf.

„Mit welchem Vorgesetzten sollte man denn hier wohl eine Beziehung eingehen?", fragte Scheithauer und guckte angeekelt.

„Na ja, mit einem Vorgesetzten vielleicht nicht – obwohl, der Mittag sieht eigentlich ganz gut aus und ist ja eigentlich ganz charmant", sagte Meike nachdenklich.

Bleib ruhig, Mackenroth, sag jetzt bloß nichts.

Sie tat, als würde sie versunken weiter in den Unterlagen lesen.

„Der soll ja seine Freundin vor einigen Wochen verlassen haben", sagte jemand.

Ja, das hat er tatsächlich.

Inga starrte weiter auf ihre Unterlagen, ohne einen Buchstaben zu kapieren.

„Aber er soll eine Neue haben", sagte Meike fast bedauernd.

Ja, hat er.

„Was macht die denn? Kennt die jemand?"

Oh Gott, wenn ich das hier überlebe, werde ich in Hollywood auf der Bühne stehen und den diesjährigen Oscar für die beste schauspielerische Leistung in der Kategorie weiblich erhalten.

„Nee, aber die soll auch was mit dem Verlagswesen zu tun haben."

Peng. Ingas Herzschlag setzte aus.

„Die gut aussehenden, netten Männer mit Kohle sind immer gleich wieder vom Markt verschwunden", sagte Meike bedauernd.

Offenbar hatte Robert auch bei anderen Frauen im Verlag einen Schlag. Komisch, dass sie nie darüber nachgedacht hatte.

Bin ich mir so sicher?

Mackenroth, seit wann bin ich so überheblich?

„Aber die Schmidt und der Huber aus dem Archiv – ich glaube, die haben was miteinander", sagte Wolfram und guckte in die Runde, als müsste er für diese Mitteilung einen Preis erhalten.

„Das wissen doch alle, erzähl lieber was Neues", sagte Scheithauer grinsend.

Jetzt musste Inga doch eingreifen.

„Habt ihr sie eigentlich noch alle?", fauchte sie in die Runde. „Wir sollten uns lieber über die wichtigen Dinge unterhalten und nicht den neuesten Klatsch austauschen."

„Schon gut, schon gut", sagte Wolfram, „machen wir ja gleich. Wir müssen aber erst mal ein bisschen Dampf ablassen."

„Das habt ihr jetzt lange genug. Also: Ich schlage vor, wir gehen eine Sache nach der anderen durch, stellen fest, was für uns relevant ist und mitbestimmungspflichtig. Bei dieser Ethik-Richtlinie" – sie kriegte das Wort nur schwer über die Lippen – „sind einige Punkte, die wohl nicht mitbestimmungspflichtig sind. Das scheint mir auch nicht das Wichtigste zu sein. Die Arbeitsordnung, in der dieser ganze Quatsch über Ordnung und Verhalten der Mitarbeiter drinsteht, scheint mir nach § 87 I Nr. 1 Betriebsverfassungsgesetz aber absolut mitbestimmungspflichtig. Wir sollten eine Arbeitsgruppe bilden, die sich jeweils mit einem der Pamphlete befasst und die Verhandlungen mit dem Vorstand oder Dr. Schriefer vorbereitet."

„Oder den Amerikanern", warf Scheithauer ein und Inga musste ihm ausnahmsweise recht geben.

Nach dem, was da im Vorstand heute Morgen los gewesen war, sah es so aus, als ob Johnson's Edition am alten, aber bisher weiter eingesetzten Vorstand vorbei übers Intranet Dinge verbreitet hatte, die mit ihm nicht abgestimmt waren. Wollte man den deutschen Vorstand auf diese Weise brüskieren in der Hoffnung, dass er dann selbst das Handtuch warf?

„Aber ich finde trotzdem, dass wir über diese Ethik-Richtlinie reden müssen", warf jemand ein. „Was ist z. B. mit den Rübesams?"

„Was soll mit denen sein?"

„Die sind verheiratet und arbeiten beide hier, Mensch", entgegnete Renate, anscheinend ärgerlich, dass Inga nicht gleich kapiert hatte.

„Ach herrje, stimmt, ja. Was passiert mit solchen Leuten? Müssen die beide gehen?", fragte Susi verunsichert in die Runde.

„Das kann ja wohl nicht sein", empörte sich Scheithauer. „Die gewinnen jeden Kündigungsschutzprozess."

„Das glaube ich auch", nickte Inga, ein bisschen ärgerlich, dass sie ihm schon wieder recht geben musste.

Ihr privates Handy klingelte.

„Ich wollte jetzt eigentlich nach Hause fahren. Ich bin völlig alle. Irgendeine Möglichkeit, dich fünf Minuten zu sehen?", fragte Robert und klang ziemlich müde.

Inga ging in den Flur und schloss die Tür hinter sich.

„Wir tagen hier noch."

„Was? Es ist doch schon neun Uhr."

Inga blickte auf die Uhr. Tatsächlich, der Betriebsrat saß seit drei Uhr nachmittags zusammen und redete sich die Köpfe heiß.

„Und? Wie ist die Stimmung?"

„Das kannst du dir doch vorstellen, oder nicht?"

„Ja, das kann ich. Wenn du's nicht weitersagst: Die ist im Vorstand genauso."

„Das kann ich mir auch vorstellen."

„Und wie ist deine Stimmung?"

„Ich schwanke zwischen Weinen und Lachen."

„Das habe ich gemerkt."

„Und du?"

„Genauso. Deswegen würde ich dich gern sehen."

„Ich weiß nicht, wie ..."

„Gut, ich bleibe dann noch eine Stunde im Büro. Mach den Laden dicht, ich hab sowieso keine Lust, die Stunden für die Betriebsratssitzung zu bezahlen. Das sind alles Überstunden, die wir bezahlen müssen, oder?"

„Ja." Sie sagte es ungern.

„Verdammte Scheiße. Die sollen gefälligst nach Hause gehen und sich um ihre Frauen oder Männer kümmern. Dann kommst du rauf und erzählst mir ein bisschen was von der Betriebsratssitzung."

„Ist das dein Ernst?"

„Ja. Aber du kannst mir gern auch was anderes erzählen, wenn du möchtest."

Der Herr spielt also auf volles Risiko. Wieso das plötzlich? Er ist offenbar ziemlich sauer auf Johnson's Edition. Aber wieso ist es ihm plötzlich egal, ob wir auffliegen?

Andrerseits: Was ist daran ungewöhnlich, dass der Vorstandsvorsitzende sich von der Betriebsratsvorsitzenden in seinem Büro Bericht erstatten lässt?

Die Zeit vielleicht, Frau Mackenroth, 10 Uhr abends?

Um die Zeit ist doch sowieso keiner mehr da, selbst die Putzkolonne ist dann schon durch.

Na gut, Robert Mittag, volles Risiko, meinetwegen.

„Sehr gemütlich", sagte Inga, als sie eine halbe Stunde später in Roberts Büro kam. Er saß mit aufgekrempelten Hemdsärmeln am Schreibtisch über einem Stapel Akten und trank gerade aus einem Weißweinglas. In dem Raum brannte nur die Schreibtischlampe.

Als er sie sah, lächelte er und reichte ihr wortlos über den großen Schreibtisch sein Glas.

Sie setzte sich auf den Besuchersessel vor seinem Schreibtisch, trank einen Schluck und sagte: „Das ist vermutlich das Beste, was mir heute passiert – einen Schluck Weißwein aus deinem Glas trinken zu dürfen."

„Möchtest du ein eigenes?"

„Nein. Dichter werde ich an dich wohl nicht rankommen."

„Du bist aber heute sehr genügsam."

„Reines Sicherheitsdenken."

„Verstehe. Ich bin auch lieber sitzen geblieben. Auch reines Sicherheitsdenken."

„Verstehe."

Inga drehte sein Glas in ihrer Hand und er sah ihr interessiert dabei zu. Sie lächelten sich an und Inga sagte: „Ich weiß, woran du denkst."

„Du machst Fortschritte."

Sie lachte leise. „Na ja, das ist ja auch eine einfache Übung."

Er lachte auch und sah ihr in die Augen. Lange. Und fragte dann: „Wie hast du deinen Leuten erklärt, dass du jetzt hier bist?"

„Ich habe einfach gesagt, dass du erwartest, dass ich noch mal raufkomme und mit dir rede."

Er zog die Augenbrauen hoch.

„Und?"

„Sie fanden das ganz okay – in Anbetracht der etwas diffusen Lage. Außerdem haben sie sich lang und breit darüber unterhalten, dass du deine Freundin verlassen hast, aber schon wieder mit einer Neuen aus dem Verlagswesen zusammen bist."

„Waaas? Woher wissen die das denn?", fragte Robert völlig entgeistert und setzte sich gerade hin.

„Keine Ahnung. Aber wir sind schließlich eine große Familie." Inga wunderte sich selbst über ihren Gleichmut.

„Du gehst hier als Schwerenöter durch. Es gibt anscheinend nicht wenige Frauen, die ganz scharf auf dich sind und es doch sehr bedauerlich finden, dass du schon wieder eine Neue hast."

Robert grinste jetzt zufrieden.

„Na immerhin, das freut einen doch zu hören."

Er erhob sich von seinem Sessel.

„Bleib ja da sitzen. Bitte", sagte sie und sah ihn flehend an.

Er grinste sie amüsiert an. „Ich wollte nur noch einen Schluck Wein holen. Sei nicht so schreckhaft."

In dem Moment klopfte Rolf Schriefer an die offene Tür. Als er Inga sah, blieb er überrascht im Türrahmen stehen.

„Kommen Sie rein", sagte Robert ziemlich geistesgegenwärtig, wie Inga fand. „Ich wollte gerade noch einen Schluck Wein aus dem Kühlschrank holen. Frau Mackenroth berichtet mir aus der Betriebsratssitzung, die eben erst zu Ende ist. Wollen Sie auch ein Glas?"

Rolf Schriefer zögerte etwas, sagte dann aber: „Ja, gern, nach so einem Tag." Er warf sich in den anderen Besuchersessel und sagte erstaunt zu Inga: „Ihr habt bis jetzt getagt? Himmel, was das kostet!"

„Da kosten noch ganz andere Dinge was", meinte Robert, als er mit zwei Gläsern und einer geöffneten Flasche Weißwein aus dem Vorzimmer wieder hereinkam.

Inga hatte sein leeres Glas auf den Schreibtisch zurückgestellt, bevor Dr. Schriefer in den Raum gekommen war. Robert füllte die drei Gläser ziemlich voll. Er wandte dem Personalchef den Rücken zu, als er Inga das bisher von ihm benutzte Glas zurückreichte, und berührte dabei leicht und wie zufällig ihre Hand.

Sie musste sich zusammenreißen, ihn nicht zu umarmen, mindestens zu umarmen.

„Tja, wir haben es wohl mit einem neuen Eigentümer zu tun, der sich an alle Absprachen, die er mit uns getroffen hat, nicht hält", sagte Robert als er sich in seinem Sessel niedergelassen und seine Füße auf den Schreibtisch gelegt hatte.

„Gucken Sie nicht so, Frau Mackenroth, ich habe für heute gestrichen die Schnauze voll. Und es ist mein Büro. Da darf ich das."

Inga hatte gar nicht „so" geguckt. Sie kannte schließlich seine Vorliebe, die Beine auf den Tisch zu legen. Rolf Schriefer guckte eher etwas irritiert, grinste dann aber und lehnte sich auch etwas entspannter in seinem Stuhl zurück.

„Das können Sie laut sagen", seufzte er.

„Wieso sind Sie eigentlich noch hier? Haben Sie kein Zuhause?", fragte Robert ihn.

Er verzog das Gesicht. „Doch, aber leider hat sich unser Lohnbuchungssystem heute Nachmittag verabschiedet und da waren wir etwas im Druck wegen der Gehälter."

Und zu Inga gewandt, sagte er: „Ja, ich habe vergessen den Betriebsrat zu fragen, ob die Damen in der Lohnbuchhaltung Überstunden machen dürfen. Entschuldigung."

„Ist ja schon gut", sagte Inga genervt. „Dir glaube ich sogar, dass du's vergessen hast. Und außerdem haben wir doch solche Fälle in der Arbeitszeit-Betriebsvereinbarung geregelt."

Robert schmunzelte.

„Sie sehen, Frau Mackenroth, es haben hier alle ziemlich viel Respekt vor Ihnen."

„Ich habe mehr Respekt davor, wie sie den Scheithauer in Schach hält", sagte Dr. Schriefer. „Was schwierig genug ist. Ich bin mir nicht sicher, ob der nicht doch zur Gewerkschaft gelaufen ist."

„Da hatte er heute jedenfalls keine Zeit zu", sagte Inga und berichtete kurz aus der Betriebsratssitzung.

Sie musste ja hier irgendwie glaubwürdig bleiben. Sie war zwar so gut wie befreundet mit Rolf Schriefer, aber er musste nun trotzdem nicht derjenige sein, der etwas von ihrer Beziehung zu Robert erfuhr.

„Hm. Das hört sich für mich ganz vernünftig an", sagte Robert, als sie geendet hatte, und sah fragend Dr. Schriefer an. „Na klar müssen wir über diese einzelnen Betriebsvereinbarungen reden. Fragt sich bloß, ob wir das noch tun oder die Amerikaner selbst."

„Äh ..." Rolf Schriefer räusperte sich und sah Robert an.

Der kriegte das offenbar nicht richtig mit, weil er intensiv in sein Weinglas starrte und anscheinend an ganz etwas anderes dachte.

„Wenn du meinst, dass ich solche Dinge nicht hören sollte, Rolf, dann geh ich jetzt", sagte Inga schnell, eigentlich, um Robert wachzurütteln.

Der reagierte endlich und sagte gelassen: „Ich glaube nicht, dass Frau Mackenroth irgendein Problem darstellen wird, oder? Wir haben schon öfter ein sehr offenes Wort miteinander geredet und ich gedenke, das beizubehalten."

Inga hielt die Luft an.

Sehr cool, Herr Mittag.

Rolf Schriefer nickte. „Ich wollte nur nicht ..."

„Schon gut", winkte Robert ab.

„Wir werden mit Johnson's reden müssen. Es gibt nur ein Entweder-oder – sie oder wir. Sie sind jetzt die Eigentümer, sie können letztlich machen, was sie wollen. Aber dann sollen sie ihre eigenen Leute hierher verfrachten, und fertig, und uns nicht erzählen, dass alles beim Alten bleibt, also was den Vorstand angeht usw."

„Darf ich mal fragen, auch wenn Sie sagen werden, dass es mich nichts angeht: Haben wir schon Geld gesehen?", fragte Inga in geschäftsmäßigem Ton. Robert würde nie sagen, dass es sie nichts anging. Aber wenn andere aus dem Unternehmen dabei waren, musste die Hierarchie gewahrt werden. Und als Betriebsrätin stand ihr die Frage eher nicht zu.

Robert nickte. „Ja. Alles wie vereinbart."

„Na ja, dann können sie ja wirklich machen, was sie wollen."

„So ist es, nur dass wir in den Verträgen was anderes drinstehen haben. Sie wollen angeblich erst nächstes Jahr Leute rüberschicken.

So lange sollte der bisherige Vorstand die Geschäfte praktisch weiterführen. Das wollten eigentlich beide Seiten. Ich weiß nicht, was da jetzt bei denen passiert ist. Ich konnte da heute nichts wirklich klären, weil der oberste Boss irgendwo beim Fischen in Alaska ist. Kann sein, dass ich da morgen rüberfliege."

Er sah Inga an.

„Ich werde dann so schnell wie möglich zurückkommen."

Aha. Also nicht weiter nach Kanada.

„Es sei denn, die Probleme hier lösen sich in Luft auf." Er sah wieder Inga an.

Das wird wohl leider nicht passieren.

Er nahm die Füße vom Tisch und stand auf.

„Machen wir Feierabend."

Er wartete an der Eingangstür zum Parkhaus auf sie und hielt ihr die schwere Eisentür auf.

„Das lief doch ganz gut", sagte er. „Und wie ich immer sage: besser als nichts."

„Man wird tatsächlich genügsam", lächelte Inga. „Und unter den gegebenen Umständen hat es durchaus seine Reize."

„Jetzt mach aber mal 'nen Punkt. So witzig fand ich es nun auch wieder nicht", sagte er, als sie nebeneinander zu ihren Autos gingen.

„Ach nein? Das hörte sich aber eben so an." Sie musste ein Lachen unterdrücken. „Aus deinem Glas zu trinken, ist dabei ja schon sehr erotisch."

Er lachte leise und seine Stimme klang rau, als er sagte: „Das dachte ich auch."

„Ich weiß."

Sie blieben vor Ingas Auto stehen und sahen sich an.

„Ich würde dich gern küssen", sagte Inga leise.

„Tu's doch."

„Nein. Du bist heute so auf Krawall gebürstet und so risikofreudig, als ob du's drauf anlegst rauszufliegen. Dazu werde ich nichts beitragen."

Sein Blick versank sanft in ihren Augen und sie sagte: „Nein. Und außerdem haben wir hier unten in der Garage vor drei Monaten Videokameras einbauen lassen, wenn du dich bitte erinnerst."

„Au Mann, stimmt ja. Na ja – einer von uns muss wohl vernünftig bleiben", seufzte er.

In dem Moment ging die schwere Eisentür der Tiefgarage quietschend auf. Inga wich instinktiv einen Schritt zurück. Und als ein junger Mann grüßend an ihnen vorbeigegangen war, stieß sie hörbar die Luft aus.

„Was sag ich! Das wäre schiefgegangen."

„Himmel, das geht hier nicht so weiter", stöhnte Robert und fuhr sich nervös mit der Hand durch die Haare. „Ich hab's so satt!" Was auch immer er meinte, es klang ehrlich und unglücklich.

„Was hast du satt?", fragte Inga zaghaft. „Mich?"

„Ja. Nein, verdammt, das Ganze!"

Er suchte in seinen Manteltaschen geschäftig offensichtlich nach seinem Autoschlüssel. Und er sah sie nicht an, als er plötzlich zu ihrer Überraschung sagte: „Ich muss los. Ich habe noch einen Termin. Bis morgen."

Sie ging zu ihrem Auto, suchte ihr Handy und wählte Roberts Nummer.

Er war sofort dran.

„Ich liebe dich. Ich dachte, ich sag es lieber am Telefon als vor der Videokamera."

Sie sah sein Gesicht, als sie mit ihrem Mini langsam an seinem Auto in der Parklücke vorbeifuhr. Er hatte den Motor noch nicht angelassen und umklammerte mit beiden Händen das Lenkrad. Es sah aus, als wollte er den Kopf auf das Lenkrad legen.

Er sah sie ernst und fast verzweifelt an. Dann lächelte er schließlich doch und sie hörte am Handy seine müde Stimme: „Du siehst zu viele Krimis. Lippenleser beschäftigen wir nicht. Ich liebe dich auch. Gute Nacht."

„Das ist ja eine schöne Scheiße", sagte Scheithauer laut und zu Robert gewandt:

„Los, geben Sie's zu, das haben Sie alles vorher gewusst. Sie haben sich überhaupt keine Gedanken gemacht, dass bei Ihrem Scheiß-Deal 50 Mitarbeiter auf der Strecke bleiben. Ihnen ging es nur um Rendite.

Alles andere ist Ihnen doch piepegal!" Er hatte sich offenbar in Rage geredet und wurde immer lauter. Die anderen Betriebsratsmitglieder guckten etwas pikiert und schweigend auf den Tisch. Inga ließ Scheithauer reden. Hätte sie ihn jetzt unterbrochen, wäre es nur noch schlimmer geworden.

Die Stimmung im Besprechungszimmer des Betriebsrates war eisig.

Robert hatte soeben mit rauer Stimme mitgeteilt, dass Johnson's Edition beabsichtige, 50 Mitarbeiter innerhalb des nächsten halben Jahres zu kündigen. Sie hätten vor, mit neuen innovativen Techniken in Deutschland den Markt zu erobern, aber 50 Mann seien zu viel an Bord. Der Vorstand habe das vor zwei Tagen in Washington erfahren und durch intensive Gespräche versucht, das zu verhindern. Es sei ihnen nicht gelungen. Des Weiteren würden die Amerikaner mit einigen eigenen Leuten früher als beabsichtigt nach Deutschland und in das Unternehmen kommen, sodass amerikanische Vorgesetzte wohl bei der Umsetzung der Kündigungen bereits dabei sein würden.

Inga wusste, wie ihm zumute war.

Er war vor zwei Tagen aus Washington zurückgekommen und war spätabends überraschend zu ihr nach Hause gekommen.

„Das Risiko ist mir scheißegal", hatte er am Telefon wütend gesagt. „Es sei denn, du willst es nicht."

Irgendwas war los, das merkte sie ihm an, als er in der Diele stand und sie kurz und völlig in Gedanken in den Arm nahm und sagte: „Ich muss mit dir reden."

Er erzählte in schnellen, aufgelösten Sätzen von den Ereignissen in Washington. Er war so wütend, dass er immer lauter wurde und Inga sagte: „Leiser bitte, sonst wacht Ollie noch auf."

„Entschuldige, ich bin am Ende", stöhnte er und fuhr sich müde mit der Hand übers Gesicht. „ Sie haben uns total verarscht. Und ich hätte es wissen müssen. Ich kenne den Laden schließlich. Das ärgert mich am meisten."

„Du hast es ja schon länger geahnt."

„Ich hätte die Verhandlungen vielleicht noch stoppen können."

Er machte eine Pause und sagte dann leise: „Andrerseits – wir hatten ein finanzielles Problem. Wir hätten wahrscheinlich in den nächsten Wochen das Gleiche gemacht."

„Waaas?"

„Ja. Die Banken haben uns vor einigen Monaten die Pistole auf die Brust gesetzt. Deshalb waren wir ja unterwegs auf dem amerikanischen Markt."

Inga schnappte nach Luft.

„Worüber regst du dich dann jetzt so auf?", fragte sie und wollte eigentlich wissen, warum der Betriebsrat nicht innerhalb der Informationsverpflichtung des Arbeitgebers über die finanzielle Situation des Unternehmens informiert worden war.

Robert sah sie flehend an.

Nicht das auch noch, bitte. Ich habe schon genug Probleme.

Sie schüttelte lächelnd den Kopf und er lächelte zurück.

Danke.

„Ich wollte das ja gerade verhindern", sagte er. „Und entsprechend war der Verkaufspreis. Und die Amerikaner haben es uns in den Verträgen mehr oder weniger zugesichert, jedenfalls ein Jahr lang keine betriebsbedingten Kündigungen auszusprechen. Das war eine von unseren Verhandlungsbedingungen. Sie kannten alle Zahlen von Anfang an."

„Wo wäre die Alternative gewesen?"

„Schließung."

„So schlimm?"

„Ja."

Sie schwiegen.

Na toll, jetzt muss wohl die Betriebsratsvorsitzende den Vorstandsvorsitzenden trösten, weil der wegen 50 betriebsbedingter Kündigungen am Boden zerstört ist.

Normalerweise ist es der Betriebsrat, der völlig fertig ist. Aber hier sitzt jetzt dessen Vorsitzende und überlegt krampfhaft, wie sie den Mann wieder aufbauen kann, der die Kündigungen aussprechen wird.

Das wird ja immer verrückter mit uns, Herr Mittag.

Sie dachte mit Entsetzen an die Kündigungen, an die Schicksale, die dahinterstanden, Familien, deren Existenzen bedroht waren, an die verlorenen Arbeitsplätze und an die verdammten Amerikaner.

Robert hatte die Augen geschlossen und schwieg. Er machte den Eindruck, als würde er gleich einschlafen.

„Wenn es bei einer Komplett-Schließung eigentlich 500 Kündigungen gegeben hätte und jetzt sind es nur 50 – und der Verlag existiert weiter, wenn auch unter amerikanischer Flagge –, dann ist das doch eigentlich gar nicht so schlecht", versuchte sie es vorsichtig.

Robert hob die Augenlider ein Stück hoch.

„Erzähl das mal deinen Gewerkschaftsfuzzis", murmelte er zwischen den Zähnen.

„Es sind nicht meine Gewerkschaftsfuzzis."

„Entschuldige. Natürlich nicht. Du weißt schon."

Er hatte recht. Die Gewerkschaft würde diese Argumentation und den Vorstand zerreißen. Ausverkauf der Mitarbeiter, Arbeitgeber als Heuschrecken, die über jeden Betrieb herfielen und ihn aussaugten, keine soziale Verantwortung, nur Gewinne im Blick, keine Rücksicht auf Existenzen und persönliche Schicksale und so weiter. Sie hörte die Rede von Böhnisch jetzt schon und sah die Flugblätter vor sich.

„Was jetzt?", fragte sie schließlich leise.

„Tja, was jetzt?", wiederholte Robert, öffnete die Augen und sah sie an.

„Wir werden da irgendwie durchmüssen. Die Argumentation ist so, wie du es gesagt hast. Wir hatten die Wahl zwischen Cholera und Pest. 450 Arbeitsplätze erhalten, ist besser als gar keinen." Er seufzte. „Der Vorstand wird das in den nächsten Tagen mit dem Betriebsrat besprechen. Kannst du so lange …?"

„Ja, das kann ich. Für wen hältst du mich!", unterbrach sie ihn nun doch leicht sauer. „Glaubst du, ich gehe morgen früh in den Betriebsrat und posaune das raus?"

„Ich meinte ja nur." Er sah sie entschuldigend an.

„Krieg ich noch einen Schluck Wein? Dann fahre ich nach Hause. Ich bin ziemlich alle."

Als sie mit der geöffneten Flasche Wein und zwei Gläsern aus der Küche kam, hatte er lang gestreckt auf dem Sofa gelegen und war offensichtlich eingeschlafen.

Sie setzte sich neben ihn und wartete, dass er wieder aufwachen würde, was aber in der nächsten halben Stunde nicht passierte. Also holte sie zwei Decken und legte sich auf die andere Seite des Ecksofas.

Er musste völlig fertig sein. Das war noch nie passiert, dass er in ihrem Beisein so plötzlich eingeschlafen war.
War das nun Vertrauen oder Langeweile, Herr Mittag?
Sie schüttelte über ihre Gedanken den Kopf. Nach dem, was er ihr erzählt hatte, war das Vertrauen.

Und dass er nach Wochen zu ihr nach Hause gekommen war, obwohl diese verdammte Ethik-Richtlinie wie ein Damoklesschwert über ihnen schwebte, war ja wohl auch Vertrauen, oder? Und außerdem zeigte es natürlich, wie wütend er eigentlich war und dass er bereit war, jedes Risiko einzugehen.

Bin ich eigentlich auch dazu bereit? Wovon lebe ich mit Ollie, wenn ich den Job verliere? Und was würde Robert tun, wenn das passierte? Werden wir weiter zusammen sein?

Sie griff vorsichtig nach seiner Hand und schob sie unter ihre Wange.
Ja, ich will das Risiko. Egal, wie es ausgeht.

Und eigentlich konnte sie sich gar nicht vorstellen, dass sie irgendwann einmal nicht mehr zusammen sein würden.

Gegen sechs Uhr morgens stand sie vorsichtig auf und weckte Ollie.

Sie machte die Kaffeemaschine an und seine Schulbrote fertig, blätterte in der Zeitung und fragte ihn nach seinem Tagesplan aus.

Er hatte am Morgen seine üblichen Wege zwischen Zimmer, Bad und Küche und würde bestimmt nicht ins Wohnzimmer gehen. Sie hatte dennoch vorsichtshalber die Tür zugemacht und hoffte, dass Robert nicht plötzlich in der Küche stehen würde, weil er von den morgendlichen Geräuschen aufgewacht war.

Diese Situation wollte sie Ollie eigentlich ersparen.

Als er aus der Haustür war, wieder geklingelt hatte, weil er natürlich seine Sportsachen vergessen hatte, und dann mit einem „Tschau, bis dann" die Treppe hinuntergepoltert war, öffnete sie vorsichtig die Wohnzimmertür.

Robert schlief offenbar immer noch. Langsam wurde ihr das unheimlich. Aber zu ihrer Beruhigung atmete er ruhig und regelmäßig.

Es war jetzt sieben Uhr und sie dachte, dass er vielleicht irgendeinen Termin im Büro hätte, und nach Hause musste er ja auch noch, um sich umzuziehen.

Ich hasse diese logistischen Probleme unserer Beziehung.

Sie stellte eine dampfende Tasse Kaffee auf den Tisch, setzte sich auf die Couch neben ihn und küsste ihn vorsichtig auf die Wange.

„Wach auf, Liebling. Es ist sieben Uhr und ich liebe dich immer noch. Und ich weiß nicht, wann du im Büro sein musst", flüsterte sie.

Er schlug die Augen auf, machte sie gleich wieder zu und murmelte: „Um 10.00 Uhr – glaube ich."

Herrje, anscheinend hatte er nicht vor, sich von ihrer Couch jemals wieder zu erheben. Als sie aufstehen wollte, umklammerte er mit seiner Hand ihr Handgelenk und sagte leise mit immer noch geschlossenen Augen: „Geh nicht weg, bitte."

Sie blieb, wo sie war, und fühlte sich an Zeiten erinnert, als Ollie als kleiner Junge krank gewesen war und sie auf seiner Bettkante gesessen hatte und ab und zu mit der Hand über seine Stirn gestrichen hatte, um festzustellen, ob das Fieber sank.

Merkwürdige Situation.

Eine halbe Stunde später schlug er endlich die Augen auf, sah etwas wacher aus und fragte: „Warum hast du mich die ganze Nacht hier schlafen lassen?"

„Entschuldigung, ich habe versucht, dich in dein Auto zu tragen, bin aber schon auf dem Flur an deinem Gewicht gescheitert."

Er war offenbar noch nicht wach genug für solche Scherze und sah sie verständnislos an.

„Du hast so tief und fest geschlafen, ich konnte dich nicht wecken", erklärte sie deshalb. „Geht's dir besser?"

„Na ja, ich habe auf jeden Fall ganz gut geschlafen. Ich bin nicht einmal aufgewacht. Es tut mir leid. Das wollte ich nicht."

„Ist schon gut."

„Ist Ollie schon weg?"

Als sie nickte, beugte er sich zu ihr vor, nahm sie in die Arme und zog sie zu sich.

„Du riechst sogar am Morgen vor dem Aufstehen gut", flüsterte sie auf seinem Bauch.

„Blödsinn. So ein Satz ist nur der Beweis, dass Liebe den Verstand ausschaltet."

„Stört dich das?"

„Nein. Ich bin eigentlich in der Stimmung, mehr davon zu hören. Aber ich habe leider keine Zeit, Liebling."

„Wann hast du denn Zeit?"

„Heute Abend. Egal, was passiert. Versprochen."

„Wir können verstehen, dass Sie enttäuscht und wütend sind", sagte Mayer jetzt mit Blick auf den Betriebsrat und holte Ina aus ihren wohligen Gedanken zurück. „Nur, Sie müssen uns eins glauben: Wir sind es auch."

Ungläubiges Gelächter und Gemurmel bei einigen Mitgliedern des Betriebsrates.

„Das glauben Sie doch selber nicht", schnaubte Scheithauer.

„Sagen wir mal so: Es gehört nicht gerade zu unseren Lieblingsbeschäftigungen, 50 Leute zu kündigen", sagte Robert schneidend. „Auch wenn Ihre Gewerkschaft dies glauben machen will: Es ist nicht so. Wir haben uns das anders vorgestellt. Und eins ist auch klar: 450 Arbeitsplätze sind besser als gar keiner."

„Die typische Erpressernummer", sagte Meike zu Ingas Erstaunen. Robert warf Inga einen Blick zu. *Wie ist die denn drauf? – Keine Ahnung!*

„Nein, keine Erpressernummer. Die Fakten und die Wahrheit", sagte Robert.

„Wir werden das alles von der Gewerkschaft prüfen lassen und dann hören Sie von uns", sagte Scheithauer und wollte aufstehen.

„Das Gespräch mit dem Betriebsrat ist aus unserer Sicht noch nicht beendet, Herr Scheithauer", sagte Robert und lehnte sich demonstrativ lässig im Stuhl zurück.

„Aus meiner Sicht auch nicht", sagte Inga ruhig zu Scheithauer. „Kann es sein, dass wir gemeinsam beschließen, wann eine Sitzung zu Ende ist und wann nicht?"

Sie wandte sich an Robert.

„Herr Mittag, Sie werden uns jetzt hoffentlich erzählen, wie Sie sich den weiteren Fortgang vorstellen. Interessenausgleich, Sozialplan?"

Scheithauer hatte sich grummelnd wieder hingesetzt. Die anderen Betriebsratsmitglieder hatten den kleinen Machtkampf zwischen ihrer

Vorsitzenden und dem Stellvertreter wortlos verfolgt und sahen jetzt Inga an.

Robert verkniff sich offenbar ein Grinsen. Sie kannte ihn gut genug, um zu erkennen, dass er sich über den Vorgang ein bisschen amüsierte.

Laut sagte er: „Natürlich. Es kann allerdings sein, dass die Amerikaner das selbst machen wollen. Damit ist wohl zu rechnen."

„Auch das noch", seufzte Meike. „Die haben doch keine Ahnung vom deutschen Betriebsverfassungsgesetz."

„Wir werden ihnen das beibringen", sagte Dr. Schriefer, der irgendwie sehr mitgenommen aussah, wie Inga fand.

Scheithauer knurrte wieder: „Das glauben Sie doch selber nicht."

„Die Amerikaner sind ja nun nicht komplette Ignoranten", warf Inga ein. „Wenn ihnen die Folgen aufgezeigt werden, vor allen Dingen die finanziellen, werden sie es schon begreifen. Wenn Dr. Schriefer da auf unserer Seite ist, ist das ja schon mal von Vorteil."

Sie sagte nicht „Herr Mittag" und nicht „der Vorstand". Dr. Schriefer war zwar leitender Angestellter, aber doch als Personalchef ein von allen akzeptierter Zwitter zwischen Arbeitnehmern und Vorstand.

Robert nickte ihr zu. „Ich versichere Ihnen, dass der Vorstand Dr. Schriefer in seinen Bemühungen um einen anständigen Sozialplan unterstützen wird."

„Na toll! Und was nützt uns das, wenn Sie nix mehr zu sagen haben?", fauchte Scheithauer.

Anscheinend hatte Robert jetzt die Nase voll. Er kniff wütend die Augen zusammen und zischte zwischen den Zähnen: „Ihr Arbeitsplatz ist doch durch den Kündigungsschutz als Betriebsrat sowieso gesichert, Herr Scheithauer."

O Scheiße, das war wohl nichts, Robert.

Scheithauer war zunächst sprachlos, schluckte dann und sagte ebenso schneidend: „Und das ist auch gut so, Herr Mittag. Ohne diesen Kündigungsschutz würden S i e doch mit den Betriebsräten machen, was Sie wollen. Als Allererstes rauswerfen."

Inga guckte aus dem Fenster und Robert sah aus, als würde er gleich explodieren.

Dann warf er Inga einen schnellen Blick zu, holte tief Luft und sagte sehr ernst zu Scheithauer: „Sie können sich darauf verlassen, dass ich das Betriebsverfassungsgesetz und das Kündigungsschutzgesetz sehr genau kenne. Und Sie können sich ebenso drauf verlassen, dass ich nur das mache, was mir als Arbeitgeber nach dem Gesetz zusteht. Mir ist auch kein Fall bekannt, den wir in der Vergangenheit anders behandelt hätten. Und das wird auch so bleiben, Herr Scheithauer. Auch bei Ihnen."

Da war ein drohender Unterton drin, dachte Inga besorgt. Robert fragte mit wütendem Blick in die Runde: „Haben wir zunächst alles besprochen?"

„Eins noch", sagte sie schnell. „Wir sollten eine Betriebsversammlung einberufen. Die Mitarbeiter müssen so schnell wie möglich Bescheid wissen. Termin nächste Woche Freitag, der 27., 14.00 Uhr. Ist das okay?"

„Meinetwegen", knurrte Robert und stand auf.

„Vielleicht sollte einer von den Amerikanern teilnehmen. Kriegen Sie das hin?"

„Keine Ahnung", sagte Robert genervt und packte seine Unterlagen zusammen. „Ich sage Ihnen Bescheid."

Als Inga aus der Parkgarage fuhr, klingelte ihr Handy.

„Ich glaube nicht, dass so kurzfristig einer aus Amerika aufkreuzt, aber ich werd's versuchen", sagte Robert. „Das war eine ziemlich gute Idee. Danke."

Inga seufzte.

„Was um Himmels willen soll ich über die Ethik-Richtlinie auf der Betriebsversammlung erzählen? Mir bricht schon der Schweiß aus, wenn ich nur daran denke."

„Lass es jemand anders machen. Ihr verteilt doch sonst auch Themen auf der Betriebsversammlung an andere Betriebsratsmitglieder."

Daran hatte sie auch schon gedacht.

„Aber vielleicht mache ich mich gerade verdächtig, wenn ich das Thema von jemand anders bearbeiten lasse?"

„Blödsinn", sagte Robert überzeugt. „Da kann sich doch der Scheithauer wunderbar profilieren."

„Du willst nur meine Nerven beruhigen."

„Ja. Und glaube mir, ich würde das gern auf eine andere Art und Weise tun als am Telefon." Er lachte, aber es klang nervös.

„Und ich sage dir was: Nimm keine Rücksicht auf mich oder den Vorstand. Du kannst in deiner Rede auf den Vorstand draufhauen, wie du willst."

Sie verstand, was er meinte, wusste aber jetzt schon, dass ihr das nicht leichtfallen würde.

„Es wird eine schwierige Übung."

„Ich weiß. Aber du machst das schon. Bis morgen."

Inga hatte die E-Mail jetzt schon dreimal gelesen und sie konnte es immer noch nicht glauben, was da stand.

„Betreff: Liebesbeziehung

Sehr geehrte Frau Mackenroth, Sie sollten etwas vorsichtiger sein. Big Brother is watching you. Ein Freund."

Beim ersten Lesen hatte sie gar nicht verstanden, worum es ging, beim zweiten Lesen blieb ihr Herz fast stehen und beim dritten Lesen geriet sie in Panik.

Jemand hatte sie und Robert beobachtet.

Das hatte ja so kommen müssen.

Natürlich konnte bei fast 500 Mitarbeitern einer in der Nähe des Hotels wohnen, mit ihnen im Flugzeug nach Kanada gesessen haben oder die Telefonate, die sie auf ihren Privat-Handys führten, belauscht haben. Waren sie also doch zu unvorsichtig gewesen.

Was jetzt? Oder ist ganz etwas anderes gemeint? Aber der Betreff „Liebesbeziehung" ist ein eindeutiger Hinweis. Und bei was sollte ich sonst vorsichtiger sein?

Sie erschrak fast zu Tode, als ihr Handy klingelte.

Na wunderbar, jetzt dreh nicht durch, Mackenroth.

„Wir haben da ein Problem." Roberts Stimme klang gepresst.

Er hat auch diese Mail bekommen.

Ihr wurde heiß und kalt gleichzeitig.

„Ich bin in zwei Minuten oben."

„Der nette Kollege hält sich ja nur an die Ethik-Richtlinie", sagte Robert zu ihr, als sie sein Büro betreten und die Tür geschlossen hatte. Er hatte nur kurz zur Begrüßung den Kopf gehoben und guckte jetzt entnervt auf die E-Mail in seinem Laptop.

„Da steht ja ausdrücklich drin, dass er solche Vorkommnisse an seinen Vorgesetzten melden soll." Er lachte kurz und unlustig auf. „Das bin ja wahrscheinlich sogar ich. Au Mann, so eine Scheiße, auch das noch!"

„In der Ethik-Richtlinie steht aber nicht, dass er die Betroffenen selber ein bisschen bedrohen und sie in den Herzinfarkt treiben soll", fauchte Inga.

„Er erpresst uns ja nicht und will Geld oder so was von uns."

„Das fehlte ja wohl auch noch", empörte sich Inga. Sie wanderte vor Roberts Schreibtisch auf und ab.

„Oben steht kein Absender drauf. Kann man den nicht trotzdem feststellen?", fragte sie.

„Meistens, aber nicht immer. Wenn es ein ganz geschickter Computerfreak ist, kommen wir nicht dahinter. Ansonsten müsste man in der Supervision nachfragen bei den Systemtechnikern. Aber ich will mit denen nicht über den Inhalt dieser Mail diskutieren. Und das wäre vermutlich ganz schnell im Verlag rum."

Da hat er recht.

„Hast du eine Idee, wer es sein könnte?"

„Es kommen 500 Leute und letztlich auch noch welche von Johnson's infrage. Aber die müssten uns beide kennen, was ja wohl eher nicht der Fall ist. Nein, ehrlich gesagt, ich habe keine Ahnung."

Robert sah schweigend aus dem Fenster. Sein Blick war besorgt, sein Gesicht faltig und seine blauen Augen müde.

Inga bemerkte das allerdings erst, als er sich ihr nach einiger Zeit zuwandte und in ihrem Magen drehte sich irgendetwas aus irgendeinem Grund um.

Er sah sie jetzt konzentriert an und rieb seine Hände aneinander.

„Weißt du, ich glaube wir müssen darüber nachdenken, wie wir weiter vorgehen, also ... ob wir ..." Er zögerte und führte den Satz nicht zu Ende.

„Ob wir was?" Sie merkte, dass ihre Stimme zitterte.

Worauf will er hinaus?

Robert stand abrupt auf.

„Verdammt, Inga, findest du nicht auch, dass das Risiko viel zu groß ist? Egal, ob ein deutsches Arbeitsgericht diese dämliche Ethik-Richtlinie überhaupt rechtlich anerkennt – aber du wirst deinen Job verlieren, ich werde es nicht verhindern können. Und ich fliege gleich mit. Können wir uns das leisten? Willst du das?"

Seine Stimme war etwas lauter geworden und er blieb jetzt direkt vor ihr stehen.

„Nein, das will ich nicht", sagte sie leise. „Aber ich will dich auch nicht verlieren", sagte sie noch leiser. „Und ich will dir bestimmt nicht schaden, glaube mir."

Das hörte sie schon fast selber nicht mehr.

„Das weiß ich doch", sagte er jetzt ebenso leise und schien sich wieder etwas beruhigt zu haben. Er hob in einer fast verzweifelten Geste die Arme.

„Was, um Himmels willen, sollen wir denn bloß machen?"

Dann fuhr er sich nervös durch die Haare und sagte: „Als Erstes werden wir das Gespräch hier und jetzt beenden. Wenn Frau Olsen an der Tür lauschen sollte, können wir sowieso gleich einpacken. Wir treffen uns heute Abend. Bis dahin können wir erst mal überlegen, was wir machen."

Das dauerte ihr entschieden zu lange.

Und sie war über seine Reaktion irritiert.

Bis gestern, nein, bis eben war sie sich sicher gewesen. Sicher über ihn, seine Liebe zu ihr. Sicher, dass er alles aus dem Weg räumen würde, was ihnen, dieser Liebe, im Wege stand. Sicher, dass er sich über alles hinwegsetzen würde – ja, sogar, dass er seinen Job für sie opfern würde.

Seine Worte eben gingen aber eindeutig in eine andere Richtung. Da war keine Risikofreudigkeit mehr zu spüren, das war Zurückrudern, Distanzierung von ihr, ihrer Liebe ...

Und sie war sich nicht sicher, ob es ihm dabei um seinen Job oder um ihren ging.

Was ist passiert, Robert?

Sag mir, wenn du mich verlassen willst, na los, schieb es nicht auf die lange Bank. Lass es uns gemeinsam beschließen, dass es nicht mehr geht – warum auch immer.

Ich werde es verstehen. Mir war eigentlich immer klar, dass das mit uns nicht gut gehen kann. Also los, sag es endlich!

Sie musste es ihm jetzt sagen. Alles andere wäre unfair.

„Ich wollte es eigentlich nicht in dieser Büroatmosphäre sagen, aber es ist vielleicht in diesem Zusammenhang doch richtig, dass ich dir erzähle, dass Harry und ich uns vor ein paar Tagen sehr freundschaftlich getrennt haben", sagte sie leise.

Er stieß hörbar die Luft aus, seine Gesichtszüge gerieten etwas in Unordnung und er legte den Telefonhörer, den er gerade in die Hand genommen hatte, wieder auf.

„Es ist einfach so passiert, nachdem ich aus dem Hotel von dir nach Hause kam. Ich musste plötzlich klare Verhältnisse haben."

Nette Formulierung, Mackenroth. Ich war wie von Sinnen und wusste überhaupt nicht, was ich tue.

„Verstehe", knurrte Robert und sah auf die Schreibtischplatte.

„Das erhöht jetzt vielleicht noch unser Problem, oder?", fragte sie unsicher.

„Wieso? Ehepaare trennen sich zu Tausenden täglich."

Dann schwieg er, lehnte sich auf seinem Stuhl zurück und starrte aus dem Fenster.

Wahrscheinlich wird ihm jetzt erst die Konsequenz aus der Mitteilung klar. Sie wartete.

Irgendetwas muss er doch noch sagen. Seine Freundin und Geliebte hat keinen Ehepartner mehr. Das ist doch was! Ist ihm das jetzt etwa gar nicht recht, weil er befürchten muss, dass ich nun irgendwelche Ansprüche stellen werde?

„Danke, Frau Mackenroth, war nett. Aber angesichts unserer momentanen Schwierigkeiten – wie Sie ja gerade gesehen haben – sollten sich unsere Wege jetzt doch besser trennen. Ich danke Ihnen für die vertrauensvolle Zusammenarbeit auch in privater Hinsicht und wünsche Ihnen für die Zukunft alles Gute."

„Keine Angst, ich will jetzt nicht bei dir einziehen", sagte sie also vorsichtshalber leise.

Er sagte immer noch nichts.

„Und ich erwarte auch nicht, dass du dich jetzt mehr um mich kümmerst als vorher", setzte sie hinzu und das war glatt gelogen.

Jetzt drehte er sich um und sah sie mit einer Mischung aus Ärger und Belustigung an.

„Wenn ich mich von dem Schock erholt habe und meine Gehirnzellen wiedergefunden habe, werde ich dich diesbezüglich anrufen. Geh mal davon aus, dass das noch heute passiert."

Sie lächelten sich an. Aber sein Lächeln war angespannter als ihrs.

„Über alles andere mache ich mir später Gedanken. Wir haben noch ein Problem. Also, ich meine außer dieser bescheuerten Mail. Ich habe deine Rede für die Betriebsversammlung gelesen, die du mir geschickt hast. Das geht so nicht, Inga. Du kannst nicht so freundlich zum Vorstand sein. Sie, also der Scheithauer und dieser Böhnisch von der Gewerkschaft, werden dich fertigmachen. Hier ..."

Er rief ihren Rechenschaftsbericht in seinem Laptop auf.

Betriebsrat und Vorstand waren schon vor langer Zeit übereingekommen, ihre Redetexte für Betriebsversammlungen vorab auszutauschen. Das gehörte nach Ingas Ansicht zu einer profimäßigen vertrauensvollen Zusammenarbeit dazu. Allerdings hatte bisher niemand im Text des anderen herumgestrichen oder Veränderungen vorgenommen.

„Ich drucke es aus und mache dann die Änderungen, damit nicht irgendeiner merkt, dass ich an deiner Rede rumfummel."

„Ich sehe schon, ein paar Gehirnzellen hast du ja schon wiedergefunden", sagte Inga ironisch.

„Genau. Und mit der anderen kommt mir gerade die Idee, das mit dir heute Abend zu besprechen und nicht jetzt." Er sah sie fragend an. „Das müsste doch nach den neueren familiären Entwicklungen organisatorisch möglich sein, oder?"

Inga nickte. Harry war zu Hause und würde sich um Ollie kümmern müssen. „Sie haben schnell begriffen, Herr Mittag. Wo?"

„Angriff ist die beste Verteidigung. Beim Italiener im ‚Hotel Élysée'. 19.00 Uhr. Es wird ein Arbeitsessen."

Er war nicht da. Der Kellner zuckte bedauernd mit den Schultern.

„Sie dürfen sich gern umsehen, aber ich glaube nicht, dass hier ein Herr allein sitzt", sagte er.

Robert, das ist jetzt nicht wahr. Ich bin selber schon 20 Minuten zu spät, weil ich im Hamburger Abendstau stand. Hast du es dir überlegt? Bin ich dir ohne Ehepartner doch zu nah und eine Verpflichtung, die du nicht eingehen willst? Oder hast du kalte Füße gekriegt wegen der deine Existenz bedrohenden E-Mail? Das könnte ich verstehen, aber du hättest es mir wenigstens sagen können.

Sie setzte sich an einen Tisch und bestellte ein Glas Wein. Sie wartete ungefähr 30 Minuten, sah immer wieder zur Tür, wartete nervös auf seinen Anruf auf dem Handy ... und war plötzlich zutiefst beunruhigt.

Vielleicht ist ihm unterwegs etwas passiert? Ein Unfall vielleicht?
Sie versuchte mehrmals ihn telefonisch zu erreichen, aber er hatte sein Handy abgestellt. Sie gab schließlich auf, zahlte den Wein und fuhr nach Hause.
Es ist vorbei! Er hat heute im Büro mit mir Schluss gemacht und ich habe es nicht gemerkt! Wie dumm von mir. Natürlich hat er kalte Füße gekriegt, natürlich fühlt er sich unter Druck gesetzt und natürlich ist diese verdammte E-Mail das Ende unserer Beziehung.
Sie konnte ihn sogar verstehen. Er musste um seine Karriere bangen und war noch zu jung, um als Vorstandchef rausgeschmissen zu werden und in den Ruhestand zu gehen.
Was sie nicht verstand und wütend machte, war die Art seines Abganges. Sie hatte gedacht, dass diese Beziehung etwas Besonderes war – auch für ihn.
Offensichtlich war das falsch gedacht.
Sie war nichts Besonderes für ihn. Wie sonst war zu verstehen, dass er sich mit ihr verabredete und dann einfach nicht erschien?
Mistkerl! Offensichtlich gehörst du zu den ganz normalen Typen, die es vorziehen, sich mit Riesentrara in einem anderen Leben breitzumachen, aber sich dann feige und wortlos durch die Hintertür davonschleichen.
Sie knallte wütend mit der Haustür und Harry fragte erstaunt: „Schon wieder da?"
„Ja. Entschuldige mich bitte. Ich muss noch arbeiten. Die Rede für die Betriebsversammlung schreiben."
Dazu war sie jetzt richtig in der Laune. Sie würde den Vorstand fertigmachen.
Sie klappte ihren Laptop an ihrem Schreibtisch auf.
„Sie haben eine ungelesene E-Mail."
„Mir ist leider was dazwischengekommen. Sehen uns morgen. R."
Liebloser und schnörkelloser geht es ja nicht, Herr Mittag.
Sie hatten noch nie privat über E-Mails verkehrt.
Nun ja, einmal ist immer das erste Mal. Sie wusste nicht, was sie davon halten sollte. Und ihre Unruhe wuchs.
Ihm war schon öfter etwas dazwischengekommen. Aber noch nie

hatte er sich nicht telefonisch bei ihr gemeldet und noch nie war es nicht später doch noch zu einem Treffen zwischen ihnen gekommen.

Harry brachte ihr ein Glas Wein und sagte: „Du siehst aus, als hättest du Ärger. Willst du darüber reden?"

„Nein." „Auch gut", antwortete er offensichtlich erleichtert und verschwand mit einem besorgten Blick aus ihrem Zimmer.

Inga stützte den Kopf auf die Hände und merkte, dass ihr die Tränen kamen.

Mit diversen Unterlagen für das Amerika-Projekt schob Inga sich ins Büro von Frau Olsen.

„Ist der Boss da?", fragte sie. Sie hegte ein bisschen die Hoffnung, dass Robert sie zum Mittagessen einladen würde und sie dabei Berufliches mit Privatem verbinden könnten – und dass er sich erklären würde.

„Da schon. Aber seine Frau ist bei ihm und er will nicht gestört werden", antwortete Frau Olsen, ohne von ihrem Bildschirm aufzusehen. Und das war auch gut so. Inga war sich nämlich nicht sicher, welchen Gesichtsausdruck sie gerade draufhatte. Von Erstaunen über Panik und Entsetzen bis hin zur kompletten Auflösung ihrer Gesichtszüge über diese überraschende Information war alles drin, vermutete sie.

Welche Frau?

Sie wusste ja, dass Robert zehn Jahre verheiratet gewesen war und dass der Grund für das Ende der Ehe seine Zeugungsunfähigkeit gewesen war. Aber sie wusste weder, wann das gewesen war, noch, wer diese Frau war, geschweige denn, wo sie jetzt wohnte, ob sie wieder geheiratet hatte oder wie alt sie war. Robert hatte sie nie wieder erwähnt und sie hatte keinerlei Veranlassung gehabt, nachzufragen oder diese Ex-Frau irgendwie oder irgendwann zu thematisieren.

Offensichtlich ist mir da was entgangen. Bisschen naiv gewesen, was?

Sie atmete einmal tief durch, wollte sich gerade umdrehen und das Büro wieder verlassen, bevor Frau Olsen merkte, dass sie völlig aus der Fassung geraten war, als Roberts Bürotür aufging und er mit einer attraktiven großen Blondine in den Fünfzigern in sein Vorzimmer kam. Inga registrierte jede Kleinigkeit: seine Hand auf ihrem Rücken, sein freundlicher, vertraulicher Blick zu ihr, als er zu Frau Olsen sagte: „Wir gehen was essen. Ich weiß nicht, wann ich wiederkomme."

Genau das, was er sagte, wenn er mit ihr mittags für zwei Stunden aus dem Verlag verschwand, um die schönsten Zärtlichkeiten der Welt an sie zu geben, alles zu vergessen, was ihr gemeinsames Leben so schwierig machte, sich in ihr zu vergessen und sie und ihn zum Leben zu erwecken.

Da hatte er sie gesehen. Seine Augen wurden zu kleinen Schlitzen, er nahm weder die Hand vom Rücken der Frau, noch trat er einen Schritt auf Inga zu.

„Hatten wir einen Termin, Frau Mackenroth?"

Die Kühle in seiner Stimme ließ ihr das Blut in den Adern gefrieren.

„Nein, nein ... hatten wir nicht. Ich dachte nur, wir ...", stotterte sie und kam sich völlig verblödet vor.

„Das nächste Mal lassen Sie sich von Frau Olsen einen Termin geben, dann gibt's keine Probleme." Die Distanz in seiner Stimme war fast greifbar.

Dann wandte er Inga den Rücken zu und sagte: „Komm, Ellen, lass uns gehen."

Inga hatte keine Ahnung, wie sie in ihr Büro zurückgekommen war. Sie konnte sich auch nicht erinnern, ob sie an dem Nachmittag noch gearbeitet hatte oder nur hirn- und gedankenlos auf ihre Schreibtischplatte gestarrt hatte.

Sie hegte die leise Hoffnung, dass Robert irgendwann anrufen würde und irgendetwas erklären würde, was sie verstehen könnte. Aber das geschah nicht.

Auch abends, zu Hause, wartete sie vergeblich auf seinen sonst üblichen Anruf.

Sie fragte Ollie englische Vokabeln ab, korrigierte mit ihm zusammen seine Erdkundearbeit und setzte sich dann vor den Fernseher.

Er hat mich angelogen!

Die Erkenntnis traf sie wie ein Schlag.

Er wollte eine kleine Affäre mit der Betriebsratsvorsitzenden – das war alles. Von wegen „große Liebe" – nix da. Ein bisschen Sex, ein bisschen Spaß, ein bisschen die Wohlgefälligkeit der Betriebsratsvorsitzenden einkaufen, wer weiß, wofür das gut ist.

Und ich falle in meinem Alter darauf rein! Der Kerl ist verheiratet ... verheiratet ... man fasst es nicht!
Sie versuchte sich zu beruhigen.

Nun, vielleicht war Ellen die Ex-Frau, besuchte ihn überraschend hier in Hamburg in seinem Büro und dann geht man natürlich zum gemeinsamen Essen. Umso eher, wenn man sich lange nicht mehr gesehen hat.

Aber warum war dann um Robert Mittag plötzlich ein solcher Eisblock? Und dieser Blick, den er ihr zugeworfen hatte? Sie hätte sich schon fast nicht mehr gewundert, wenn er gefragt hätte: „Wer sind Sie denn?"

Natürlich spielten sie ihre Rollen im Betrieb.

Ich kenne Sie nicht näher, Frau Mackenroth, und ich will mit Ihnen auch nichts zu tun haben.

Ich kenne Sie auch nur als Vorstandsvorsitzender, Herr Mittag, und das reicht mir auch völlig, wirklich!

Dennoch war da in den letzten Wochen immer das für andere unsichtbare Band gewesen, ein Augenblinzeln, ein Gedanke an die letzte Nacht, das letzte Telefonat, ein verstecktes Lächeln, Zusammengehörigkeit auf virtueller Ebene: Ich weiß, was du denkst. – Ich auch.

Hatten wir einen Termin?

Sie fröstelte bei dem Gedanken an diese eine Frage, mit deren Inhalt und Tonlage alles zwischen ihnen auf einmal zerschnitten schien. Wegen seiner Frau! Von der sie noch nicht einmal etwas geahnt hatte!

Wenn ich gewusst hätte, dass er noch immer verheiratet ist, hätte ich die Notbremse gezogen. Ich bin doch keine Ehezerstörerin, verdammt!

Na ja, vielleicht doch? Was hätte ich wirklich gemacht, wenn ich es gewusst hätte?

Sie wollte das lieber nicht näher hinterfragen. Manche Tatsachen des eigenen Charakters sollte man besser in unsichtbaren Tiefen ruhen lassen, um sich das Leben nicht noch mehr zu erschweren.

Das Telefon klingelte. Das konnte nicht Robert sein, weil er nur auf ihrem privaten Handy anrief.

Es war Lukas, Ollies Freund, und Inga hatte nicht mehr zu tun, als das Telefon weiterzureichen.

Finde dich damit ab, dass es zu Ende ist, Mackenroth. War nett, aber nun ist es vorbei.
Blödsinn, traue ich ihm gar nicht? Was, wenn er gleich vor der Tür steht und erklärt, dass Ellen seine Ex ist und er kurz mit ihr essen war?
Robert stand aber nicht vor ihrer Tür.
Und sie traute ihm nicht mehr.
Nach der Buschtrommel im Verlag zu urteilen, war er auf Geschäftsreise in Deutschland unterwegs und würde erst in einer Woche wieder nach Hamburg zurückkommen.
Und sein Handy funktionierte anscheinend nicht – jedenfalls rief er sie nicht an.
Inga besprach ihre vorbereitenden Arbeiten für ihren nächsten New-York-Aufenthalt mit dem Leiter der Marketing-Abteilung, Rainer Schöer. Sie war zwar noch Betriebsratsvorsitzende, aber auch gleichzeitig bereits in ihrem neuen Job tätig. Schöer fand ihre Vorschläge gut, meinte aber, dass man auf Herrn Mittag warten sollte, um abschließend Unterlagen nach Amerika zu schicken.
Der Vertriebschef, dem sie ebenfalls für das Amerika-Projekt zugeteilt worden war, gab ihr neue Aufgaben zur Markt-Analyse. Sie war froh, dass sie so viel zu tun hatte, so konnte sie wenigstens ab und zu ihre verzweifelten Gedanken über Robert abschalten.
Mittlerweile war sie nicht nur verletzt, sondern auch wütend. Wütend auf ihn, weil er sie offensichtlich belogen hatte und jetzt einfach ohne ein Wort fallen ließ.
Und wütend auf sich, weil sie so naiv und dumm gewesen war, dass sie auf einen verheirateten Mann hereingefallen war. Und dann noch auf ihren Chef! Und peinlich war ihr das auch.

Das Meeting der Amerika-Projekt-Gruppe war zu Ende. Die anderen Kollegen waren schon in der Tür und Inga ärgerte sich, dass sie ihre Unterlagen und ihren Laptop nicht schnell genug zusammengepackt hatte.
Das sieht ja so aus, als wollte ich unbedingt mit ihm reden, Mist.
Robert sah müde und abgespannt aus, stellte sie fest. Er blieb in seinem Stuhl sitzen, trommelte mit den Fingern nervös auf der Tisch-

platte und sah ihr wortlos zu, wie sie den Laptop ausschaltete und die Vernetzung löste.

„Würden Sie die Tür schließen? Ich habe noch was mit Ihnen zu besprechen." Seine Stimme klang matt.

Sich dem zu widersetzen, ging wohl nicht.

Zu ihrem Entsetzen konnte sie in seinem Gesicht nichts mehr lesen, nicht mal eine Andeutung. Kein Zwinkern sagte ihr, auf was er hinauswollte.

Es konnte ja sein, dass er ihr noch eine Arbeitsanweisung geben würde. Sie musste also trotz aller körperlichen und seelischen Schmerzen profimäßig ihren Job machen, fertig.

Also tat sie, was er sagte. Allerdings mit zitternden Knien.

„Setzen Sie sich." Robert räusperte sich und fuhr sich mit der Hand über das angespannte Gesicht.

Auch das tat sie. Sie legte ihre Hände flach auf den Tisch und sah ihn abwartend an. Sie hoffte, dass sie cool und ruhig wirkte, fürchtete aber, dass das Gegenteil der Fall war.

Was kommt jetzt?

„Ich muss dir etwas sagen", fing Robert an und sah dabei aus dem Fenster.

„Das glaube ich auch." Das sollte zynisch klingen, war aber eher kleinlaut und unsicher.

„Ich bin nicht mit Ellen verheiratet. Sie ist meine Ex-Frau, ich habe dir doch erzählt, dass ich zehn Jahre verheiratet war, oder?"

Sie nickte wortlos. Natürlich hatte er das und er wusste es genauso gut wie sie.

„Wir haben allerdings immer Kontakt gehabt in den letzten Jahren und sind wirkliche Freunde."

Wie schön.

Das hatte er nicht gesagt, im Auto, auf der Fahrt von Berlin nach Hamburg.

„Sie war hier in Hamburg, weil sie bei einem Spezial-Arzt war. Sie hat einen Gehirntumor."

Aha ...?

„Die Ärzte sagen, der Tumor ist unheilbar. Sie hat nicht länger als sechs Monate zu leben."

O Scheiße. Was???

„Das ... das tut mir leid." Keine sehr fantasievolle Antwort, aber Inga war froh, dass sie überhaupt einen ganzen Satz herausbekam.

Robert drehte sich jetzt zu ihr um, verschränkte die Arme vor der Brust und sah sie starr an.

„Ich werde bei ihr bleiben."

Wie bitte?

„Wir kennen uns seit der Kindheit. Ellen hat niemand anders."

Ach so. Das erklärt natürlich alles!?

„Ich verstehe", murmelte Inga und wich seinem Blick aus.

Tatsächlich verstand sie gar nichts.

„Du musst das verstehen, Inga", setzte Robert lahm an und beugte sich jetzt zu ihr vor. „Ich fühle mich ihr verpflichtet. Also nicht nur, natürlich. Da ist schon mehr. Ich ... wir ... Unsere Familien waren befreundet ... Wir sind ... fast ... sozusagen ... äh, na ja ... zusammen aufgewachsen."

Und sie hat dich verlassen, als ihr keine Kinder bekommen konntet. Tolle Frau! Scheint sehr uneigennützig zu sein und nie an sich zu denken. Wie hat sie dich jetzt rumgekriegt, dein Leben zu verändern und mich zu verlassen?

„Wenn ich gewusst hätte, dass sie dir noch so viel bedeutet, hätte ich nicht ... hm ... ich hätte ..." Sie ärgerte sich, dass sie stotterte.

„Du hättest mich nicht so geliebt?", fragte er im provozierenden Ton und lächelte dabei.

„Ich weiß nicht." Sie holte Luft. „Vielleicht ... ich weiß nicht, ob das gegangen wäre." Natürlich wäre das gegangen, das war ihr klar. Und an seinem Blick sah sie, dass es ihm auch klar war.

„Es tut mir leid, Inga", sagte Robert leise. „Ich wollte ... ich will dir nicht wehtun. Aber ich kann nicht anders." Und nach einer Pause: „Verzeih mir. Bitte."

Ruhig, ganz ruhig. Das ist ein Film, gleich wache ich auf und er nimmt mich in die Arme, liebt mich hier auf dem Teppich im Büro ...

„Es ist sowieso besser so", setzte Robert erneut an. „Denk an die E-Mail. Das geht nicht mehr lange gut, dann werden sie rausfinden, dass wir was ... äh ... zusammen haben ... Und ich kann es mir nicht leisten, den Job zu verlieren. Du wahrscheinlich auch nicht."

„Ich wohl erst recht nicht", sagte sie bitter und musste einen wütenden Unterton unterdrücken.
Ich zeige dir nicht, wie sehr du mich verletzt, du Mistkerl!
„Also ist es vorbei", sagte sie so kühl wie möglich und stand auf.
„Es tut mir sehr leid, was mit Ellen ist", sagte sie, als er nichts erwiderte. „Sehr leid. So etwas muss das Schlimmste sein, was einem passieren kann im Leben."
Robert starrte auf die Tischplatte und sagte leise nach einigem Zögern: „Das kann man wohl sagen."
„Ich finde es bewundernswert von dir, was du für sie tun willst. Und das bedeutet für uns, dass es zu Ende ist, oder? Das willst du mir doch die ganze Zeit sagen, nicht?"
Robert starrte an die gegenüberliegende Wand. Er schien gar nicht mehr wahrzunehmen, dass sie im Raum war oder mit wem er sprach. Aber dann drehte er sich zu ihr um.
„Ja. Ich ... ich glaube nicht, dass ich beides, also ich meine, für sie da sein kann und gleichzeitig mit dir ... also mit dir ein ... ein Verhältnis haben kann."
Ein Verhältnis? Vor drei Wochen war es noch mehr – viel mehr – gewesen!
Ach Robert!
Sie wollte nicht weiterreden. Was nützte es auch? Sollte sie ihn etwa davon abbringen, seine Ex-Frau auf ihrem letzten Weg zu begleiten?
„Du hängst die moralische Latte mit deiner Selbstlosigkeit sehr hoch", sagte sie leise. „Was soll ich dazu noch sagen?"
Sie wollte weg, weg aus dem Raum, aus seiner Nähe – am besten für immer.
Er verließ sie und schaffte es auch noch, ihr ein schlechtes Gewissen einzureden.
Das wurde ja immer schöner! Was kann ich schließlich dafür? Ich habe ja noch nicht mal gewusst, dass es überhaupt so eine enge Beziehung zu deiner Ex-Frau gibt, weil du gar nicht über sie geredet hast.
Die Kälte zwischen ihnen spürte anscheinend nicht nur sie. Robert stand auf, zog sich seine Jacke an und packte seine Akten zusammen.

Sie tat dasselbe und als er auf sie zukam, wich sie einen Schritt zurück.

Er blieb dicht vor ihr stehen und lächelte jetzt, sehr zärtlich und dafür hätte sie ihn am liebsten geohrfeigt.

„Ich danke dir für die schöne Zeit."

„Bitte." *Na so was Blödes!*

„Glaubst du, wir kriegen das hin, dass das Ganze nicht auf unsere Jobs abfärbt?", fragte er jetzt vorsichtig, aber doch geschäftsmäßig.

„Was denkst du denn?", fauchte sie ihn an. „Ich bin Profi, ich weiß nicht, was du bist." Die Worte taten ihr sofort leid. Sie senkte den Kopf und flüsterte: „Entschuldige. Ich weiß überhaupt nichts mehr. Das meinte ich."

„Schon okay", antwortete er leichthin und berührte mit seiner Hand ihren Arm. „Beim Amerika-Projekt bleibst du dabei, wenn es nach mir geht. Es ist allein deine Entscheidung."

„Danke."

Sie gingen nebeneinander zur Tür. Robert ließ ihr den Vortritt und sagte beim Rausgehen laut: „Gut, dann ist ja so weit alles klar. Vielen Dank für alles, Frau Mackenroth."

Und das klang so endgültig nach Ende, Aus, Abschied, Wiedersehen und Tschüss, dass sie die Tränen nicht mehr unterdrücken konnte.

Inga hatte ein ungutes Gefühl, als sie am Morgen aufwachte. Der Tag würde nichts werden. Und heute war die Betriebsversammlung, in der den Leuten offiziell mitgeteilt werden sollte, dass 50 betriebsbedingte Kündigungen in den nächsten vier Wochen zu erwarten waren, weil Johnson's Edition den Hamburger Verlag umstrukturierte – was die Gerüchteküche schon seit zehn Tagen verbreitete. Sie frühstückte mit Ollie, obwohl ihr eigentlich schon der Bissen im Hals stecken blieb. „Hast du deine Rede noch mal umgeschrieben?", fragte er und schob sich sein Müsli in den Mund. „Nein, ich habe alles so gelassen. Die Leute werden sowieso sauer sein."

„Du machst das schon", sagte Ollie beruhigend und sie fragte sich, wann sie den Zeitpunkt verpasst hatte, an dem ihr Sohn anscheinend erwachsen geworden war oder jedenfalls angefangen hatte zu reden wie ein Erwachsener.

Im Verlag kam ihr als Erstes Scheithauer in der Parkgarage entgegen, was sie in der Annahme bestätigte, dass es ein unguter Tag werden würde. Und als sie zusammen auf Robert und Mayer trafen, schlug ihr Herz bis zum Hals. „Guten Morgen", murmelte sie, weil es der Anstand gebot, und konnte Robert nicht ansehen. Er guckte durch sie durch und sagte gar nichts. In dem offenen Treppenhaus über vier Stockwerke mit Galerie, in der üblicherweise die Betriebsversammlungen stattfanden, war es voller als sonst. Inga schätzte, dass mindestens 400 Leute da waren.

Na gut, dieses Publikum habe ich nicht jeden Tag, aber was soll's.

Sie sah sich nach Robert um, als sie ihn mit dem gesamten Vorstand und zwei Männern, die sie nicht kannte, in die Vorhalle kommen sah. Er sah sehr angespannt aus und kam auf sie zu.

„Frau Mackenroth, die beiden Herren sind von Johnson's Edition, Dennis Keep und Howard Miles, beides Vorstandsmitglieder. Mr. Keep würde gern ein paar Worte auf der Betriebsversammlung sagen. Ist das möglich?"

„Ganz sicher, ihnen gehört der Laden doch", sagte sie, als sie den Herren die Hand geschüttelt hatte und auf Englisch Konversation gemacht hatte, was die beiden Herren offenbar überraschte. „Gleich am Anfang?"

„Nein, nein, erst wenn Sie geredet haben und nach Herrn Mittag. Dann können wir vielleicht einiges aufklären. Herr Mittag hat uns schon erklärt, dass Sie auf einer Betriebsversammlung die Hausherrin sind", sagte Mr. Keep jovial. „Wir werden uns auch anständig benehmen."

Sitzplätze gab es nicht, alle standen irgendwo herum, also auch der Vorstand.

Sie begrüßte kurz den Gewerkschaftssekretär Böhnisch, der erklärte, er werde länger als zehn Minuten reden müssen, weil dies doch die prekäre Situation erfordere. Inga lehnte das freundlich, aber bestimmt ab. Zurzeit sähe sie nicht, dass man so viel zu sagen habe, man werde abwarten müssen und er solle sich gefälligst an den Betriebsratsbeschluss halten, den sie ihm gestern mitgeteilt hatte, dass er nämlich zehn Minuten Redezeit habe und nicht mehr.

Sie ging ans Mikrofon und sah aus den Augenwinkeln, dass Robert ihr den Rücken zudrehte. Gott sei Dank musste sie ihm nicht auch noch in die Augen sehen.

„Ein bisschen mehr Wahrheit, Herr Mittag, ein bisschen mehr vertrauensvolle Zusammenarbeit, ein bisschen mehr Information und vielleicht sogar ein bisschen mehr Misstrauen Ihrerseits gegenüber Johnson's Edition hätten uns vielleicht vor der Situation bewahrt, in der wir jetzt sind. Wir sind gespannt, was Sie uns zu erzählen haben, wie viele Kündigungen es denn nun tatsächlich sind, nachdem erst die Rede von der Übernahme aller Mitarbeiter durch Johnson's Edition war. Die Frage ist doch: Wer hat hier eigentlich wen verschaukelt?"

Beifall. Ziemlich langer Beifall nach ihrer Rede, die sie ohne zu stottern und rhetorisch gut vorgetragen hatte, wie sie selber fand. Selbst Scheithauer klatschte. Sie sammelte ihre Unterlagen zusammen und nickte Robert kühl zu, dass er jetzt das Wort hätte.

Mit mahlendem Unterkiefer und wütendem Blick trat er ans Mikrofon. Ohne Zettel. Und legte los.

Mit harten Worten griff er den Vorstand von Johnson's Edition an, man habe andere Verträge, anderes besprochen. Er bedaure die Entwicklung, mit der man nun leben müsse, immerhin sei das Überleben für mehr als 400 Arbeitsplätze in Hamburg gesichert, was andernfalls wohl schwierig gewesen wäre.

Buh-Rufe, Erpresser-Rufe. Robert redete einfach weiter und versuchte den Leuten zu erklären, dass die Wahl zwischen Cholera und Pest bestanden habe und man nun in die Zukunft blicken müsse.

Kein Applaus, als er fertig war.

Leichtes Entsetzen in den Gesichtern der Vorstandsmitglieder. Dieser Ton war üblicherweise gegenüber einem neuen Eigentümer eher nicht angemessen, schon gar nicht als Vorstandsvorsitzender. Und schon gar nicht vor allen Mitarbeitern in einer Betriebsversammlung.

Mr. Keep ging mit großen Schritten zum Rednerpult und erklärte auf Englisch, was Inga kurzerhand übersetzte, dass sie keine Angst vor den Amerikaner haben sollten. Die seien alle gar nicht so schlimm, es gebe in seinem Unternehmen keine Hire-and-Fire-Strategie. Er habe schon begriffen, dass es hier in Deutschland Betriebsräte gebe, mit denen er sich unterhalten müsse. Mrs. Mackenroth sei ihm als hochprofessionelle, sachliche und kompetente Betriebsrätin geschildert worden. Inga übersetzte das nicht. Einige lachten. Dann erklärte er, dass sie mit supermoderner Technik aus den USA den deutschen und europäischen Markt erobern wollten, und wie ja jeder wisse, blieben dabei natürlich „humane Arbeitsplätze" auf der Strecke. Man werde das aber sozialverträglich machen und er wünsche sich eine gute Zusammenarbeit mit allen.

Betretenes Schweigen bei den meisten, einige klatschten.

Inga sah aus den Augenwinkeln, dass der gesamte Vorstand mit versteinerten Mienen zwar die Hände bewegte, klatschen konnte man das aber nicht nennen.

Sie eröffnete die Diskussionsrunde und stellte fest, dass niemand der Mitarbeiter Fragen hatte. Natürlich nicht, das Übliche. Sie erteilte Böhnisch das Wort und stellte sich neben ihre Kollegen aus dem Betriebsrat. Sie hatte Robert genau im Blick, der zwar zu ihr hinübersah aber so in Gedanken schien, dass sie nicht glaubte, dass er sie wirklich registrierte.

Böhnisch hielt sich tatsächlich an seine Redezeit, erklärte, dass man als Gewerkschaft nunmehr die Unterstützung der Arbeitnehmer brauche, man solle also Mitglied werden, damit man mit vereinten Kräften gegen diese fiesen Arbeitgeber vorgehen könne, die ihre Arbeitnehmer nach wie vor unanständig behandelten und sie einfach verkauften.

Während des müden Beifalls für Böhnisch – es gab nur wenige Gewerkschaftsmitglieder im Verlag, wie Inga wusste – ging sie noch einmal ans Mikrofon.

„Darf ich davon ausgehen, dass Sie mit uns, also dem Betriebsrat, in Sozialplanverhandlungen treten werden?", fragte sie in Richtung der beiden Amerikaner.

„Wenn's sein muss, natürlich", antwortete Mr. Keep süffisant.

„Nach deutschem Arbeitsrecht muss das sein. Gibt es einen Zeitplan?"

„Ja. Morgen." Das sollte wohl ein Witz sein, jedenfalls lachte er herzhaft dabei. Unruhe bei den Mitarbeitern.

Inga hatte ihren Terminkalender in der Hand, weil sie dort die Zettel ihrer Rede hineingelegt hatte. Sie klappte ihn jetzt auf, schaute hinein und sagte dann zu Mr. Keep: „Morgen, zehn Uhr im Sitzungsraum des Betriebsrates. Ihren Flieger zurück nach Amerika sollten Sie für diese Woche stornieren."

Sie klappte ihren Kalender zu und sagte ins Mikrofon: „Die Betriebsversammlung ist beendet. Wir halten euch auf dem Laufenden." Gejohle und Pfiffe, einerseits wohl als Missfallen und andrerseits als Begeisterung für ihre Vorführung von Mr. Keep zu bewerten.

Sie sah aus den Augenwinkeln, dass Robert ein Schmunzeln unterdrückte.

Ihre Hand zitterte, als Meike ihr ein Glas Wasser in die Hand drückte.

„Hier, das war ja super. Der Keep hat vielleicht blöd aus der Wäsche geguckt", sagte sie begeistert.

„Bin gespannt, ob der den Termin einhält", grummelte Scheithauer.

Inga war total aufgedreht wie immer nach solchen Veranstaltungen. Leute klopften ihr auf die Schulter, andere hatten jetzt natürlich doch noch Fragen, die sie nicht beantworten konnte.

Sie ging erst mal in die Kantine, um Kaffee zu trinken und ihren Adrenalinspiegel wieder runterzukriegen.

Ihr Handy klingelte und Margrit teilte ihr mit, dass sie für zwei Tage mit ihrer Freundin nach Helgoland fahren wollte, ob das in ihren Organisationsplan passen würde. Sie war völlig verwirrt und sagte nur, „Jaja", was Margrit zu der Bemerkung veranlasste, dass sie sich auch ein bisschen freuen könne, wenn sie in ihrem Alter noch was um die Ohren hätte.

Sie berief kurzfristig eine Sitzung des Betriebsausschusses ein, weil sie sich auf den morgigen Tag vorbereiten wollte, wenn Mr. Keep den Termin einhalten würde. Sie besprachen die Strategie und gegen 17 Uhr dachte sie, dass sie eigentlich auch nach Hause gehen könnte.

Dann klingelte ihr Büro-Telefon und Mr. Keep sagte auf Englisch: „Sie haben mich zwar ziemlich überrumpelt mir Ihrem Termin morgen um zehn Uhr. Aber ich komme. Bis dann."

Das war schon mal was. Sie hatte ihn gezwungen zu erscheinen.

Ha, Mackenroth, nicht schlecht. Was ist mit dem deutschen Vorstand?

Kein Wort, kein Signal, dass von denen auch jemand kommen würde. Mindestens Dr. Schriefer müsste doch daran teilnehmen. Sie wählte seine Nummer, besetzt.

Seine Sekretärin winkte ab, als Inga in ihrem Zimmer stand.

„Der hat keine Zeit, Frau Mackenroth. Totale Hektik hier."

„Das sehe ich schon. Sagen Sie ihm, dass ich es bin, und ich brauche nur eine Minute."

Dr. Schriefer riss die Tür auf, schob sie wortlos in sein Büro und ballerte die Tür hinter sich zu. Er raufte sich die Haare und sagte: „So eine verdammte Scheiße, Inga. Sie machen Tabula rasa. Die Einzige, die sie geschockt hat, warst du. Der Keep will morgen einen kompletten Sozialplan ausgearbeitet haben. Volumen nicht über 500.000 Euro." Er lachte bitter. „Ha, die wissen gar nicht, was hier abgeht."

„Ich will nur wissen, ob du oder jemand vom Vorstand morgen dabei ist."

„Ich. Und Mittag, weiß ich nicht. Der ist schon nach Hause."

„Was? Wieso das denn?"

Die Frage war Dr. Schriefer gegenüber völlig idiotisch, das fiel ihr aber erst ein, als sie sie schon ausgesprochen hatte.

Wieso ist der Vorstandsvorsitzende um diese Zeit schon zu Hause? Und das an einem solchen Tag?

Den Abend verbrachte sie nach langer Zeit zusammen mit Ollie vorm Fernseher, bekam aber vom wunderbaren Programm der deutschen Rundfunkveranstalter nichts mit. Gegen 23 Uhr ging sie ins Bett und fiel gegen ein Uhr in einen unruhigen Schlaf. Als mitten in der Nacht ihr Handy klingelte, war sie so schnell wach wie noch nie in ihrem Leben, aber es war niemand dran. Und der Anrufer war anonym. Sie wurde von einem merkwürdigen Gefühl beschlichen, stand auf und holte sich ein Glas Wasser.

Ihr wurde kalt, obwohl es draußen über 20 Grad warm war.

Erst gegen vier Uhr, als das Telefon kurz vorher noch einmal geklingelt hatte und wieder niemand dran war, schlief sie ein.

Als sie am nächsten Morgen gegen sieben Uhr ins Büro kam, klingelte das Telefon auf ihrem Schreibtisch schon, als sie ihre Jacke noch gar nicht ausgezogen hatte.

Dr. Schriefer sagte: „Guck die Mails an und dann komm mal bitte rauf."

„Sehr geehrte Damen und Herren, liebe Kollegen,

hiermit teilen wir mit, dass der Vorstand von Johnson's Edition folgende Personal-Entscheidungen getroffen hat:

Mit sofortiger Wirkung hat der bisherige Vorstands-Vorsitzende, Herr Robert Mittag, das Unternehmen im gegenseitigen Einvernehmen verlassen. Herr Mittag hat dem Hamburger Verlag große Dienste erwiesen, hat den Verlag in schwierigen Zeiten so gesteuert, dass er am deutschen Verlags-Markt ein wesentlicher Faktor war und ist und deshalb auch bereit für den amerikanischen Markt.

Wir bedanken uns ausdrücklich bei Herrn Mittag für die faire Verhandlungsführung beim Kauf des Unternehmens und die Unterstützung.

Gleichzeitig hat der Vorstand beschlossen, dass Herr Uwe Mayer und Herr Gernot Klein im Vorstand verbleiben. In den Vorstand berufen wurde ebenfalls Herr Dennis Keep. Vorstandvorsitzender ist mit sofortiger Wirkung Herr Mayer.

Mit freundlichen Grüßen".

Ingas Herzschlag setzte aus. Sie konnte überhaupt nicht denken, sie begriff nichts und las die Mail noch einmal.

Die nächste Mail war nur an den Betriebsrat und war von Robert.
„Sehr geehrte Damen und Herren,
auf diesem Wege möchte ich mich von Ihnen verabschieden. Leider ist es mir nicht mehr möglich, dies persönlich zu tun. Ich bedanke mich für die vertrauensvolle Zusammenarbeit, die mich in den vergangenen Jahren darin bestärkt hat, den Betriebsrat als einen unternehmerischen Faktor zu sehen, dessen Hilfe und Unterstützung ich gern angenommen habe.

Ich wünsche Ihnen bei Ihrer weiteren Arbeit und für die Zukunft – auch für Sie persönlich – alles Gute.

Mit freundlichen Grüßen".

Das kann ja wohl nicht wahr sein!

Robert war weg, rausgeschmissen, selbst gegangen, im gegenseitigen Einvernehmen, was auch immer das bedeuten soll, diese Formulierung kennt man ja.

Seine Angriffe gegen Johnson's Edition gestern auf der Betriebsversammlung fielen ihr ein. Natürlich war er zu weit gegangen, dem neuen Eigentümer die Nicht-Einhaltung von Verträgen öffentlich vorzuwerfen. Er, der lange Jahre in Amerika gearbeitet hatte, hätte doch wissen müssen, dass die so was nicht lustig finden würden.

Sie brauchte fast zehn Minuten bis sie sich beruhigt hatte und ihr Herzrasen aufgehört hatte.

„Aha, du hast die Mails also gelesen", sagte Dr. Schriefer trocken, als sie in sein Büro kam. „Man sieht es dir an. Kaffee?"

„Ja, ganz viel."

Sie ließ sich in einen Sessel sinken, trank den Kaffee und hing ihren Gedanken nach. Erst nach einigen Minuten fiel ihr auf, dass auch Rolf Schriefer nur schweigend aus dem Fenster starrte.

„Er ist zu weit gegangen gestern, oder?", fragte er schließlich leise. „Das konnten die sich gar nicht gefallen lassen. Ich weiß gar nicht, was in ihn gefahren ist."

Inga riss sich zusammen. Sie ahnte, was in ihn gefahren war. Ein bisschen viel Arbeitnehmer- und Betriebsrats-Denke.

Und ich bin wohl ein bisschen schuldig daran. Vielleicht, hoffentlich.

„Wie lange, glaubst du, werden sie die anderen beiden halten?"

„Keine Ahnung. Dieser Mr. Keep scheint wirklich einer zu sein, auf den diese ganzen Vorurteile zutreffen. Knallhart, völlig humorlos, Rendite, Rendite. Wir werden in einer Stunde zusammensitzen und über einen Sozialplan verhandeln. Hier ist der Vorschlag, den ich heute Nacht ausgearbeitet habe. Ich habe ihn dir nie gegeben. Er will, dass wir erst mal frei verhandeln über gar nichts, sozusagen."

„Danke."

Inga stand auf, nahm die Blätter, die Dr. Schriefer ihr reichte, und fragte beim Hinausgehen wie nebenbei: „Hat irgendjemand eine Ahnung, wo der Mittag abgeblieben ist?"

„Er hat sich bei mir verabschiedet und bedankt und gesagt, er würde jetzt nach Hause fahren und seine Freizeit genießen. Er war eigentlich ganz gut drauf. Soweit ich weiß, kassiert er auch noch eine schöne Abfindung."

Na wenigstens das, Herr Mittag.

Bei „Zuhause" gab es ja zwei Möglichkeiten, dachte Inga, als sie wieder in ihr Büro ging. Blankenese oder Kanada.

In die Sitzung mit Keep und Dr. Schriefer ging sie mit Scheithauer und Meike. Drei Leute sollten genügen, hatten sie gestern im Betriebsrat beschlossen.

Sie saßen nur eine Stunde zusammen, machten in kühler und unfreundlicher Atmosphäre einen Zeitplan für die weiteren Verhandlungen, wobei Keep sich bemühte, freundlich zu sein und sogar Deutsch zu reden. Er wolle das Ganze am liebsten tatsächlich diese Woche beendet haben, je eher, desto besser, und bedanke sich ausdrücklich bei Inga, wie die gestern reagiert habe.

Gegen 12 Uhr rief ein Journalist des „Hamburger Abendblattes" an und fragte, was an dem Gerücht dran sei, dass der Vorstandsvorsitzende gefeuert sei. Sie verwies ihn an den Vorstand und sagte, sie wisse nichts Genaues.

Wieder saß sie mit Ollie vorm Fernseher, schlief diese Nacht gar nicht, heulte vor sich hin, wanderte durch die Wohnung, trank Wein und dachte nach.

„Wusstest du, dass der Mittag ein Haus in Kanada hat?", fragte Scheithauer sie morgens im Büro wie nebenbei und sie fiel vor Schreck fast vom Stuhl.

„Nnnnein. Aber wäre kein Wunder. Er ist ja Kanadier", brachte sie mühsam hervor und sah das Haus in den Dünen vor sich.

„Mmm, war irgendwie ein undurchsichtiger Typ. So im Nachhinein."

„Findest du?"

„Ja, irgendwie schon. Man wusste doch nie so genau, woran man bei ihm war", sagte Scheithauer, ohne von seinem Computerbildschirm aufzusehen.

Ich schon ... na ja, bis auf den letzten Moment.

Eigentlich hatte Scheithauer recht.

Man wusste nicht, woran man bei Robert Mittag war. Und wenn doch, hatte man es sich nur eingebildet.

„Wieso steht da, ,Neuwahl eines Betriebsratsvorsitzenden'?", fragte Scheithauer eine Woche später verwundert, als Inga ihm die ausgedruckte Tagesordnung für die morgige Betriebsratssitzung aus dem Drucker reichte. Inga schenkte ihm Kaffee ein und schob ihm über den Tisch den Becher zu.

„Hast du einen Augenblick Zeit? Ich muss mit dir reden." Er sah sie fragend an, als sie ihm ein Blatt Papier reichte.

„Hier ist mein Rücktrittsschreiben. Ich lege mein Betriebsratsmandat nieder und damit den Vorsitz und die Freistellung natürlich auch. Alle Ämter sind neu zu wählen. Der Vorsitz ist aber wohl erst mal das Wichtigste, damit der Laden hier weiterläuft."

„Halt, halt, halt ... nicht so schnell." Wie üblich hatte Scheithauer ein paar Schwierigkeiten, mehrere Dinge gleichzeitig zu erfassen und auch noch Folgerungen daraus zu ziehen. „Wieso machst du das?", fragte er und es klang überrascht und gar nicht gehässig, sondern ehrlich interessiert.

„Ich krieg nicht mehr beides zusammen hin. Ich kann nicht Betriebsratsvorsitzende sein und gleichzeitig in den USA ein neues Standbein aufbauen. Vermutlich gehe ich sogar ganz nach drüben, die Amerikaner haben so was schon angedeutet und dann würde ich das ganz gerne machen." Sie seufzte. „Jetzt reibe ich mich auf, ich gehe auf dem Zahnfleisch, ich vernachlässige meinen Sohn ... Na ja, alles das ..."

Und ich bin am Ende. Mich hat jemand verlassen, von dem ich dachte, dass das nie passieren würde.

„Na ja, irgendwie habe ich das schon kommen sehen", sagte Scheithauer zögernd. „Dann haben sie ja ihr Ziel schließlich erreicht. Du bist weg aus dem Betriebsrat."

„Ich hab's lange genug gemacht. Jetzt sind andere dran."

„Aber dass du es jetzt gerade ... also, wo wir vor Sozialplanverhandlungen und fünfzig Kündigungen stehen. Findest du das fair?"

Diese Frage hatte sie wie nichts anderes befürchtet. Dass sie von Scheithauer kam, irritierte sie etwas.

Nein, sie fand es nicht fair. Aber das musste sie ja niemandem auf die Nase binden.

Sie war hin- und hergerissen gewesen, als ihr bewusst geworden war, was sie den Kollegen da antat, dass sie sie alleinließ in einer solchen schwierigen Situation, wo sie doch dafür von den Leuten gewählt worden war. Und ein bisschen Gedanken machte sie sich auch, wie man über sie reden würde.

Aber jeder ist ersetzbar.

„Ich kann sie doch jetzt nicht sitzen lassen", hatte sie zu Rolf Schriefer gesagt, den sie als Erstes eingeweiht hatte." Ich sollte vielleicht doch die Sozialplanverhandlungen noch mitmachen."

„Hey, hör zu. Ich rede jetzt nicht als Personalchef zu dir, ja? Ich würde schon lieber mit dir verhandeln als mit dem Scheithauer. Aber als Freund sage ich dir was: Du wirst keine der Kündigungen verhindern, Inga. Ob du nun dabei bist oder nicht. Und das Geld aus dem Sozialplan, das jeder Einzelne kriegt, steht bereits jetzt fest. Wir haben es mit Amerikanern zu tun, was meinst du, wie da die sogenannten Sozialplanverhandlungen ablaufen?", hatte der erwidert. „Ja, natürlich werden sie verhandeln. Aber auf ihre Weise. Du hast mir doch erklärt, dass sie die Summe, die sie zur Verfügung stellen, allein, ohne den Betriebsrat, festlegen. Ihr als Betriebsrat seid nur beim Verteilungsschlüssel dabei. Und nehmen wir an, sie geben eine Millionen Euro für fünfzig Leute. Mehr wird es wahrscheinlich nicht sein und weniger auch nicht, weil sich das in der Presse nicht gut macht. Dann ist bei der Sozialauswahl, die sie ja machen müssen nach Alter und Betriebszugehörigkeit und so weiter, damit sie die möglichen Kündigungsschutzklagen nicht verlieren, doch auszurechnen, wer welche Abfindung bekommt. Das kann sogar der Scheithauer."

„So einfach ist es nun auch nicht", widersprach Inga.

„Ach nein? Warum nicht?"

„Weil man dabei noch ganz viele Spielchen spielen kann."

„Ich weiß, ich bin ja nicht blöd. Und im Übrigen der Personalchef. Verzögern, Zeit schinden, überhöhte Forderungen, Einigungsstelle und so weiter."

„Du hast es ja endlich drauf, wie es bei manchen Betriebsräten laufen kann."

„Ich habe eine Menge von dir gelernt."

Sie lächelten sich freundschaftlich an.

„Aber ein paar Tricks habe ich auch mittlerweile drauf."

„Sag bloß. Da wäre ich jetzt gar nicht draufgekommen. Welche denn?"

„So ein schlimmes Szenario auszumalen, dass alle nachher ganz begeistert sind, dass nur die Hälfte von dem Schlimmen passiert. Also z. B. plötzlich von 100 zu kündigenden Arbeitnehmern reden, den Standort in seiner Existenz infrage stellen, Geld ins Ausland abziehen, dass für den Sozialplan nur noch wenig da ist."

„Herr Dr. Schriefer, ich bin entsetzt!"

„Verarsch mich nicht – du weißt das so gut wie ich."

„Eben – deswegen wäre es eigentlich doch gut, wenn ich dabei wäre", seufzte Inga schuldbewusst.

„Hör auf meinen freundschaftlichen Rat: Ich glaube, du solltest es dir nicht antun. Kein Mensch wird es dir danken, dass du dich noch zwei oder drei Wochen aufreibst für den Verlag oder für einzelne Kollegen. Sie werden sich niemals bei dir bedanken, sie werden niemals erwähnen, dass es da eine Betriebsratsvorsitzende gab ..."

Und das hatte für ihre Entscheidung letztlich den Ausschlag gegeben. Sie fühlte sich leer und ausgebrannt, unfähig, sich noch um andere zu kümmern, wo sie doch selbst fast nicht mehr am Leben war. Durch einen Verlust, der ihr unmöglich erschienen war, ebenso wie ihr vor Monaten noch diese Liebe niemals in den Sinn gekommen wäre.

„Hast du dir einen Nachfolger ausgeguckt?", fragte Scheithauer jetzt zu ihrer Überraschung und riss sie aus ihren Gedanken.

„Nein, ich dachte, ich rede erst mal mit dir. Du bist schließlich mein Stellvertreter."

Scheithauer räusperte sich.

„Ich will nicht Vorsitzender werden."

Inga sah ihn verblüfft an.

„Ich bin ein guter zweiter Mann, aber ich eigne mich nicht zum Vorsitzenden."

So viel Selbsterkenntnis war bisher von Scheithauer nicht zu erwarten gewesen.

„Ich neige dazu, etwas zu sehr zu polarisieren, ein Vorsitzender sollte wie du mehr ausgleichen und um pragmatische Lösungen bemüht sein", setzte Scheithauer noch einen drauf und Inga fiel die Kinnlade herunter.

„Guck mich nicht so an", lachte Scheithauer. „Ich bin nicht so blöd, wie ich manchmal den Eindruck mache. Jeder hat eben seine Rolle, ich genauso wie du. Und wir haben doch ganz gut zusammengepasst – du hast es auf die nette und freundliche Tour gemacht und ich auf die quengelige. Zusammen sind wir immer gut ans Ziel gekommen."

Inga war total perplex, weil ihr klar wurde, dass er recht hatte. Sie hatten sich in ihrer unterschiedlichen Art, Dinge und Probleme anzugehen, gar nicht schlecht ergänzt.

Wer nicht mit ihr reden wollte, weil sie zu verständnisvoll für die Arbeitgeberprobleme erschien, ging zu Scheithauer. Wem der zu gewerkschaftsorientiert war, kam zu ihr und bat sie um Hilfe. Der Arbeitgeber selber, Vorstand und Personalabteilung, mussten sich mit beiden arrangieren, um ihre Anliegen im Betriebsrat durchzukriegen, denn sowohl Inga als auch Scheithauer hatten ihre Leute hinter sich und brauchten doch für jede Entscheidung immer die Mehrheit des neunköpfigen Betriebsrates.

„Warum sagst du mir erst jetzt, wo unsere Zusammenarbeit zu Ende geht, dass du eigentlich ein ganz pfiffiges Kerlchen bist?", fragte Inga.

„Weil es manchmal verdammt schwierig mit dir ist, Inga. Und du kannst manchmal ganz schön einen raushängen lassen. Also, du hast mich manchmal ziemlich verunsichert."

„Falls es etwas gibt, für das ich mich entschuldigen muss, dann tue ich das hiermit", sagte Inga, war sich aber eigentlich sicher, dass in dieser Hinsicht nichts gegen sie vorliegen konnte.

Und sie dachte an Robert, der jetzt bestimmt sagen würde: „Wieso meinst du schon wieder, dass du dich für etwas entschuldigen musst? Der Scheithauer hat uns immer Ärger bereitet, nicht du."

„Schon gut – so schlimm war es nun auch wieder nicht", grinste Scheithauer. „Im Gegenteil – ich habe eine Menge von dir gelernt. Aber manchmal hätte ich dir auch gern vors Schienenbein getreten."

„Wenn du nicht Vorsitzender werden willst, was ich gut verstehen kann und natürlich akzeptiere – wen wollen wir dann ausgucken?", fragte Inga und staunte selbst über ihre Formulierung.

„Susi Kleinschmid", sagte Scheithauer, wie aus der Pistole geschossen, und Inga war schon wieder verblüfft. Genau die, an die sie auch gedacht hatte. Schon vor Monaten – mit Robert in ihrer Küche.

Sie sah ihn misstrauisch an. „Du erstaunst mich schon wieder. An die hatte ich auch gedacht."

Scheithauer war anscheinend nicht böse, er lachte.

„Also gut, ich rede mit ihr. Und der Schriefer sollte es auch vorher wissen."

„Nächstes Problem." sagte Inga. „Können wir uns darauf einigen, dass wir uns einen Anwalt als Berater nehmen und nicht Gewerkschaftsfunktionäre bei den Sozialplanverhandlungen dabeihaben? Der Vorstand wird das sicher zahlen."

„Ich denke schon, bei der Gewerkschaft nachfragen können wir ja immer."

„Eben, das Recht nimmt euch ja keiner."

„Hast du Zeit, ein, zwei Punkte des Sozialplans noch zu erarbeiten? Wir könnten uns nachher mal eine Stunde zusammensetzen", schlug Scheithauer vor.

Inga nickte. „Habe ich, ich habe auch schon was aufgeschrieben gestern Abend."

„Wenn sie uns sagen, dass höchstens 500.000 Euro drin sind, werden wir zwei Millionen Euro fordern", sagte Inga. „Runterhandeln werden sie uns sowieso."

„Richtig, und denk dran, dass sie dabei sein könnten, Geld aus dem Verlag nach Amerika in ihren Verlag zu transferieren. Wir müssen uns morgen sofort die Zahlen des letzten Monats zeigen lassen."

„Wir haben da kein Mitbestimmungsrecht, wir sind ein Verlag und haben keinen Wirtschaftsausschuss."

„Na und? Es immer einen Versuch wert, festzustellen, wie blöd der Vorstand ist."

Das Gespräch mit Susi Kleinschmid verlief nicht so, wie Inga es sich erhofft hatte.

„Ich bin doch nicht bescheuert und werde Betriebsratsvorsitzende", hatte Susi gesagt. „Ich bin noch jung, ich will hier Karriere machen und mich nicht um die Knalltüten des Verlages kümmern."

„Plan B", sagte Inga zu Scheithauer, der seufzte und resigniert und wirklich nicht begeistert sagte: „Na schön, ich mache den Vorsitz. Vielleicht kann ich Susi ja überzeugen, dass sie Stellvertreterin wird, und sie langsam mehr für die Betriebsratsarbeit begeistern."

Das schafften sie nur mit vereinten Kräften, der Zusicherung von Dr. Schriefer, dass sich an den Karrierechancen von Susi nichts ändern würde, wenn sie stellvertretende Betriebsratsvorsitzende würde, und dem gemeinsamen Genuss von zwei Flaschen Wein beim Italiener.

Donnerstagabend kam Harry.

„Ich kriege wahrscheinlich für vier Monate einen Job beim ‚FOCUS' für Recherchen in Deutschland. Die wollen das Thema ‚Jugendliche in sozialer Armut' aufziehen. Ich habe mich gemeldet."

Ollie war begeistert. „Dann können wir ja die Wochenenden zusammen verbringen."

„Jawohl, aber versprich dir nicht zu viel. Ich werde die bisherigen Erziehungsregeln deiner Mutter nicht ändern, mein Lieber."

„Aber die von Oma, oder?", fragte Ollie hoffnungsvoll.

„Welche zum Beispiel?"

„Kein Fernsehen beim Abendbrot."

„Darüber lässt sich reden. Aber nur, wenn es was gibt, was mich auch interessiert."

„Die ‚Simpsons'?", schlug Ollie vor und als Harry fragend Inga ansah, sagte sie beruhigend: „Du wirst dich schon an das Jugendprogramm gewöhnen. Ist nicht schlimmer als Kriegsberichterstattung."

„Jetzt lässt man Sie also schon alleine auf mich los", sagte Bancroft lachend, als Inga in sein New Yorker Büro trat. Er stand hinter seinem Schreibtisch auf und begrüßte sie herzlich.

„Das liegt nur daran, dass die Herren Schöer und Lauff keine Zeit hatten", lachte Inga und stellte ihre neue, teuer erworbene Akten-Handtasche auf einen Stuhl. „Da mussten sie mich eben allein losschicken. Schließlich haben Sie um einen Termin gebeten, Mr. Bancroft."

„Nun ja, aber immerhin ist das doch schon ein Vertrauensbeweis, oder finden Sie nicht?"

Bancroft schenkte ihr aus einer großen Thermoskanne Kaffee in einen Becher.

„Ich finde, Sie machen Ihre Sache sehr gut", lobte er sie, als sie sich beide in die Besprechungsecke in seinem Büro gesetzt hatten.

„Das liegt nur an meinen Sprachkenntnissen", wiegelte Inga ab, der das Gespräch etwas unangenehm war. Sie wusste, dass sie ihre Arbeit gut machte, und es mangelte ihr keineswegs an Selbstvertrauen, aber sie war ungern dabei, wenn man über sie redete. Auch die neuen Chefs in Hamburg von Johnson's Edition hatten sie gelobt und aufgefordert, ihren Job im Marketing so weiterzumachen wie vor der Übernahme.

„Nein, nein, ich kenne Herrn Mittag. Der hatte schon immer ein gutes Händchen bei seiner Personalauswahl."

Ingas Blutdruck schoss in die Höhe. Allein die Nennung des Namens Robert Mittag brachte sie auch nach sechs Wochen der abrupten Beendigung ihrer Beziehung durch ihn immer noch aus dem Konzept.

Und als Bancroft auch noch fragte: „Was macht er eigentlich, wissen Sie das zufällig?", schüttelte sie nur den Kopf und sagte: „Ich habe Ihnen ein paar Entwürfe aus unserer Werbeabteilung mitgebracht. Wollen Sie da mal einen Blick draufwerfen?"

Sie holte die Mappen aus ihrer Tasche und bemerkte aus den Augenwinkeln, dass Bancroft sie über den Rand seines Kaffeebechers nachdenklich musterte.

„Ich fand, Sie passten gut zusammen", sagte er dann.

Inga zuckte zusammen und sah ihn an.

„Na ja, wir hatten beim Arbeiten denselben Stil", antwortete sie so ruhig wie möglich und hoffte, dass Bancroft nicht merken würde, dass ihre Hände zitterten, als sie ihren Laptop aus der Tasche nahm und ihn auf den Tisch vor ihnen stellte.

„Tja", machte Bancroft, „ schade, dass er weg ist."

Und Inga dachte schon erleichtert, dass er das Thema Robert Mittag beenden würde, aber er setzte noch mit einem kurzen merkwürdigen Blick auf sie hinzu: „Ich nehme an, Sie bedauern das auch."

Was soll das denn heißen?

Da er sie immer noch ansah, als erwartete er eine Antwort, sagte sie nur: „Ja, er war ein netter Chef."

Das ist ja nicht gelogen.

Bancroft räusperte sich und sah auf den Laptop vor sich. „Anscheinend wollen Sie nicht darüber reden. Na gut, dann lassen Sie uns mal sehen, was Sie da aus dem schönen Hamburg mitgebracht haben."

Es war ein langer anstrengender Tag gewesen und Inga war müde, als sie in ihr Hotel zurückkam. Einen Drink und dann ins Bett, dachte sie. Bummeln und einkaufen konnte sie auch morgen noch. Sie warf vorsichtig einen Blick in die Hotelbar, um festzustellen, ob es zu voll war, aber außer ein paar sich laut unterhaltenden südamerikanischen Touristen war nichts los.

Sie bestellte ein Glas Weißwein, kramte ihre Zeitung aus der Tasche und lehnte sich bequem in ihrem Sessel zurück.

Sie erkannte Sally an der Stimme und am kanadischen Akzent, bevor sie sie sah.

Sie legte die Zeitung zur Seite und wusste nicht, was sie tun sollte. Einerseits freute sie sich riesig, sie nach Wochen wiederzusehen – aber andrerseits würde das Thema Robert nicht zu umgehen sein. Und sie hatte heute schon genug über ihn geredet. Eigentlich hatte er in ihren Gedanken nichts mehr zu suchen. Geschweige denn in irgendwelchen Gesprächen.

Als Sally sich mit einem Glas Wein in der Hand umdrehte und sie entdeckte, stieß sie einen Freudenschrei aus.

„Inga, ich fass es nicht! Da treffe ich dich hier in New York, das ist ja wunderbar! Was machst du hier? Wie geht es dir?"

Alle Fragen auf einmal rufend, umarmte sie Inga herzlich und setzte sich zu ihr an den Tisch.

Und Inga freute sich nun doch, Sally zu sehen.

„Ich bin hier zu einer Messe, ich muss doch in diesem hinterwäldlerischen Lunenburg ein bisschen Große Welt verkaufen", erklärte Sally. „Und ich verbinde das gern mit einem kleinen Urlaub von der Familie, wenn du verstehst, was ich meine", sagte sie und zwinkerte Inga zu.

Inga lachte. „Ich verstehe, was du meinst." Dann beugte sie sich über den Tisch zu Sally und fragte: „Aber ich verstehe das doch hoffentlich richtig, oder?"

„Ob ich hier einen Freund habe, meinst du? Gott bewahre, ich habe mit Walter genug zu tun", grinste Sally. „Aber die Idee ist gar nicht so schlecht ... Aber Blödsinn, wir haben im Moment genug andere Sorgen", seufzte sie dann.

Inga war froh, dass Roberts Name noch nicht gefallen war. Vielleicht war Sally ja auch so taktvoll und würde ihn gar nicht erwähnen.

Aber ihr war durchaus klar, dass sie dann nach ihm fragen würde.

Was will ich eigentlich?

„Weißt du, mit unserer Holzfabrik läuft es im Moment nicht so toll", erzählte Sally, nachdem sie beide beschlossen hatten, im Hotel-Restaurant zu bleiben und eine Kleinigkeit zu essen, damit sie sich in Ruhe unterhalten konnten.

„Walter hat schon vier Leute entlassen müssen und leidet ganz schrecklich darunter. Robert hat uns zwar Geld geliehen, so nach dem Motto, ich brauche es ja sowieso nicht mehr, aber auch das ist Walter ganz schön unangenehm."

Peng. Da war er. Der Name. Robert.

Aus Sallys Mund klang er anders als heute Morgen aus Bancrofts. Da war plötzlich mehr Nähe, viel mehr Nähe zu diesem Namen, zu diesem Mann.

„Das kann ich mir gut vorstellen", sagte Inga und versuchte dennoch, das Thema bei Walter und Sally zu lassen.

„Na ja, das liegt wohl bei uns in der Familie", lachte Sally. „Robert leidet ja auch immer noch unter den Kündigungen im Verlag."

Inga räusperte sich. „Wie geht es denn Susan in ihrer Ehe?"

Sie hatte es geschafft: Sally erzählte herzerweichend von den Erlebnissen ihrer Tochter in den ersten Ehemonaten und sie lachten beide in Erinnerungen an ihre eigene damalige Situation.

Als auch die Ereignisse um Eddy und Ollie ausreichend debattiert worden waren, trat eine Pause ein.

Sally musterte Inga über den Rand ihres Weinglases hinweg und blinzelte.

„Wann fragst du mich endlich?"

„Ich weiß nicht, ob ich es wissen will", antwortete Inga prompt.

„Du willst nicht wissen, was seine Krankheit macht und ob er überhaupt noch lebt?", fragte Sally schockiert zurück.

„Was?"

Inga verstand Sallys Satz nicht. Überhaupt nicht. Erst ganz langsam, wie aus einem dichten Nebel, tauchten Sallys Worte in ihrem Bewusstsein, in dem sie die Schublade „Robert" verriegelt hatte, an der Oberfläche auf.

Sie starrte Sally an. „Was hast du gesagt?"

„Ich frage mich, warum du noch nicht mal daran interessiert bist zu erfahren, dass es Robert trotz seines Gehirntumors einigermaßen gut geht und er in seinem Haus sitzt und ..."

„Warte, warte, warte ...", keuchte Inga und umklammerte mit ihren Fingern Sallys Arm.

„Welche Krankheit?", fragte sie und musste sich zwingen, nicht laut herauszuschreien. „Welche verdammte Krankheit, Sally?"

„Du weißt es nicht? Aber Robert hat doch gesagt, er hätte es dir gesagt und daraufhin hättet ihr dann Schluss gemacht ... ich, wir dachten, du ..."

„Sally, ich weiß von gar nichts. Von gar nichts, hörst du?" Inga fühlte die Tränen aufkommen und konnte nichts dagegen tun. Sie umklammerte immer noch Sallys Arm, die sie erstaunt und völlig fassungslos anstarrte.

„Willst du sagen ...? Was hat er dir denn gesagt?"

„Dass Ellen, seine Ex, einen Gehirntumor hat und er deshalb bei ihr bleiben wird bis ... bis sie gestorben ist ... stirbt. Er hat ... er hat mich deshalb verlassen", stammelte Inga und suchte nach einem Taschentuch in ihrer großen Tasche.

„Mein Gott! Er hat d i c h verlassen?"

„Sally, bitte, jetzt noch mal von vorn", sagte Inga, die versuchte sich zu fassen und klar zu denken.

„Robert hat einen Gehirntumor", war allerdings das Einzige, was ihr wie ein Maschinengewehrfeuer im Kopf herumschoss, weil das schreckliche Wort als Einziges dort hängen geblieben war.

„Also", setzte Sally an, nachdem sie ihr Weinglas fast in einem Zug ausgetrunken hatte, „Robert hat einen Gehirntumor, ja. Er weiß es seit ca. sechs Monaten oder vielleicht ein bisschen länger. Dieses scheußliche Ding in seinem Kopf ist unheilbar."

Jetzt fing Sally an zu weinen und griff nach Ingas Packung Taschentücher.

„Vor sechs Monaten haben wir uns kennengelernt, also ich meine, näher kennengelernt", murmelte Inga leise in Erinnerung an zwei Autos im Parkhaus und einen unglaublichen Flirt beim Italiener zwischen dem Vorstandsvorsitzenden und der Betriebsratsvorsitzenden. Und den Folgen ...

„Aber ich verstehe das nicht", sagte sie dann laut verzweifelt und fragte gleich darauf: „Hat Ellen denn die gleiche Krankheit? Ich meine, das gibt's doch gar nicht ...?"

Sally schüttelte den Kopf. Sie sahen sich sekundenlang fragend an. Und ebenso, wie es plötzlich Inga wie Schuppen von den Augen fiel, begriff offensichtlich auch Sally.

„Er hat dich angelogen", sagte sie tonlos. „Er hat die Geschichte mit Ellen erfunden. Aber warum? Er hat dich doch geliebt, ich glaube, er liebt dich immer noch ... Was sollte das denn?"

„E r hat die Krankheit und nicht Ellen ..., o Gott, Sally, ich fasse es nicht."

Inga warf sich in dem Sessel zurück und schloss vor Verzweiflung die Augen.

„Wie lange ... ich meine, was sagt der Arzt?", flüsterte sie schließlich leise, als sie wieder einigermaßen klar denken konnte.

„Jack, sein Arzt, meint, es könnten noch sechs Monate sein. Er könnte aber auch jeden Moment tot umkippen", sagte Sally lakonisch. Man merkte ihr jetzt an, dass sie schon oft und lange über die

Krankheit und deren Konsequenzen nachgedacht und gesprochen hatte.

Jack sagt, es kann noch ein paar Monate dauern ...
Das hatte Robert zu Derrick vor Susans Hochzeit gesagt, als sie gemütlich auf der Terrasse gelegen hatten ...

Inga winkte ab, als der Kellner den bestellten Salat vor sie stellen wollte. Sie hatte Angst, sie würde sich gleich übergeben müssen.

„Wie geht es ihm denn?" Sie konnte nur noch flüstern.

„O, wie sagt man so schön? Den Umständen entsprechend ganz gut. Es hat keine wirkliche Verschlechterung in den letzten Wochen, seitdem er in Lunenburg ist, gegeben. Er faulenzt, macht seine Aktiengeschäfte weiter und jeden, der ihn auf die Krankheit ansprechen will oder nur fragt, wie es ihm geht, erdolcht er mit den Augen und fragt ihn nach der Wettervorhersage für morgen. Allerdings weiß es auch nur die Familie. Manchmal sieht er etwas sehr mitgenommen aus und ist ziemlich schlecht gelaunt."

Inga stützte den Kopf in die Hände. Sie war plötzlich müde, fühlte sich krank und völlig hilflos.

Ach, Robert!

„Er hat es getan, damit er seine Ruhe vor mir hat, oder?", fragte sie leise und sah Sally an.

Die zuckte ratlos mit den Schultern.

„Ehrlich gesagt, so eine blöde Geschichte habe ich ja wohl noch nie gehört. Ihr zwei, das war wie ... wie, ach, ich weiß nicht, wie. Ihr gehörtet zusammen, das haben Walter und ich gleich gesagt. Ihr habt euch geliebt. Vielleicht hatte er Angst, dass du mit seiner Krankheit nicht klarkommst?"

„Ja, vielleicht", sagte Inga zögernd. Plötzlich wurde sie von innerer Wut gepackt.

„Er hätte mir doch wenigstens eine Chance geben müssen, verdammt! Oder nicht?"

Sally nickte gedankenverloren.

„Tja, mein Herr Bruder. So war er schon immer. Bloß keine Unbefugten in sein Leben lassen. Und schon gar nicht, wenn's einem dreckig geht. Man müsste sich ja eventuell mal in Gedanken und Seele schauen lassen. O nein, bloß das nicht. Glaub' mir, das habe ich auch schon am eigenen Leib erfahren. Er kann da ziemlich brutal sein."

„Ich dachte eigentlich, ich wäre Teil seines Lebens", murmelte Inga verzweifelt und enttäuscht.

Sally nickte. „O ja, du warst ihm verdammt nah, Inga. Wenn die Krankheit nicht dazwischengekommen wäre – ich bin mir sicher, er hätte dich hineingelassen in sein Leben."

„Das hatte er eigentlich schon. Wir waren in Hamburg ... also, wir waren wirklich zusammen. Na gut", sagte sie und schniefte, „er hat mich manchmal nicht ganz an sich rangelassen."

„Ich kann und will dir nicht alles über mich sagen." Und ich habe nicht weiter nachgefragt. O Himmel, wie blind kann man eigentlich mit fast fünfzig Jahren sein?

Sally sah Inga jetzt nachdenklich an. Dann beugte sie sich über den Tisch dicht zu Inga und ihre Augen blitzten – und erinnerten sie an Robert.

„Weißt du was? Ich schätze, er ist vor dir und eurer Liebe weggelaufen. Und weißt du noch was? Du kannst das ändern."

Inga wusste sofort, worauf sie hinauswollte.

„O nein, nein, das kommt nicht infrage. Ich laufe ihm nicht hinterher. Es ist vorbei. Ich bin gerade drüber weg und ..."

Sally fing laut an zu lachen.

„Du? Du hängst immer noch an dem Tropf, an dem er auch hängt. Jetzt bestellen wir noch ein Glas Wein und ich erzähle dir, dass wir deinen Namen nicht erwähnen dürfen und ich zufällig mitbekommen habe, wie er sich in einem Telefonat mit eurem Vorstandsmenschen letzte Woche – Mayer, oder wie heißt der noch? – nach dir erkundigt hat. Und dann sagst du mir, ob du nicht morgen doch mit mir nach Lunenburg fliegen willst."

„Wenn er dich rausschmeißt, bringe ich ihn um", sagte Sally, grinste Inga auf dem Beifahrersitz ihres Autos an und bog mit Schwung vom Parkplatz des Flughafens in Halifax auf die Schnellstraße. Sie hatte gerade Robert angerufen, um festzustellen, ob er zu Hause war, und hatte ihm mitgeteilt, dass sie aus New York „etwas" für ihn mitbringen würde. Er hatte verblüfft geschwiegen und sie hatte einfach das Gespräch beendet.

Die Fahrt nach Lunenburg weckte Erinnerungen und je näher sie Roberts Haus kamen, desto mehr verkroch sich Inga im Beifahrersitz und fragte sich, ob es richtig war, hierherzukommen.

„Sollte ich nicht besser einfach alles so lassen, wie es ist? Ganz offensichtlich will Robert nichts mehr mit mir zu tun haben. Er wollte seine Ruhe vor mir und jetzt laufe ich ihm hinterher?"

„Er liebt dich, ich weiß es. Und er wird dir dankbar sein, dass du kommst", sagte Sally im Brustton der Überzeugung.

„Na ja ..."

Sally klopfte nur kurz an die Haustür von Roberts Haus, riss sie dann auf und ging hinein. Inga folgte ihr sehr zögernd und fast ängstlich. Sie blieb auf dem Türabsatz stehen und ihr Herz klopfte wie verrückt.

„Hey", hörte sie Roberts Stimme aus dem Raum und er klang erfreut. „Was hast du mir denn nun mitge...?"

Dann sah er Inga. Er blieb mitten auf dem Weg zur Tür stehen und in seinem Gesicht war Überraschung, Verwirrung, dann Ärger, den er zu unterdrücken suchte, und dann ... sie wusste nicht, ob es Zärtlichkeit und Zuneigung war oder ob es ihr nur so vorkam. Dann hörte sie seine Stimme leise tonlos fragen: „Wie kommst du denn hierher?"

„Sie ist mit mir gekommen, du Idiot. Wir haben uns zufällig in New York im Hotel getroffen und haben so über dies und das geredet. Und da dachte ich ...", plapperte Sally fröhlich, ganz offensichtlich, um die Verlegenheit, die im Raum um sich gegriffen hatte, zu überbrücken.

„Verschwinde", zischte Robert zwischen den Zähnen leise und sah Inga in die Augen. Sie zuckte zusammen.

„Nicht du", knurrte er und wandte den Blick nicht von ihr. „Sally."

„Ich gehe ja schon", quietschte die, anscheinend ganz begeistert über ihren Rausschmiss.

„Wenn du Hilfe brauchst, ruf mich an", rief sie Inga zu und knallte die Tür hinter sich zu.

Sie standen sich schweigend gegenüber wie damals auf dem Büroflur. Und wie damals sahen sie sich nur an. Und wie damals hatte Inga das

Gefühl, dass sie sich aufeinander zubewegten, war sich aber sicher, dass sie keinen Schritt machte.

Das alles schien eine Ewigkeit her zu sein.

Robert sah gut aus. Braun gebrannt, lange, an den Schläfen graue Haare – wie das blühende Leben. Und sie freute sich darüber.

Aber seine Augen waren müde. Und doch … da war ein Blitzen, ganz kurz … wie früher, wenn er sie angesehen hatte im Büro und keiner merken durfte, was da zwischen ihnen lief.

„Gut, da bist du also", sagte er leise und die Spur von einem Lächeln glitt über sein Gesicht. „Und nun?"

Er machte es ihr nicht leicht.

Aber das hatte sie auch nicht erwartet.

„Keine Ahnung. Du könntest mir zum Beispiel ein Glas Wein anbieten", sagte sie leichthin.

„Praktisch wie immer", sagte er ironisch, ging zum Kühlschrank in der offenen Küche, holte eine geöffnete Flasche Wein heraus, nahm zwei Gläser aus dem Schrank daneben und kam mit allem im Arm wieder auf sie zu.

Das machte ihr ein bisschen Hoffnung.

Aber sein Blick war jetzt kühl und abschätzend. Er musterte sie von oben bis unten, als sähe er sie zum ersten Mal.

Sie war an derselben Stelle stehen geblieben, wie gelähmt, abwartend.

Himmel, er wird mir den Wein doch hier nicht im Stehen anbieten?

„Möchtest du dich setzen?", fragte er kühl.

„Na ja", sagte sie zögernd und wollte die Verletzung auf keinen Fall zeigen, „vielleicht fünf Minuten?"

„Gut. Draußen?" Seine Stimme hatte keinerlei freundlichen Unterton.

Sie konnte nur nicken.

Scheiße, was tue ich hier eigentlich?

Sie machte eine Bewegung zur Terrasse, hielt dann aber mittendrin inne, weil sie es sich plötzlich anders überlegt hatte.

Ich werde nach Hause fliegen. Ganz einfach. Ich gehöre hier gar nicht hin.

Sie drehte sich um und ging auf die Haustür zu. Erst als sie den rettenden Türknauf erreicht hatte, an dem sie sich festhalten konnte, wandte sie den Kopf und sah Robert an. Sie konnte allerdings nicht verhindern, dass sie Tränen in den Augen hatte.

„Entschuldige, dass ich gekommen bin. Es war ein Fehler. Ich sollte dich in Ruhe lassen", presste sie mühevoll mit zitternden Lippen hervor und öffnete die Tür.

„Mach's gut", wollte sie so locker wie möglich sagen, aber so weit kam sie nicht. Er war mit einem überraschenden Schritt bei ihr, riss sie in seine Arme, drückte sie an sich, fast brutal und suchte mit seinen Lippen ihren Mund. Seine Leidenschaft, sein angstvolles Festhalten an ihren Lippen und sein gequältes Stöhnen, das in leises zärtliches Seufzen überging ... sie klammerte sich an ihn und erwiderte alles, was er ihr gab.

Wie immer, es hatte sich nichts verändert.

Es kam ihr vor wie eine Ewigkeit. Nur zögernd ließ er sie aus seinem Armen, hielt aber nun ihr Handgelenk fest.

„Geh nicht", bat er leise.

„Es hörte sich aber eben nicht so an, als sollte ich bleiben."

„Du musst mir doch wenigstens fünf Minuten geben, mich an die Situation zu gewöhnen. Ich muss meine Überraschung erst mal in den Griff kriegen", sagte er wütend, entschuldigend und sah sie an.

„Nur deine Überraschung?", fragte sie und konnte einen provozierenden Unterton nicht unterdrücken.

Robert seufzte und fuhr sich mit beiden Händen durch die Haare.

„Nein, wohl noch einiges mehr."

Er umklammerte ihr Handgelenk, was in ihr einen wohligen Schauer auslöste, und zog sie ins Wohnzimmer zurück. Sie folgte ihm zögernd und ein bisschen widerstrebend. Sie wusste nicht mehr, was sie eigentlich wollte.

Bleiben oder gehen, das ist hier die Frage, Frau Mackenroth.

„Setz dich", sagte er, zeigte mit der rechten Hand auf das Korbsofa und als sie weiter zögerte, setzte er ungeduldig hinzu: „Nun mach schon, ich fresse dich schon nicht. Und ich schmeiße dich auch nicht raus."

Sie setzte sich gehorsam. Er füllte jetzt die Weingläser und reichte ihr eins. Ihre Hände berührten sich ... wie damals, als wir abends in seinem Büro saßen nach dem Bekanntwerden der Ethik-Richtlinie.

Ich weiß, was du denkst. Oder?

Sie sahen sich an und auf Roberts Gesicht machte sich ein Grinsen breit.

„Ich weiß, was du denkst."

„Da wäre ich mir an deiner Stelle nicht so sicher", sagte sie abweisend.

„Nein? Na gut, dann sag mir endlich, was du hier willst. Bringen wir es hinter uns. Du kriegst dann noch die Abendmaschine nach Hamburg zurück. Oder geht es wieder nach New York? Wie man hört, nimmt deine Karriere ja einen ziemlich rasanten Verlauf." Seine Stimme triefte vor Zynismus.

Und er war immer noch schnell. Seine Hand hielt ihre fest, als sie ihm den Wein ins Gesicht schütten wollte. Seine Augen waren jetzt dicht vor ihren.

„Nanana, du wirst doch einem todkranken alten Mann nicht den Wein ins Gesicht schütten, was?", meinte er süffisant grinsend.

Sie wusste nicht, ob er sie mit Absicht auf die Palme brachte oder ob er sich selbst nicht anders zu helfen wusste, als ihr mit Worten wehzutun. Und sich selbst auch.

Es war auch egal.

Sie wollte nun doch hier weg. Der Kuss, die Zärtlichkeit eben, war ganz offensichtlich ein Versehen gewesen. Sie hatten sich beide von ihren Gefühlen überwältigen lassen. Oder existierten die Gefühle nicht mehr? Sie wusste es nicht, sie wusste überhaupt nichts mehr.

Und ärgerte sich darüber.

„Du solltest dich entscheiden, was du willst", sagte Robert und beobachtete sie mit zusammengekniffenen Augen. Auf ihrem Gesicht spielten sich bestimmt alle Zwiespälte ab, die sie fühlte, das war ihr klar. Und auch das ärgerte sie.

In deinem Gesicht kann man lesen wie in einem Buch. Wenn man dich kennt.

Jajaja, verdammt, ich weiß.

„Du auch", murmelte sie vorwurfsvoll, „ es würde uns einiges erleichtern, wenn wir wüssten, ob du mich weiter küssen oder rausschmeißen willst."

„Das ist wahr", seufzte Robert und fuhr sich mit der Hand durch die Haare.

„Aber, ehrlich gesagt, ich habe keine Ahnung, was ich will." Und nach einer weiteren Pause: „Verdammt noch mal, du überforderst mich mal wieder total!"

„Ich dich überfordern? Dass ich nicht lache! Wer überfordert hier wohl wen?", sagte sie und war überrascht und peinlich berührt über ihre eigene schrille Stimme.

„Wer hat hier lauter Lügengeschichten erzählt, um seine Ruhe zu haben? Wer hat seine Freundin, die angebliche Liebe seines Lebens, nach Strich und Faden belogen? Und verletzt? Ja, todkrank, einsam, allein, sich in den letzten Winkel der Erde zurückziehen zum Sterben, ohne seine Freunde, Geliebte, keine Verantwortung, für nichts und niemanden, keinen belästigen, in Ruhe und allein sterben. Ganz toll, Herr Mittag, dramatische Musik und Sonnenuntergang am Ende des Films. Was hast du dir dabei gedacht, verdammt?"

Ihr Ausbruch kam für sie selbst überraschend. Sie fuhr sich verlegen mit beiden Händen durch die Haare. So hatte sie das Gespräch nicht führen wollen. Sie hatte Tränen in den Augen, weil sie wusste, dass sie ihm mit den harten Worten nicht hatte klarmachen können, wie weh er ihr getan hatte.

Robert stand auf. Seine Augen sprühten vor Zorn.

„Aber du, was? Frau Mackenroth weiß natürlich, wie man in solchen Situationen zu handeln hat! Die allwissende, immer verstehende, tolerante Betriebsrätin, oder soll ich sagen, Ex-Betriebsrätin? Du weißt, was zu tun ist, ja? Meine Liebe, es gibt da Dinge im Leben, von denen du keine Ahnung hast!", brüllte er sie an und sie machte sich automatisch klein auf dem Sofa.

„Ich wünsche niemandem, in solch einer Situation zu sein: zu wissen, dass man in einigen Monaten stirbt, Todesangst zu haben und sich wochenlang zu fragen, wie man es schafft, dass man niemanden, auch nicht seine große Liebe, da mit hineinzieht ... ins Verderben der letzten Monate. In eine Krankheit, die einen auflöst, vielleicht langsam, vielleicht schnell, auf jeden Fall mit Schmerzen. Da ist nichts mehr mit lustig, Wein trinken und Sex, da ist nur noch Angst, Hoffnungslosigkeit, schlaflose Nächte. Und du willst mir erzählen, was richtig und falsch ist? Geh zurück in dein verträumtes Hamburg, verschwinde aus meinem Leben, dem Rest davon, den ich noch habe, und lass dein Kümmersyndrom woanders aus!"

Er drehte sich um und marschierte mit großen Schritten durch die geöffnete Terrassentür nach draußen.

Der Typ ist ja total verrückt!

Ich kann nicht mehr. Das ist mir alles zu viel. Er hat mich belogen und jetzt muss ich mich auch noch beschimpfen lassen.

Ich habe kein Kümmersyndrom – verdammt! Und ich bin auch nicht bekloppt oder psychisch gestört. Wenn hier einer einen Psychiater braucht, dann er!

Er kommt mit seiner Krankheit nicht klar, deshalb stößt er alle und alles von sich, was und wer immer ihm helfen wollen.

Habe ich ein Recht, ihm zu helfen, wenn er es nicht will? Habe ich ein Recht, mich in sein Leben einzumischen, wenn er es nicht will? Hat er nicht das Recht, sich den Rest, ja, überhaupt sein ganzes Leben, so einzurichten, wie und mit wem er es will?

Natürlich hat er das und ich bin eine dumme beleidigte Ziege!

Ich, die eigentlich hätte merken müssen, dass er krank ist, die an allen winkenden Zaunpfählen, die er geschwenkt hat, fröhlich vorbeigegangen ist ... ich spiele mich hier auf als Besserwisserin?

Die Erkenntnis ihrer eigenen Schuld traf sie wie ein Schlag.

Es hatte so viele Hinweise von ihm gegeben und keinen hatte sie erkannt. Zugegeben, sie hatte sich manchmal gewundert über seine plötzlichen Stimmungswandlungen.

„Ich will und kann dir nicht alles über mich sage", und ich habe es einfach dabei bewenden lassen. O Gott, wie dumm und blind ich war!

„Ich mag keine Gespräche über den Tod." Ganz normal, habe ich gedacht und nicht weitergebohrt.

Und ich spiele die beleidigte Leberwurst? Robert hat allen Grund, nicht das Vertrauen in mich zu haben, das man braucht, wenn man sterbenskrank ist und Hilfe braucht.

Warum habe ich es nicht gemerkt?

Warum war ich so blind?

Seine Rede auf Susans Hochzeit: „Man braucht sich, wenn man krank ist ..."
Es ist vorbei, er hat ja recht. Worüber rege ich mich auf?
Ich habe komplett versagt. Der großen Liebe meines Lebens war ich in seiner schwersten Zeit keinerlei Hilfe, ich egozentrische Zicke!

Sie hatte plötzlich das dringende Bedürfnis, „Entschuldigung" zu sagen. Und dann würde sie gehen.

Sie trat auf die Terrasse.

Robert saß im Sand, drehte an einem Grashalm und sah auf den Atlantik hinaus. Er drehte sich nicht um.

„Ich möchte mich bei dir entschuldigen, bevor ich gehe."

Jetzt drehte er sich doch um und sah sie fragend an.

„Mir ist eben klar geworden, dass ich eine ziemliche Idiotin war ... und bin."

„Warum?"

„Weil ich es hätte merken müssen und völlig gedankenlos die ganze Zeit neben dir und deinem Problem hergelaufen bin. Ich war so beschäftigt mit mir und ... und ... meinen ... unseren Gefühlen, dass ich blind war für das, was eigentlich offensichtlich war."

„Blödsinn", schnaubte Robert. „Du spinnst doch! Du konntest es doch gar nicht merken. Und ich wollte doch, dass du es nicht merkst!"

„Und warum wolltest du, dass ich es nicht merke?", fragte sie leise und setzte sich einfach neben ihn.

Langsam kamen sie der Sache näher. Sie musste es wissen, sie musste Klarheit haben, bevor sie ging und ihn sich allein überließ.

Er seufzte tief und sah sie an.

„Ich wollte nicht, dass du aus Mitleid bei mir bleibst."

Die Antwort überraschte sie nicht. Das passte zu ihm: keine Abhängigkeiten, keine Verbindlichkeiten, keine Anforderungen.

„Du hast mir nie richtig vertraut, oder?", fragte sie nach einiger Zeit mit gebrochener Stimme.

„O doch", sagte er sofort. „Ich habe dir immer vertraut. Immer. Und das weißt du."

„Na ja, ein bisschen schwer zu glauben ..." Ihre Stimme brach jetzt total.

Er umklammerte ihr Handgelenk und zog sie zu sich heran. Dann legte er vorsichtig den Arm um ihre Schulter, küsste sie aufs Ohr und fragte leise und sehr zärtlich: „Wie viel Zeit hast du?"

„So lange wie du."

Er sah sie an.

„Also fang ich mal an." Er seufzte und sah aufs Meer. Aber er zog sie noch dichter an sich heran.

Und sie wurde ruhiger. Viel ruhiger.

„Das mit uns in der Parkgarage passierte eine Woche, nachdem sie mir gesagt hatten, auf welchen Zeitraum mein Leben noch begrenzt ist. Du kamst gerade in diese Phase, in der ich überhaupt nicht wusste, wie und ob es überhaupt weitergehen würde. Ich hatte Todesangst, war wütend. Als ich merkte, dass da was läuft zwischen uns, dachte ich, na gut, dann soll es eben so sein. Und es war mir völlig egal, dass du die Betriebsratsvorsitzende bist und was das für Folgen haben könnte. Dann geriet mir das Ganze aber etwas außer Kontrolle. Ich wollte immer auf die Bremse treten, aber es passierte genau das Gegenteil."

Er holte tief Luft und sagte dann leise: „Als ich in Berlin zu dir ins Hotel kam, da war ich vorher in der Charité, im Krankenhaus. Zwei Tage, weil alle sagten, die könnten vielleicht noch etwas machen." Er machte eine Pause. „War aber nicht. Ich war dann fest entschlossen, mit dir Schluss zu machen. Ich wollte dich nicht da mit reinziehen. Ich wollte allein damit klarkommen."

Er sah sie jetzt ernst an. „Na ja, das war ja wohl nichts. Und als ich auf Susans Hochzeit merkte, dass dich hier alle ins Herz geschlossen haben und du hierhin, nach Kanada gehörst, da dachte ich, na super, jetzt kriege ich nie mehr die Kurve."

Aber dann hatte er es doch getan. Mit einer falschen, erlogenen Geschichte. Inga schluckte.

„Du warst sauer darüber, stimmt's?"

„Kann man so sagen."

„Na, dann hätten wir wenigstens schon mal geklärt, warum du ab und zu so unfreundlich mit mir verfahren bist."

„Es tut mir leid." Robert machte eine Pause und sagte dann leise: „Ich wollte wegen dieser Scheißkrankheit auch nie, dass du mit Harry

Schluss machst. Ich konnte doch nicht Verantwortung dafür übernehmen und später bin ich ... bist du allein."

„Hast du nie darüber nachgedacht, es mir zu sagen, anstatt dir diese Geschichte mit Ellen auszudenken?"

„Doch."

„Hattest du Angst, dass ich dich verlasse oder dass ich bleibe?"

„Ich hatte Angst, dass du dich nicht mehr frei entscheiden könntest und mich nur noch bemitleidest."

Sie schwiegen und Inga dachte über seine Worte nach.

„Du musst zugeben, dass dazwischen ein erheblicher Unterschied besteht", sagte Robert vorsichtig und sah sie von der Seite an.

Sie konnte nur nicken.

O Gott, ich werde in meinem ganzen Leben nicht mehr froh.

„Ich hab's gemacht, weil ich dich liebe."

Erst nachdem er das gesagt hatte, wandte er ihr das Gesicht zu und sah sie an. Voller Liebe, Hoffnung und Zärtlichkeit.

Ich liebe dich auch, Robert, ich will dich in den Armen halten, dich vor allem Bösen auf der Welt beschützen, dich nicht allein lassen, dir helfen.

Kann man verloren gegangenes Vertrauen wiederherstellen? Geht das mit Verzeihen? Wie viel Liebe braucht es dafür? Oder nur Zeit?

Zeit haben wir aber nicht.

Sie nahm seine Hand, küsste die Innenfläche und legte sie an ihre Wange.

„Ich weiß nicht, ob du mich verstehst. Und eigentlich kann ich es auch nicht verlangen", sagte er leise, aber offenbar erleichtert über ihre zärtliche Berührung.

„Ich frage mich, was ich dir getan habe, dass du daran zweifelst. Ich fange ja an, zu verstehen."

Wir müssen da wieder einen anderen Ton reinkriegen, sonst ist jetzt alles vorbei.

Und diese Vorstellung schnürte ihr so die Kehle zu, dass sie fast keine Luft mehr bekam.

Er lachte kurz und bitter auf.

„Du brauchst mir nichts vorzumachen. Ich weiß, dass du verletzt bist. Glaub' mir, dass ich diese Geschichte mit Ellen erfunden habe ...

es war auch in bisschen Zufall. Sie rief mich nach Wochen mal wieder an und sagte, sie wäre in Hamburg. Ob wir uns nicht zum Essen treffen wollten. Und da dachte ich: Das ist es! Erst habe ich mir überlegt, ich erzähle dir, dass ich zu ihr zurückgehe."

Er warf ihr einen Blick zu. „Aber dann wurde mir klar, dass ich das nicht hinkriege. Ich war mit meinen schauspielerischen Leistungen sowieso in den letzten Monaten am Rand meiner Leistungsfähigkeit. Na ja, und dann kam mir die Idee, dir zu erzählen, dass Ellen die Krankheit hat, die ich eigentlich habe." Er schwieg einen Augenblick. „Ich weiß auch, dass das gegen alle gesellschaftlichen und ethischen Regeln verstößt, die man so hat. Jemandem eine Krankheit andichten ... na ja, erst hat es mir nichts ausgemacht. Später dann fand ich es selber ... also, ich fand mich zum Kotzen. Tue ich eigentlich immer noch."

Er sagte es wirklich angewidert und sah sie nicht an. Seine Hand lag immer noch auf ihrer Wange und die Wärme durchströmte sie wunderbarerweise bis in die Zehenspitzen.

„Aber ich kam dann da irgendwie nicht mehr raus. Und letztlich hatte ich ja mein Ziel erreicht. Du hast dich nicht mehr um mich gekümmert."

Inga wusste nicht, was sie darauf sagen sollte. Sie war immer noch völlig konsterniert.

„Nun, ich konnte ja noch mehr ein Arschloch sein, wie du weißt. Auch noch ohne ein Wort aus Hamburg und dem Verlag weg, den Vorstandsvorsitzenden hinschmeißen – ich hab' mir schon Gedanken darüber gemacht. Tage- und nächtelang. Ich habe dich angerufen und wieder aufgelegt. Ich dachte, das kann ich nicht machen, ich muss mit dir reden und es dir sagen. Und dann dachte ich, dass ich dich vielleicht zu irgendetwas zwinge, was du vielleicht gar nicht willst." Er machte eine Pause. „Aber ich war mir auch überhaupt nicht sicher, ob ich nach einem Gespräch mit dir tatsächlich Hamburg verlassen hätte." Er sah sie an und grinste. „Es war ja nicht so, dass ich ... also ..."

„Ich kann gut verstehen, dass du auch verletzt bist", flüsterte Inga fast unhörbar.

Die Prinzessin auf der Erbse hatte ja wochenlang nur mit ihrer eigenen Befindlichkeit zu tun gehabt! O Himmel!

Robert sagte lange Zeit nichts und dann: „Ich dachte, du hättest gemerkt, dass ich dich liebe. Wenn das nicht so ist, habe ich wohl einen Fehler gemacht."

Wow, Kapitulation auf der ganzen Linie. Der Ex-Vorstandsvorsitzende kriecht zu Kreuze.

Das wollte sie nicht.

Themenwechsel, gib ihm die Chance, wieder aufzustehen.

„Warum ging es plötzlich im Verlag so schnell? Ich meine, deine Rede auf der Betriebsversammlung musste die Amerikaner ja provozieren. Aber was ist passiert nach der Betriebsversammlung?"

Offensichtlich dankbar für ihre Frage antwortete er: „Ich war ziemlich sauer, das weißt du ja. Ich dachte, jetzt ist ein guter Zeitpunkt, Schluss zu machen. Wir waren uns da im Vorstand einig."

„Sie haben es gewusst?", fragte Inga und war erstaunt.

„Nein und ja. Dem Mayer habe ich gesagt, dass ich krank bin, aber nicht in welchem Ausmaß, und dass es da auch noch private Gründe für mich gibt, um aufzuhören, und es deshalb kein Problem ist, dass ich den Wadenbeißer auf der Betriebsversammlung und überhaupt spiele.

Und dann kamen die Amerikaner nach der Betriebsversammlung und fragten mich, für wie viel Geld ich gehen würde. Sie wollten nicht mehr mit mir zusammenarbeiten. Ich übrigens auch nicht mit ihnen."

Ihr lag eine Frage auf der Zunge, die sie nicht zu stellen wagte. Aber anscheinend konnte er wieder ihre Gedanken lesen.

„Es hatte nichts mit der Ethik-Richtlinie zu tun. Von uns weiß nach wie vor keiner was – glaube ich jedenfalls", beantwortete Robert ihre nicht gestellte Frage.

„Bis auf diesen Menschen mit der komischen E-Mail", gab Inga zu bedenken. Aber sie war sehr erleichtert, dass sie nicht der Grund für seine Entlassung war.

„Ach ja, den hatte ich ganz vergessen. Aber darauf wäre es dann auch nicht mehr angekommen."

Dann fragte er leise: „Erinnerst du dich an unseren ersten Abend hier im Haus? Wir haben über Marion gesprochen und ich konnte dir nicht sagen, ob ich sie noch liebe. Du hast mich gefragt, ob ich glaube, dass ich mit ihr noch zusammen wäre, wenn ich alt oder krank bin.

Und ich dachte, was ist das denn? Sie kann es doch nicht wissen, wieso stellt sie so eine Frage? Ich habe mich ziemlich aufgeregt darüber, erinnerst du dich? Und dann dachte ich, merkwürdig, ich kann ihre Gedanken lesen und sie weiß anscheinend alles über mich, ohne es selbst zu wissen."

„Und was dachtest du dann?", fragte Inga vorsichtig.

„Das hat mich ziemlich beschäftigt. Gibt es so was wie einen siebten Sinn? Ich war irritiert. Und um auf Vertrauen zurückzukommen – von da an war mir eigentlich klar, dass ich dir vertrauen kann. Um nicht zu sagen, ich konnte mich gar nicht wehren dagegen. Habe ich aber auch gesagt an dem Abend, oder?"

„Nein, das hast du nicht. Du hast gesagt, dass du mich liebst, bis du stirbst. Dass das zweideutig war, weil du das Datum schon kennst, wusste ich ja nicht."

Inga schossen plötzlich die Tränen in die Augen, als sie merkte, welche Spitze sie da gegen ihn abgeschossen hatte.

„Verdammt, Robert, du hättest mich nicht so ins Messer laufen lassen dürfen!"

Sie wollte aufstehen, aber er umklammerte schnell ihr Handgelenk.

„Ich hab's erklärt. Wenn du nicht verstehst, dass ich dir die freie Entscheidung überlassen wollte, kann ich es nicht ändern."

Und nach einer kurzen Pause sagte er leise: „Du hast immer noch die Wahl."

Sie wusste längst, dass das nicht stimmte.

Irgendwann in der Nacht, als sie nach tröstenden und sich gegenseitig verzeihenden Worten und vielen Zärtlichkeiten ineinander verschlungen zusammenlagen, hörte sie ihn dicht an ihrem Ohr mit rauer Stimme verzweifelt flüstern: „Verlass mich nicht. Bleib bei mir, bis es zu Ende ist."

Und sie rückte noch näher an ihn heran, als sie ohnehin schon war, küsste sein Gesicht, hörte ihre Stimme, dunkel und verdeckt durch seine Umarmung „Ich werde dich nicht verlassen" sagen und merkte zu ihrer eigenen Überraschung, dass sie genau darüber schon längst nachgedacht hatte.

Das Handy auf Roberts Nachttisch klingelte.

Es dauerte etwas, bis er sich aus Ingas Armen löste und es gefunden hatte.

„Au verdammt, Jack, das habe ich total vergessen! Wann sollte ich da sein? Um 9.00 Uhr? Wie spät ist es denn? – 11.00? – Entschuldige, ich bin aufgehalten worden." Er grinste Inga verschlafen an und zog sie mit seiner freien Hand zu sich. „Nein, nein, es ist alles in Ordnung. Mir geht es gut, um nicht zu sagen, wunderbar. – Reg dich ab, Mann, das kann doch mal vorkommen. – Ich weiß, dass du mein Arzt bist, ja. – Neuer Termin morgen, o. k.? Ich werde wahrscheinlich jemanden mitbringen, dem du dann bitte erklärst, um was es geht, ja? – Woher weißt du, dass sie da ist?"

Robert rollte mit den Augen. „Meine Schwester! Na, wie schön, warum setzt sie es nicht gleich in die Zeitung? – Also, bis morgen. Ja, ich werde Inga von dir grüßen."

Er legte das Handy zur Seite, warf sich in die Kissen und zog Inga auf seinen Bauch.

„Das war Jack, mein Arzt. Du kennst ihn. Ich hatte um 9.00 Uhr einen Untersuchungstermin bei ihm und habe ihn vergessen."

Er schüttelte den Kopf. „Das ist schon das zweite Mal, dass ich deinetwegen einen Termin versäume."

„Wenn man den Arzttermin wegen einer Frau vergisst, kann es doch nicht so schlimm sein, oder?"

Inga hatte beschlossen, das Thema seiner Krankheit so lange locker anzugehen, wie er es erlaubte.

„Kommt auf die Frau an und den Grund", schmunzelte er.

„Er wusste natürlich schon von Sally, dass du da bist." Er sah sie nachdenklich an. „Willst du morgen mit zu ihm kommen? Dann hörst du alles über mich und diesen verdammten Tumor aus berufenem Mund. Wenn du noch da bist", setzte er schnell mit einem unsicheren Blick hinzu.

Sie lächelte ihn beruhigend an.

„Ich bin noch da. Und ich will mitkommen."

Sie stand auf und suchte seinen Bademantel.

„Wenn ich mich richtig erinnere, habe ich dir heute Nacht versprochen, hierzubleiben?" Sie formulierte es mit einem Fragezeichen und sah ihn an.

„Ich erinnere mich." Mehr sagte er nicht, legte sich auf den Bauch und schloss die Augen.

Na, das war ja wohl nichts. Einen Satz mehr darf man nach dem vergangenen Tag und der vergangenen Nacht eigentlich schon erwarten, oder?
Also mach ich erst mal Kaffee, der Herr wird sich irgendwann äußern müssen.

„Erwarte ich nicht zu viel?", fragte er leise, als sie gerade aus der Tür wollte.

„Natürlich erwartest du zu viel", antwortete sie leichthin. „Aber ich gedenke, genau diese Erwartungen zu erfüllen."

Dann ging sie in die Küche.

Er kam fünf Minuten später, nahm ihr die Kaffeetasse aus der Hand und manövrierte sie auf das Korbsofa.

„Inga Mackenroth, du weißt nicht, worauf du dich da einlässt. Ich bin ein widerliches Arschloch, wie du schon sagtest, und ich kann dir nicht zusichern, dass sich das im Verlauf der nächsten Monate bessert. Ich fürchte, das Gegenteil wird der Fall sein. Mit mir zusammenzuleben, haben schon andere versucht und sind daran gescheitert. Ich bin egoistisch und humorlos und verlange von meiner zukünftigen Pflegerin alles. Dass das Essen pünktlich auf dem Tisch steht, das Haus sauber ist, ich psychologisch betreut werde und ..."

Inga unterbrach ihn einfach, indem sie ihn küsste, und sagte dann: „Ja, ja, ja. Noch was?"

„Ja, Liebe und vielleicht sogar Sex zu jeder Tages- und Nachtzeit."

„Okay."

Sie sahen sich sekundenlang schweigend an und Inga fing als Erste an zu lachen.

Robert sagte schließlich: „Dich kann auch gar nichts schocken, was?"

„Du jedenfalls nicht. Nachdem du mich nach Strich und Faden belogen hast, mich sitzen gelassen hast, meine Gefühle beleidigt hast ... nun ja, sagen wir mal ... ich bin auf alles im Leben vorbereitet. Und falls ich mich noch mal in einen anderen verlieben sollte, was ganz sicher nie vorkommen wird, werde ich mir als Erstes ein Gesundheitszeugnis zeigen lassen."

„Verzeih mir. Bitte. Eigentlich hab ich die ganze Zeit gehofft, dass du den Mut hättest zu kommen."

„Hättest du mich irgendwann angerufen, wenn ich nicht …?"

„Ja. Spätestens heute."

„Wieso erst heute?"

„Ich weiß erst seit gestern, was für ein Idiot ich war."

„Es ist ein Glioblastom, vierter Grad, hier."

Jack zeigte mit dem Finger auf die Aufnahmen der Computertomografie.

„Und das heißt?", fragte Inga mit trockenem Hals.

Sie saß angespannt auf dem Besucherstuhl gegenüber Jacks Schreibtisch, während Robert mit verschränkten Armen an der Fensterbank ihr gegenüber lehnte und sie die ganze Zeit, während Jack Erläuterungen zu seiner Krankheit gab, ohne erkennbare Reaktion beobachtete.

„Ein Gehirntumor im letzten Stadium, gegen den es kein Heilmittel gibt. Das, was wir hier und die Ärzte in Deutschland bisher gemacht haben, sind vier Zyklen Chemotherapie. Die Forschung ist noch nicht so weit, es gibt zwar neue Arten der Behandlung, die sind aber noch nicht so sicher, dass wir sie anwenden können."

Inga sah Robert an und der beantwortete ruhig ihre nicht gestellte Frage: „Ich war nicht immer auf Geschäftsreise, wenn alle es glaubten."

Inga starrte ihn fassungslos an.

Auch das habe ich nicht gemerkt. Ich habe gedacht, der Mann amüsiert sich oder führt in netten Restaurants und Hotels irgendwelche Geschäfts-Meetings oder Kongresse durch. Stattdessen hat er im Krankenhaus gelegen und es ging ihm schlecht.

Nimmt das denn überhaupt kein Ende mit den gemeinen Überraschungen?

Sie rieb sich erschüttert mit der Hand übers Gesicht und gab sich keine Mühe, ihr Entsetzen über diese neuerliche Peinlichkeit für sich zu verbergen, und wäre am liebsten im Boden versunken.

Robert sagte mit eindringlichem Blick: „Ich hab's dir schon gestern gesagt: Du hattest keine Chance, es zu wissen. Hör auf, dir Vorwürfe zu machen."

„Ich versuche gerade, das Ganze unter ‚Vertrauen' einzuordnen", sagte Inga gepresst und war sich im Klaren, dass das vorwurfsvoll klang.

„Versuch's unter ‚Liebe'", kam die knappe Antwort.

Du machst es dir ziemlich leicht, Robert Mittag.

„Herr Gott, ich weiß ja, dass es schwer ist für dich", sagte Robert, dem anscheinend irgendein Geduldsfaden riss. „Aber es ist für mich auch nicht leicht, wenn du das bitte bedenken würdest."

„Wenn ihr keine anderen Probleme habt, ob es um Liebe oder Vertrauen geht, kann ich nur sagen, herzlichen Glückwunsch", sagte Jack, dessen Blick zwischen beiden hin- und herwanderte. „Versteht mich nicht falsch: Ich ahne ungefähr, um was es bei euch geht – aber ich glaube nicht, dass ihr euch damit lange aufhalten solltet."

Inga sah ihn geschockt an. „Willst du damit sagen, dass es nur noch um ... Wochen geht?" Sie wollte erst sagen, „Tage", brachte es aber nicht heraus.

Sie warf Robert einen Blick zu.

Verzeih mir, Liebling.

Es gibt nichts zu verzeihen.

„Um es kurz zu machen", fuhr Jack fort, „du weißt es ja ohnehin schon: Eine Operation geht bei der Größe eines solchen Tumors nicht. Er sitzt an einer Stelle, an die wir nicht rankommen oder zumindest ein großes Risiko eingehen würden. Wir haben deshalb bei Abwägung aller Umstände gemeinsam mit Robert beschlossen, es nicht zu tun." Jack machte eine Pause und sah Robert an. „Ich nehme doch an, dass sich daran nichts geändert hat, oder?"

„Ich glaube nicht", sagte Robert langsam.

„Es gibt wirklich gar keine Chance, da ranzukommen?", fragte Inga und fühlte sich unglaublich krank.

„Selbst wenn, Inga, dass es bei der Ausbreitung, die der Tumor bereits hat, wirklich lebensverlängernd ist, können wir nicht garantieren. Die deutschen Ärzte, die Robert konsultiert hat, sehen das genauso wie wir hier in Kanada."

„Und wie geht es weiter?", fragte Inga und konnte ihre Stimme selber kaum hören.

„Das weiß man nie so genau. Es kann bei den leichten Kopfschmerzen bleiben, die Robert häufig hat."

Inga sah Robert an.
Auch das wusste ich nicht.
Musst du auch nicht.
Verdammter Mistkerl.
Er machte eine kleine Verbeugung und grinste.

„Aber ihr müsst schon davon ausgehen, dass die schlimmer werden. Wir haben dagegen mittlerweile ziemlich gute Schmerzmittel. Aber wenn der Druck auf bestimmte Stellen zu groß wird, kann es auch zu epileptischen Anfällen kommen."

Jack machte eine Pause und sah Inga eindringlich an, wohl, um festzustellen, ob er ihr noch mehr zumuten konnte oder lieber nicht. Sie hoffte, dass sie bei dem Begriff „epileptisch" keine Reaktion gezeigt hatte, war sich aber nicht sicher.

„Und ... dann?"

„Er wird vermutlich eines Tages einfach umkippen", sagte Jack trocken und grinste dabei Robert schief, aber freundschaftlich an. „Das wäre wohl auch für alle das Beste. Es kann aber auch sein, dass er irgendwann ins Koma fällt ... Inga, es tut mir leid, ich neige nicht dazu, irgendwelche Dinge zu beschönigen, schon gar nicht bei meinen Freunden."

Offenbar waren nun wohl doch Reaktionen in ihrem Gesicht zu lesen, die Jack und Robert gleichzeitig bewogen, sie besorgt anzusehen. Als Robert aufstand und auf sie zukam, hob sie abwehrend die Hände.

„Es geht mir gut, bitte, alles ist okay. Fangt jetzt bloß nicht an, mich wie eine Idiotin zu behandeln", fauchte sie wütend. „Es ist nur so ... Robert hat einige Monate Vorsprung und ich muss erst noch lernen, damit umzugehen."

Sie war erstaunt, dass sie einigermaßen verständliche Sätze herausgebracht hatte.

Robert ging zur Fensterbank zurück. „Falls das wieder ein Angriff gegen mein Verhalten war ..."

„Nein, nein ..." Inga schüttelte den Kopf, stand auf und ging zu ihm. Sie schlang die Arme um seinen Hals und lehnte den Kopf an seine Schulter.

Jetzt bloß nicht heulen.

Robert streichelte ihren Rücken und flüsterte beruhigend: „Ist ja gut."

„Wie kann man bloß so was Blödes sagen?"

„Na ja", sagte Jack und war ebenfalls aufgestanden, „wenn wir mal von noch sechs Monaten ausgehen ... vielleicht hat Robert das gemeint."

„Du bist ein Zyniker, Jack", sagte Inga zu ihm, lächelte aber traurig dabei.

„Als Arzt bleibt einem manchmal nichts anderes übrig. Was glaubst du wohl, wie mir zumute ist? Einem meiner besten Freunde sagen zu müssen, dass er noch ein halbes Jahr zu leben hat? Was glaubst du wohl?" Seine Stimme war laut geworden.

Inga löste sich von Robert, ging zu ihm und legte den Arm um ihn.

„Entschuldige, ich wollte dich nicht beleidigen. Ich weiß, wie dir zumute ist. Ich habe mich die letzten Monate wie eine lebensuntüchtige Prinzessin benommen, die nur ihre eigenen Interessen gesehen hat. Ich bin an den dicksten Zaunpfählen, die mir zugewunken haben, vorbeigegangen und war fixiert auf meine eigenen Empfindungen. Kannst du dir vorstellen, wie mir zumute ist? Ich bin nur auf mich wütend, auf niemand anders. Na ja, und vielleicht ein bisschen auf Robert", setzte sie leise hinzu.

Jack drückte sie an seine Brust und küsste sie freundschaftlich ins Haar.

„Ich weiß, Inga. Aber wenn ich das richtig sehe, hast du ihm schon längst verziehen. Und wenn du bei ihm bleibst – wer weiß? Man sagt allgemein, dass eine intensive Beziehung manchmal mehr bewirkt als jedes Medikament."

Sie sprachen auf der Rückfahrt nach Hause kein Wort.

Als Robert den Motor ausgemacht hatte, sprang Inga aus dem Jeep und sagte mit erstickter Stimme: „Ich muss mal an die frische Luft. Allein."

Er sah sie merkwürdig an, wollte anscheinend etwas sagen, hielt sie aber nicht auf und sie ging Richtung Strand.

Sie versuchte erst langsam am Strand entlangzuwandern, fing dann aber an zu rennen. *Luft, ich brauche Luft zum Atmen, ich werde verrückt werden.*

O Gott, worauf lasse ich mich da ein? Ich bin verrückt, ich lasse mein Kind in Hamburg allein, meinen Job gebe ich auf ... Und alles wegen einem Mann!
Nein, wegen d e m Mann!
Der Mann, der mich beim Sterben braucht.
Und ohne den ich nicht leben kann ...

Sie weinte, wurde von Krämpfen geradezu geschüttelt. Und brauchte eine halbe Stunde, bis sie sich beruhigt hatte.

Als sie ins Haus zurückkam, musste sie Robert suchen. Er war in seinem Büro und saß am Computer.

Als er sich auf seinem Schreibtischstuhl zu ihr umdrehte und sie sein verstörtes Gesicht sah, wusste sie, dass ihre Entscheidung richtig war.

Er war aschfahl, seine Augen waren dunkel und rot verquollen und jede seiner Falten war zu sehen. Und Liebe.

Na ja, vermutlich sehe ich so ähnlich aus.

Sie konnte die Tränen schon wieder nicht zurückhalten.

Robert stand auf, kam mit einem großen Schritt auf sie zu, streckte seine Arme aus, wagte aber anscheinend nicht, sie zu berühren.

„Es tut mir leid, es tut mir so leid ... diese Krankheit ... ach, Robert!", flüsterte sie verzweifelt.

Jetzt strich er ihr mit der Hand zärtlich über die Wange und lächelte müde.

„Siehst du, das habe ich gemeint. Ich habe nicht die Kraft, dich auch noch zu trösten."

Aber immerhin nahm er sie doch in die Arme, zog sie an sich und küsste sie aufs Haar.

Sie hatte das längst verstanden.

„Du musst nicht bei mir bleiben, nur, weil du es gestern Nacht gesagt hast. Man sagt da manchmal Dinge, die man am nächsten Morgen nicht so meint."

Sie machte sich von ihm frei und sah ihn irritiert an.

„O nein, so habe ich das nicht gemeint", sagte er schnell. „Ich habe immer gemeint, was ich dir nachts gesagt habe. Und auch am Tag", setzte er leicht grinsend hinzu.

Sie musste lächeln. „Schon gut, schon gut", und wusste nicht, woher sie diese Großzügigkeit ihm gegenüber nahm.

„Ich wollte sagen, dass man sich manchmal etwas sagt und sich dann zu etwas verpflichtet fühlt, was man eigentlich gar nicht will", sagte er leise.

„Das wolltest du nicht sagen", lächelte sie und hatte mittlerweile ihre Selbstsicherheit wieder. „Du wolltest mir sagen, dass ich gehen kann, wenn ich glaube, dass ich es nicht durchhalte bis zum Ende mit dir und deiner Krankheit."

„Äh ... na ja ...", stotterte er und sah sie Hilfe suchend an.

„Und ich wollte dir sagen, dass ich nicht gehen werde. Weil ich es durchhalten werde. Weil ich dich liebe."

Sie hatte das Gefühl, dass sie zusammenbrach und ihre Knie sich in Gummi verwandelten. Das lag aber offenbar nur daran, dass Robert sie um die Hüften gefasst hatte und sie ins gegenüberliegende Schlafzimmer halb trug, halb schob.

„Verzeih mir. Verzeih mir den Eingriff in dein Leben."

Er drückte seine Stirn an ihre und in seiner Stimme war die pure Verzweiflung.

„Ich weiß doch gar nicht, was alles auf mich zukommt, ich kann dich doch nicht da mit reinziehen, ich habe mit mir genug zu tun. Herr Gott noch mal, ich will allein sein!" Er sah ihr in die Augen, traurig, verzweifelt, ängstlich und voller Liebe, und zu ihrer unendlichen Erleichterung seufzte er dann: „Und ich brauche dich so."

„Ich war noch nie einem Mann so nah wie dir", flüsterte sie später, viel später, und hatte Mühe, sich auf die Worte zu konzentrieren. Und mittlerweile waren Worte auch nicht mehr wichtig.

„Ich liebe dich, ich habe noch niemals so geliebt und ich weiß trotzdem nicht, ob das alles richtig ist, was ich mache."

„Und ich habe in meinem ganzen Leben noch nie jemanden so dicht an mich herankommen lassen wie dich. Und ich meine damit nicht das hier."

Er bewegte sich sanft in ihr und war mit seinem Gesicht dicht über ihrem.

„Ich weiß auch nicht, ob es richtig ist, Liebling." Seine Lippen streiften ihre Wange. „Ich weiß nur, dass ich dich bei mir haben will – so dicht wie möglich, so eng, wie es geht. Hilf mir, liebe mich, sei bei mir, halt mich, lebe mit mir, lach mit mir, weine mit mir ..."

„Meinst du das wirklich ernst?"

„Ja, so ernst wie noch nie etwas in meinem Leben."

„Ich habe Angst", flüsterte Inga, vergrub ihr Gesicht an seinem Hals und er murmelte: „Da haben wir schon wieder was gemeinsam."

„Ich bin kein Pflegerinnen-Typ. Ich weiß nicht, ob ich stark genug bin."

„Doch, das bist du."

„Aber ich bin nicht stark genug für dich."

Er küsste sie sanft auf den Mund, sah ihr tief in die Augen und flüsterte ernst: „Das wüsste ich aber, Frau Mackenroth. Du bist wie ich. Und ich bin wie du. Wir gehören zusammen. Und jetzt sag mir nicht, dass das für dich eine neue Erkenntnis ist. Du wärest sonst nicht hier."

„Ich muss natürlich ein paar Dinge regeln", sagte Inga, als sie später auf der Terrasse saßen.

„Wir", sagte Robert.

„Was?"

„W i r müssen ein paar Dinge regeln, zusammen. Wenn wir den Rest meines Lebens zusammen verbringen wollen, dann heißt es ‚wir'", dozierte er. „Mir ist schon klar, dass es da ein paar Schwierigkeiten gibt. Zum Beispiel Ollie", fuhr er fort.

„Es gibt zwei Möglichkeiten. Entweder ich muss Margrit fragen oder er entschließt sich doch, nach Louisenlund zu gehen."

„Oder er kommt mit hierher", ergänzte Robert.

Inga sah ihn erstaunt an.

„Guck mich nicht so an! Glaubst du, ich wüsste nicht, dass dir Ollie mindestens so viel bedeutet wie ich?"

Inga schwieg.

„Himmel, ich kann doch nicht verlangen, dass du hier bist, und er ist in Deutschland. Ich will nicht, dass du unglücklich hier bist."

„Ich bin nie unglücklich, wenn du da bist."

Er sah sie lange an und sagte dann: „Ich weiß wirklich nicht, was ich getan habe, dass ich dich verdient habe."

„Das weiß ich leider auch nicht. Aber es ist mir auch egal." Sie lachte. Und gleichzeitig hätte sie am liebsten geweint. Was für eine groteske Situation!

Wie kann es angehen, dass Glück und Unglück so nah beieinanderliegen?

Da ist die völlige Verzweiflung, die einen zum Wahnsinn treibt über eine unfassbare Krankheit, die einen von heute auf morgen mit dem Tod konfrontiert.

Und da ist gleichzeitig das unendliche Glücksgefühl, dass man mit dem Menschen, der einem auf der Welt am allermeisten bedeutet, die nächsten Wochen endlich gemeinsam 24 Stunden am Tag verbringen darf.

Aber wie geht man damit um, wenn diese zwei Extrem-Gefühle aufeinanderprallen?

Ist es unsittlich, sich über das eine zu freuen und das andere zu verdrängen?

Oder ist es erforderlich, das eine zu verdrängen, damit man sich über das andere überhaupt freuen kann?

Verlangt Todesnähe das Gehen auf Zehenspitzen und nur noch Fürsorge und Rücksicht?

Oder kann man gerade dann in vollen Zügen das Leben und die Liebe genießen?

Und gibt es überhaupt Regeln, an die man sich in solch einer außergewöhnlichen Situation halten muss?

Und wenn ja: für wen?

Von diesen philosophischen Fragen mal abgesehen:

Was soll ich mit Ollie machen?

Und was mit meinem Job?

Und wovon soll ich eigentlich leben?

Und was wird Harry sagen?

„Es gibt noch eine Menge Probleme", sagte Inga frustriert. „Entschuldige, wahrscheinlich ist angesichts deiner Krankheit alles andere eher kein Problem für dich."

„Doch. Man gewöhnt sich komischerweise an den Gedanken. Zuerst denkt man, alles ist völlig unwichtig. Und regt sich unglaublich darüber auf, was für Probleme die anderen haben. Besonders dieser alltägliche

Kram, Termine, Hetze, Politik und all so was – das ist einem erst mal völlig egal. Und irgendwann stellt man zu seiner Überraschung fest, dass man doch wieder so etwas wie einen normalen Tagesablauf hat. Und normale Gemütsregungen. Ich habe mich fürchterlich aufgeregt, wenn jemand zu spät zum Meeting kam – wie immer. Ich habe mich aufgeregt, wenn jemand unpräzisen Scheiß redete – wie immer."

Er schüttelte den Kopf. „Der Mensch ist anscheinend so. Man gewöhnt sich an alles. Und dann macht man einfach weiter. Jedenfalls, wenn man einmal den anderen Gedanken abgehakt hat."

„Den, dass man ...?" Sie wagte es nicht, die Frage weiterzuformulieren.

„Ja. Es ist wohl völlig normal, sich zu überlegen, ob man nicht dann so schnell wie möglich selber Schluss macht."

„Hast du auch ...?"

„Ja. Vier Tage. Am fünften bin ich in dein Auto gefahren."

Robert lächelte sie an.

„Seitdem hatte ich den Gedanken nie mehr. Ich wollte nur noch leben."

Ich habe dann beschlossen, für den Rest meines Lebens auf die – na, sagen wir mal – schönen Momente zu achten. Ich bin nicht mehr daran interessiert, festzustellen, dass es mir schlecht geht, oder das etwa zu ergründen. Da kommt man nur auf blöde Ideen und eine Lösung ist das auch nicht. Ich habe auch wieder angefangen zu rauchen. Warum soll ich gesund sterben? Also ich meine, mal von diesem blöden Tumor abgesehen."

Der Tod ist definitiv das Ende. Egal wie, man stirbt eben. Die einen gesund und spät, die anderen krank und früh. Und einige gesund und früh oder umgekehrt. Was soll's? Ändern kann ich es auch nicht."

Er grinste jetzt.

„Und dass du mir zum Ende passierst – dass ich Liebe, Glück und Vertrauen jetzt erst richtig kennenlerne! Erst habe ich gedacht: Was für eine bodenlose Frechheit! Womit hab ich das denn verdient? Und war unheimlich wütend. Und dann dachte ich, na gut, vielleicht ist es ein Abschiedsgeschenk. Und habe angefangen, jede Stunde zu genießen, intensiv zu leben. Du warst mir eine ziemliche Hilfe dabei. Ich habe mir bewusst gemacht, dass wir ja alle ganz sicher sterben und dass jeder Tag ein unwiederholbarer Tag ist. Und dass es für alle am Ende eine Rechnung gibt, die so oder so aussehen kann." Er machte eine Pause und schien nachzudenken.

„Und ich bin Risiken eingegangen, die ich vorher nicht eingegangen wäre. Mit dir ein Verhältnis anzufangen ... Ich habe vorher sehr vernünftig alles Emotionale zwischen uns abgebürstet."

Er sah auf den Atlantik und schwieg eine ganze Zeit. Sie wagte nicht, etwas zu sagen.

„Ich habe andere Prioritäten gesetzt, ja. Und Risiken waren mir plötzlich egal. Und als es dann immer intensiver mit uns wurde, habe ich mir nur Sorgen um das Risiko für dich gemacht."

„Hast du ... hast du keine Angst vor dem Tod?"

Inga war sich nicht sicher, ob er mit der Frage klarkam. Aber er antwortete prompt: „Wenig. Ein bisschen. Vielleicht. Ja und nein. Und manchmal, in den Nächten, ganz viel." Er lachte kurz auf. „Ich bin christlich erzogen, ich bin mir aber nicht sicher, ob danach wirklich was ist, wie sie uns erzählen. Vorstellen kann ich's mir, ehrlich gesagt, nicht, aber wer weiß das schon. Aber ich will auch nicht 200 Jahre alt werden, das wäre ja furchtbar. Ewiges Leben, unendlich und langweilig. Wo ist da der Reiz? Das Einzige, was mich wirklich ärgert und was ich total falsch gemacht habe in meinem Leben, ist, dass wir beide ... also, dass ich nicht risikofreudiger war. Man sollte Dinge tun, die man tun will. Das Leben ist wohl genau dazu da. Und du?"

„Ich liebe dich."

„Das habe ich nicht gemeint." Er lachte leise. „Was glaubst du, was ist danach?"

Inga zuckte mit den Schultern.

„Ich habe schon seit Langem mit der Kirche als Institution nichts mehr am Hut. Und ich glaube nicht, dass nach dem Tod etwas ist. Aber wenn ich meinen Vater auf dem Friedhof besuche, rede ich mit ihm. Und als Ollie klein war, habe ich ihm Briefe geschrieben, die wir Weihnachten auf sein Grab gelegt haben. So viel zur schizophrenen Denke einer 48-Jährigen über das Christentum."

Robert grinste.

„Wenn ich kann, werde ich dir berichten, was da oben los ist."

Als sie plötzlich Derricks sonore Stimme hörten, zuckten sie beide zusammen.

„Hey, ihr zwei, das ist ja schön, dass ihr zu Hause seid."

Er stand auf der Terrasse und hob abwehrend die Hände, als Robert ihn ziemlich aufgeschreckt und unfreundlich anguckte.

„Du kannst dir nicht vorstellen, wie froh ich bin, dass du hier bist."

Er zeigte seine Freude, indem er sie fest umarmte und auf beide Wangen küsste.

„Eigentlich gut, dass du kommst", sagte Robert. Er sah Inga an.

„Du willst hierbleiben, bis Robert – also bis es zu Ende ist?"

Derrick war sichtlich erschüttert und gerührt, nachdem Robert ihn auf den neuesten Stand gebracht hatte.

„Ja, und deshalb gibt es ein paar Probleme für mich, die ...", fing Inga an, aber Derrick unterbrach sie.

„Halt, halt, nicht so schnell. Ich muss erst mal darüber reden."

„Musst du nicht. Ich habe mich entschieden."

„Und du willst das?"

Da war ziemliches Erstaunen in der Frage an Robert.

Robert lehnte sich auf der Bank zurück und lächelte Inga an.

„Ja."

Derrick schwieg einen Augenblick und Robert sah Inga an.

„Als wir das letzte Mal darüber gesprochen haben, wolltest du unbedingt allein sein und bleiben."

„Das war letzte Woche. Da hab ich mir eingeredet, dass ich wunderbar ohne sie klarkomme. Dass das nicht stimmt, weiß ich seit gestern."

„Hm." Derrick war offenbar immer noch schwer verwundert.

„Mann, ich weiß gar nicht, wieso du so skeptisch bist", sagte Robert fast ein bisschen aufgebracht.

„Du bist mein Freund. Ich freue mich für dich. Dir kann gar nichts Besseres passieren, als dass die Frau, die du liebst und die dich auch liebt, den Rest deines Lebens – unter welchen Umständen auch immer – mit dir verbringen will. Aber ...", wandte Derrick sich jetzt an Inga, „Inga ist auch meine Freundin. Unsere. Als du das erste Mal hier warst, haben wir alle – also Roberts Freunde und Familie – gesagt, ihr gehört zusammen. Das sah ein Blinder. Und der Gedanke, dass du dich um Robert kümmern wirst, wird uns alle glücklich machen, nicht nur ihn. Nur, du musst eins wissen." Und jetzt lachten seine Augen. „Dieser Mann kann ein Ekelpaket sein. Er ist launisch und humorlos und ..."

Inga und Robert fingen gleichzeitig an zu lachen.

„Das habe ich ihr schon selber gesagt, Mann."

„Ach, Derrick, mach dir darum keine Sorgen."

Inga stand auf und ging in die Küche.

Himmel, lass sie nicht sehen, was in mir vorgeht. Derrick, akzeptier es einfach. Akzeptier, dass ich Robert niemals den schlimmsten Weg allein gehen lassen werde.

Sie hörte Robert leicht fassungslos sagen: „Sie ist zurückgekommen. Stell dir das vor. Einfach so, obwohl ich das größte Arschloch bin, das frei rumläuft!"

„Glück gehabt", hörte sie Derrick trocken sagen.

„Falls du mir mal irgendwann erklären kannst, was und wieso das hier gerade alles mir passiert, wäre ich dir sehr dankbar, Pastor."

„Mit ein oder zwei Flaschen Whisky?"

„Inga", sagte Derrick eindringlich, als Inga mit Getränken auf die Terrasse zurückkam, „bist du dir im Klaren, was du da tust?"

Sie schüttelte den Kopf. „Nein, aber manchmal tut man Dinge im Leben, über die man sich nicht richtig im Klaren ist. Verstand gegen Gefühle. Ein ständiger Kampf im Leben. Bei mir hat gerade der Verstand verloren."

Inga konnte nicht mehr klar denken. Ihr Leben hatte sich gerade komplett verändert. Kanada, Nova Scotia, Robert ... sie hatte all dies zu ihrem neuen Lebensinhalt – zwar begrenzt, aber doch wohl für die nächsten Monate – gemacht. Und noch vor zwei Tagen hatte sie jeden Gedanken an Robert verdrängt, wollte nichts mehr von ihm wissen. Nun, sie hatte ja auch nicht gewusst, wie krank er war. Derrick hatte recht: Wusste sie eigentlich, was sie da tat?

Sie war immer noch verheiratet in Hamburg, zugegeben, getrennt lebend, wie man so schön sagt, aber immerhin. Ihr Lebensmittelpunkt war bis eben noch Deutschland, Hamburg, gewesen – und jetzt hatte sich alles, aber wirklich a l l e s – geändert.

Was soll das? Ich benehme mich wie eine Idiotin. Oder träume ich das alles?

Robert musterte sie. „Kannst du uns mal alleine lassen?", sagte er zu Derrick und setzte sich zu Inga auf die Lehne ihres Sessels.

„Bitte, bitte, selbstverständlich. Ich will nicht weiter stören." Und mit einem tragischen Augenaufschlag zu Robert gewandt, sagte er: „Und zu essen gibt's hier ja sowieso nichts."

Robert zog Inga aus dem Sessel hoch und nahm sie in die Arme.

„Wir haben wahrscheinlich noch ein paar Monate gemeinsam. Von denen ich übrigens glaube, dass sie bei allem Unglück, das mir bevorsteht, die glücklichsten meines Lebens werden."

Er machte eine Pause und hob mit einer Hand ihr Kinn hoch.

„Und ich werde mich bemühen, es auch zu deinen glücklichsten werden zu lassen. Ich kann das allerdings aus verschiedenen Gründen nicht wirklich garantieren. Aber ich werde jeden Tag dankbar sein, dass du dich so entschieden hast. Und ich werde dich jeden Morgen fragen, ob du bleiben willst, und du kannst dich jeden Tag anders entscheiden und nach Hamburg zurückgehen, wenn du willst. Versprich mir, dass du das nie vergisst."

Inga wollte als Erstes mit Margrit reden. Einerseits aus logistischen Gründen, aber wenn sie ehrlich war, eigentlich, weil sie von ihr die meisten Gegenargumente befürchtete.

Allerdings war Margrit zunächst sprachlos. Sie rührte minutenlang in ihrem Kaffee, obwohl man das bisschen Milch, das sie in ihren Kaffee schüttete, gar nicht so lange umrühren musste.

Dann sah sie Inga an – verwundert, missbilligend und ein bisschen wütend.

Das hatte Inga befürchtet. Deshalb war sie gut vorbereitet.

Sie beugte sich über den Küchentisch zu ihrer Mutter vor und sagte eindringlich: „Nur, damit eins klar ist: Ich werde es tun, egal wie. Und ich werde auch dann eine Lösung finden, wenn du mich nicht unterstützt."

„Was soll das denn? Ist das eine Drohung?" Margrit war offensichtlich pikiert.

„Nein, nein", sagte Inga schnell und hob abwehrend die Hände, obwohl sie sich über ihre Formulierung selbst erschrocken hatte. „Entschuldige, das war nicht so gemeint."

Sie fuhr sich mit den Händen durch die Haare.

„Ich bin wohl doch etwas angespannt." Und sie nahm ihre Mutter liebevoll in die Arme, damit sie nicht sah, dass sie kurz vorm Weinen war.

„Ist ja gut", murmelte Margrit und reichte ihr wortlos ein Taschentuch.

Sie lehnte sich zurück und sah ihre Tochter nun mitleidig an.

„Worauf hast du dich da bloß eingelassen?" Und nachdem sie einmal tief durchgeatmet hatte, sagte sie: „Na gut, wie hast du dir das vorgestellt?"

„Ich werde Ollie fragen, ob er nach Louisenlund aufs Internat will oder ob er hier in Hamburg bleiben will. Dann allerdings kämst du ins Spiel", sagte Inga in so lockerem Ton wie möglich.

„Aha. Wieso erst dann? Selbst wenn er nach Louisenlund geht, bin ich ja wohl dran. Du bist doch viel zu weit weg und er wird am Wochenende ja nicht nach Kanada fliegen."

„Das stimmt wohl, aber nehmen wir an, er würde gern hier weiter zur Schule gehen und hier wohnen bleiben – die Wohnung behalte ich ja auf jeden Fall. Würdest du – also könntest du dir vorstellen, dass du hier mit ihm gemeinsam ..."

„Ich soll hier einziehen?" Margrit sah aus, als würde sie gleich vom Stuhl fallen.

„Es wäre für vielleicht fünf oder sechs Monate. Ich komme ja wieder."

Margrit schwieg und ließ sich die Sache anscheinend durch den Kopf gehen.

„Und ich alte Frau wäre dann für diesen 15-jährigen Teeny in der Pubertät verantwortlich? OGottogotttogott, Inga, was mutest du mir da zu?"

„Du bist keine alte Frau. Und ich würde es dir nie zumuten, wenn ich mir nicht sicher wäre, dass das genau das Richtige ist, bevor dein Getriebe versandet."

„Mein Getriebe versandet nicht. Ich bin noch immer ganz schön fit."

Bingo. Ziel erreicht.

Margrit pochte darauf, dass sie noch jung und flexibel war, wie man so schön sagt. Na bitte, jetzt müssen wir nur noch hinkriegen, dass sie Verständnis für mich hat. Ohne ihren Segen werde ich unglücklich.

„Wie wirkt sich denn so ein Gehirntumor aus?", fragte Margrit zögernd und sah in ihren Kaffeebecher.

Inga seufzte.

„Merkwürdigerweise und im Moment bei ihm gar nicht. Er hat Kopfschmerzen, ist oft müde. Chemotherapie will er zunächst nicht mehr und eine Operation ist zu riskant. Jack, sein Arzt, hat gemeint, er würde einfach irgendwann umfallen. Er hat ihm noch ungefähr sechs Monate gegeben."

Sie war nicht so locker, wie sie tat, als sie Roberts Krankengeschichte so kurz wie möglich formulierte.

Und sie fragte sich, ob sie dem wirklich gewachsen sein würde.

„Und du glaubst, du kriegst das hin?", fragte Margrit, die offenbar die gleichen Gedanken hegte. „Du bist nicht der Krankenpflegertyp."

„Das weiß ich", sagte Inga „Aber ich will es. Ich lasse ihn das nicht allein durchstehen."

„So sehr liebst du ihn?", fragte ihre Mutter leise. Und als sie mit Tränen in den Augen wortlos nickte, stand Margrit auf und legte die Arme um sie.

Vor dem Gespräch mit Ollie fürchtete sie sich etwas.

Aber es war leichter, als sie dachte.

„Okay, das passt doch. Dann geh ich nach Louisenlund. Kann ich in den Ferien kommen?"

„Na klar." Sie traute sich nicht, ihn in die Arme zu nehmen. 15-Jährige haben ihre eigenen Berührungsregeln. „Ollie, ich schiebe dich nicht ab, verstehst du? Ich bin in einem halben Jahr wieder da."

Ihr stockte der Atem, als sie das sagte.

Und Robert wird tot sein.

Zu ihrer Überraschung berührte Ollie ihren Arm und sah sie mitleidig an.

„Wird Robert – Herr Mittag – dann gestorben sein?"

Sie konnte nur wortlos nicken. Und als sie tief Luft geholt hatte, sagte sie: „Ich liebe dich genauso wie ihn. Ich bin völlig hin- und hergerissen zwischen dem Problem, dass ich bei dir genauso sein will wie bei ihm. Du hast dein Leben noch vor dir. Wir werden ganz bestimmt noch viele Jahre gemeinsam verbringen. Ich werde dabei sein, wenn du deinen Schulabschluss machst, und werde deine Frau kennenlernen und auf deine Kinder aufpassen, wenn du mit ihr mal allein in Urlaub fahren willst. Und ich werde deine Hand halten, wenn du krank bist. Robert hat noch ungefähr sechs Monate zu leben. Und ich würde sie gern mit ihm verbringen."

Sie hatte Angst, ihn überfordert zu haben, und sah ihn aus den Augenwinkeln an.

„Liebst du Papa auch so?"

Sie musste ehrlich und fair bleiben.

„Nein. Nicht mehr. Aber wir sind Freunde."

„Kommt er mal her?"

„Ja. Ich habe mit ihm schon gesprochen. Er versucht, einen längeren Auftrag in Deutschland zu kriegen. Und er kommt nächste Woche, wenn ich nach Kanada fliege."

Harry hatte eine Ewigkeit geschwiegen, nachdem sie ihm ihre Pläne am Telefon erzählt hatte, und dann gesagt: „Das ist typisch für dich. Was du machst, machst du intensiv." Und nach einer Pause: „Ich wünsche euch Glück, Inga. Wirklich. Wann fliegst du zu ihm? Dann komme ich und kümmere mich um Ollie."

Die weiteren organisatorischen Details hatten sie ruhig und sachlich geklärt. Inga fiel ein Stein vom Herzen.

Nachdem sie die familiären Gespräche gleich am ersten Tag nach ihrer Rückkehr aus Kanada geführt hatte, hatte sie sich am nächsten Morgen als Erstes bei Dr. Schriefer in der Personalabteilung angemeldet. Allerdings kam es ihr vor, als wäre sie Tausende von Jahren von irgendetwas weg, was vorher mal ihr Leben gewesen war. Der Verlag, der Betriebsrat, der Betriebsübergang – es hatte mit ihr nichts mehr zu tun.

Nicht, dass sie Sorge hatte, dass irgendetwas oder irgendjemand sie von ihren Plänen abhalten konnte, aber sie wollte es so schnell wie möglich hinter sich haben.

„Du hast nicht viel verpasst", sagte Dr. Schriefer und schob auf seinem Schreibtisch einen Berg Akten beiseite. „Mir haben sie natürlich den ganzen Mist aufgebürdet mit dem Sozialplan. Wir haben uns jetzt aber aus unserer Anwaltskanzlei einen Arbeitsrechtler dazugeholt, der hat ziemlich Ahnung und bereitet das alles vor."

„Schön, ich bin nicht mehr Betriebsratsvorsitzende und, ehrlich gesagt, es interessiert mich nicht mehr. Ich habe andere Probleme und bin in den nächsten Monaten sowieso nicht mehr hier."

„Wieso nicht?", fragte er überrascht. „Kündigst du? Himmel, sag das nicht! Du hast einen neuen Job, in dem du das Dreifache an Kohle verdienst wie hier, was?"

Offensichtlich in der Überzeugung, einen guten Witz gemacht zu haben, lehnte er sich lachend in seinem Stuhl zurück.

„Ganz so nicht", sagte Inga vorsichtig. „Ich würde gern mindestens sechs Monate pausieren. Du weißt schon, wir haben doch diese Betriebsvereinbarung vor zwei Jahren abgeschlossen mit der Möglichkeit, eine Sabbatical-Pause zu machen."

Schriefer fiel die Kinnlade runter. Er starrte sie ungläubig an.

„Du? Willst ein Sabbatical-Jahr?" Dann dämmerte es ihm anscheinend.

„O, entschuldige, geht es um den Krankheitsfall in deiner Familie?" Für solche Fälle hatten sie im Betrieb auf Drängen des Betriebsrates eine Betriebsvereinbarung abgeschlossen, damit Arbeitnehmer bei Pflegefällen nicht ihren Job verloren, sondern einfach ein halbes Jahr pausieren konnten. Ironischerweise hatte Robert damals erheblich dagegen gekämpft und ihnen die betriebswirtschaftlichen Kosten immer wieder vorgehalten, dann aber schließlich klein beigegeben, als der Betriebsrat ihm die Folgen für die Unternehmenskultur und den Erhalt der Fachkräfte aufgezeigt hatte.

Inga nickte. „Genau darum. Es ist ein Pflegefall in Süddeutschland, nicht direkt in der Familie, aber ich muss mich darum kümmern. Es gibt niemand anderen."

Robert hatte gesagt: „Sag's ihnen. Es ist doch egal. Wir sind sowieso beide weg."

„Aber ich komme doch wahrscheinlich wieder. Und dann hatte ich was mit dem Vorstandsvorsitzenden."

„Na und? Der ist dann hin und du wirst wahrscheinlich sowieso nicht wieder Betriebsratsvorsitzende."

„Danke. Wenn das deine Fürsorge ist, die du mir in den nächsten Monaten zugestehst, kommt ja einiges auf mich zu."

„Ich gelobe Besserung", hatte er grinsend erwidert und sie liebevoll geküsst.

„Du weißt, dass du mit Mayer reden musst?", sagte Dr. Schriefer jetzt. „Ich glaube nicht, dass der begeistert sein wird."

„Na klar. Ist er da?"

„Ja, am besten machst du's gleich. Wann soll es losgehen?"

„Morgen." Sie lachte und er guckte irritiert.

„Nein, nein, nächste Woche irgendwann, so schnell wie möglich."

„Wenn du nächsten Samstag nicht wieder hier bist, komm ich und hole dich", hatte Robert gesagt, als er sie am Flughafen verabschiedete. Sie hatten sich nicht loslassen können und Inga hätte beinahe die Maschine verpasst, weil sie gar nicht gehört hatten, dass sie schon in der Flughafenhalle ausgerufen wurde.

„Eine Woche – das ist eine Ewigkeit. Sag mir, wie ich das aushalten soll", hatte sie geflüstert und er hatte gemurmelt: „Frag' mich mal. Du hast was zu tun, ich sitze hier rum und warte auf dich. Ich werde dich jede Stunde anrufen. O Gott, Liebling, versprich mir, dass du wirklich wiederkommst."

Mayer sah überrascht auf, als sie in sein Büro kam. Und als sie sagte, dass es etwas Privates sei und sie seine Hilfe benötigte, bestellte er bei seiner Sekretärin Kaffee und sie setzen sich in die Besucherecke.

Inga redete nicht lange um die Problematik herum.

Mayer sah sie irritiert an.

„Sie wollen ein halbes Jahr unbezahlten Urlaub? Jetzt? Warum das denn?"

Er merkte offenbar, dass die Frage vielleicht etwas intim war, und sagte schnell: „Entschuldigung. Also, das geht mich ja eigentlich gar nichts an. Ich bin nur etwas überrascht, dass gerade Sie …"

„Es geht nicht anders. Und es tut mir natürlich leid, die Kollegen alleinzulassen."

„Na ja, der Scheithauer macht sich als Betriebsratsvorsitzender besser, als ich dachte. Aber bei den Sozialplanverhandlungen ist er ein bisschen – sagen wir – polterig."

Ingas bereits vorhandenes schlechtes Gewissen pustete sich noch mehr auf.

Tja, Mackenroth, das Kollegenschwein.

Genau das hatte Robert prophezeit. „Der Mayer wird dir ein schlechtes Gewissen einreden. Ich hoffe in meinem Interesse, dass du dich nicht einlullen lässt."

Nein, das werde ich nicht.

Sie setzte sich gerade hin und sagte mit fester Stimme: „Ich hatte vor, sobald wie möglich, also nächste Woche zu gehen, weil es sehr eilt. Es handelt sich um einen Pflegefall in meiner Familie."

Eigentlich war das nur ein bisschen gelogen – und wenn man es aus ihrer und Roberts Warte betrachtete und den juristischen Begriff „Familie" weit auslegte, war es sogar überhaupt nicht gelogen.

„Das tut mir leid", murmelte Mayer und sah sie interessiert und etwas mitleidig aus seinen wachen Augen an.

Irgendwie hatte Inga ein komisches Gefühl.

Der sagt „nein". Was dann?

Einen wirklich durchsetzbaren Anspruch auf sechs Monate unbezahlten Urlaub mit Rückkehrgarantie hatte sie nicht.

„Es bleibt mir ja nichts anderes übrig: Ich muss wohl akzeptieren, dass Sie dann Ende der nächsten Woche weg sind."

Inga fiel ein Stein vom Herzen und sie bemerkte, dass Mayer verschmitzt lächelte.

Sie besprachen die Einzelheiten und beim Rausgehen sagte Mayer: „Sagen Sie Herrn Dr. Schriefer, dass er die Vereinbarung mit Ihnen fertig machen soll." Und dann: „Und grüßen Sie Herrn Mittag schön von mir."

Inga blieb das Herz stehen.

Er weiß es.

Er wusste es.

Er hat die E-Mail geschrieben.

Sie fuhr herum und sah in sein zufrieden grinsendes Gesicht.

„Wollen Sie sich wieder hinsetzen?"

Sie schüttelte den Kopf und ging zu seinem Schreibtisch, hinter dem er mittlerweile wieder saß, zurück.

„Sie wissen es?", fragte sie leise. „Woher?"

„Setzen Sie sich. Und machen Sie nicht so ein entsetztes Gesicht."

Er beugte sich über seinen vollbeladenen Schreibtisch und sagte: „Keine Sorge, Ihnen passiert schon nichts. Die Krankengymnastin meiner Frau ist gegenüber dem Hotel, in dem Sie sich anscheinend getroffen haben. Ich habe auf meine Frau im Auto gewartet und sah am helllichten Tag Herrn Mittag aus dem Hotel kommen. Da war ich ein bisschen erstaunt, wie Sie sich vorstellen können, und fragte mich, warum er am Nachmittag in einem Hamburger Hotel ist. Dann habe ich mir natürlich meinen Teil gedacht, Frauen und so weiter. Und fünf Minuten später kamen Sie aus dem Hotel. Da war ich natürlich ziemlich erschüttert, will ich mal sagen. Und dann habe ich ein bisschen darauf geachtet, wie Sie sich beide verhalten haben, wenn Sie zusammen waren. Na ja, wenn man es weiß, ist es offensichtlich."

Inga war bei seinen Worten knallrot geworden.

Dann haben andere es wohl auch ...

„Ich bin mir nicht sicher, ob andere das auch mitgekriegt haben. Sie beide haben sich eigentlich ziemlich Mühe gegeben."

„Woran ...?"

„Ich habe noch nie gesehen, dass ein Vorstandsvorsitzender eine Betriebsratsvorsitzende so freundlich ansieht, wenn er sich unbeobachtet glaubt. Und eine Betriebsratsvorsitzende, die genauso zurückguckt, auch nicht."

Was meint er mit „freundlich"? Verliebt? Lüstern? Sehnsüchtig? O mein Gott, wie peinlich!

Ach, Robert, wieso sitze ich hier allein – ohne dich?

„Haben Sie die E-Mail geschrieben?", fragte Inga und wusste schon die Antwort.

Mayer nickte. „Ja. Ich habe lange überlegt, ob ich das mache. Aber ich habe mir, ehrlich gesagt, ein bisschen Sorgen gemacht. Ich wollte, dass Sie beide etwas vorsichtiger sind. Mehr nicht, das müssen Sie mir glauben." Und nach einer Pause setzte er hinzu: „Ich mag Herrn Mittag sehr. Er war der beste Vorstandsvorsitzende, den wir je hatten, und ich bewundere sein geradliniges Verhalten. Und jetzt erzählen Sie mir ... es ist doch nicht etwa er, der so krank ist?"

Sie hatte sich schnell von ihrem Schock erholt.

Na gut, Mackenroth, dann weiß er es eben. Ich gehe und ob und unter welchen Umständen ich wiederkomme, warten wir erst mal ab.

Und sie war sogar ein bisschen erleichtert. Endlich einer, der es weiß.

Mayer wurde aschfahl im Gesicht, als sie ihm von Roberts Krankheit erzählte.

„Und er wusste das schon, als ...? Himmel, ich Idiot, wieso habe ich mir nie Gedanken gemacht, wenn er zwei Wochen weg war?"

„Machen Sie sich keine Vorwürfe", tröstete ihn Inga. „Fragen Sie mich mal. Wir waren vier Monate zusammen und ich habe es nicht mal gemerkt ... oder wohl nicht merken wollen, ich weiß nicht genau."

Mayer schwieg und starrte gedankenverloren aus dem Fenster.

„Und jetzt wollen Sie für die Zeit nach Kanada? Sie haben doch einen Sohn, nicht wahr?"

Und da ihm anzusehen war, dass er eigentlich auch nach ihrem Ehemann fragen wollte, klärte Inga ihn umfassend über ihre derzeitigen Familienverhältnisse auf.

Er war perplex und ziemlich mitgenommen.

„Es scheint sich wohl um die große Liebe zu handeln, was?"

Und als Inga leise „Ja" sagte, klingelte ihr Handy in ihrer Jackentasche und sie wusste, dass es Robert war.

„Falls es Herr Mittag ist – ich würde gern mit ihm reden", sagte Mayer sofort.

„Ich sitze gerade bei Herrn Mayer im Büro und er möchte gern mit dir reden. Er weiß Bescheid über uns", sagte sie zu Robert, nachdem der als Erstes ins Telefon gesagt hatte: „Hey, ich wollte dir nur sagen, dass ich warte."

Nach kurzen Sekunden des Zögerns sagte er knapp: „Gib ihn mir."

Sie hatte das Gefühl, dass es besser wäre, den Raum zu verlassen, und tat das auch einfach. Sie wartete in Mayers Vorzimmer und unterhielt sich mit seiner Sekretärin, wobei sie sich wunderte, dass sie nicht im Büro des neuen Vorstandsvorsitzenden vor Schock in Ohnmacht gefallen war.

Wenn sie die Zeit richtig einschätzte, dauerte es mindestens 30 Minuten, bis Mayer suchend seinen Kopf durch die Tür steckte, ihr Handy schwenkte und fragte: „Sind Sie noch da? Kommen Sie rein."

Er reichte ihr das Handy zurück, ging an den Schrank und schenkte wortlos zwei Gläser Whisky ein.

„Herr Mayer macht mich jetzt betrunken", sagte Inga zu Robert am Handy.

„Falls du ihn jetzt trösten sollst – ich bin hier der Krankheitsfall."

Robert lachte, aber es klang sehr müde. „Mach dir keine Sorgen. Ich hab alles mit ihm besprochen, er behält es für sich. Und man kann sich auf ihn verlassen."

„Ich weiß. Ich rufe dich nachher wieder an."

Mayer fuhr sich mit beiden Händen übers Gesicht und sah plötzlich sehr alt aus. Er schüttelte den Kopf und sagte: „Wie konnte denn das bloß passieren?"

Die Unsinnigkeit der Frage wurde ihm wohl im selben Moment bewusst, er sah Inga entschuldigend an und hob sein Glas, um den gesamten Inhalt sofort hinunterzustürzen.

„Ich musste ihm versprechen, Sie sofort gehen zu lassen", sagte er.

„Habe ich auch gemacht."

Dann sah er sie aus zusammengekniffenen Augen an. „Er hat mir erzählt, dass er hier einfach abgehauen ist, ohne es Ihnen zu sagen?"

Inga nickte stumm und sah in ihr Whiskyglas. Die anderen Details ihrer gemeinsamen Geschichte aus Missverständnissen und Lügen hatte Robert anscheinend nicht erzählt.

„Wir wussten ja auch nichts. Ich habe mich immer nur gewundert, dass er sagte, er hätte keine Probleme, den Wadenbeißer gegen die Amerikaner zu spielen, und wir anderen aus dem Vorstand sollten uns keine Sorgen machen, er würde das schon regeln. Und ich habe mich manchmal gefragt, wieso er so ein volles Risiko fährt. Aber ich habe es wohl nie zu Ende gedacht." Er machte eine Pause und sah Inga an.

„Er hat es mir jetzt erklärt. Ziemlich starke Haltung, finde ich."

„Ja, nur dass man sich selber wie ein Idiot vorkommt."

Mayer lachte leise. „Das ist wohl wahr."

Er dachte anscheinend nach und sah aus dem Fenster. Dann fragte er: „Wieso habe ich den Eindruck, dass Sie das nicht wirklich stört?"

Inga zuckte lächelnd mit den Schultern.

„Es gibt da Dinge im Leben, die versteht man selber nicht oder erst Jahre später. Glauben Sie mir, es fällt mir nicht leicht, mein Leben komplett umzukrempeln, den Verlag jetzt alleinzulassen und meinen Sohn auf ein Internat zu schicken. Aber es geht nicht anders."

Mehr muss man seinem Chef ja wohl nicht erklären, oder?

„Willst du fahren?", fragte Robert und schob den Gepäckwagen mit Ingas Koffern durch die Flughafenhalle in Halifax Richtung Parkplatz.

„Warum sollte ich?", fragte sie erstaunt. Schließlich hatte sie zehn Stunden im Flugzeug gesessen und war ein bisschen müde. Zwei der zehn Stunden hatte sie zudem leise vor sich hin geschluchzt über ihr schlechtes Gewissen, Ollie verlassen zu haben, und seinen Satz am Flughafen beim Abschied: „Ich hoffe, du kommst wieder."

Jetzt klopfte ihr Herz wie verrückt und ihr Adrenalinspiegel brachte ganz sicher alle medizinisch bekannten Werte durcheinander vor Aufregung über ihr neues Leben. Und Freude, Robert zu sehen.

Sie war ihm in die Arme gefallen und er hatte sie lachend an sich gezogen und geküsst. So geküsst, dass sie nur mühsam sagen konnte: „Bring mich sofort nach Hause."

„Sehr wohl, Madam. Halten Sie die eine Stunde Autofahrt noch aus oder fallen Sie vorher über mich her?"

„Ich glaube, ich falle vorher über dich her."

„Dann sollten wir uns beeilen."

Auf dem Parkplatz warf er ihr ein Schlüsselbund zu und sagte: „Es ist dein Auto. Du solltest es auch fahren."

„Waaas?"

„Es heißt unter zivilisierten Menschen ‚danke' und nicht ‚was?' und es steht da drüben."

Der kleine schwarze Jeep war ihr Traumauto. Aber sie war trotzdem ein bisschen wütend.

„Wenn das jetzt schon so losgeht, dass du mir Dinge vor die Tür stellst, ohne mit mir etwas abzusprechen, wie bei einem Ehepaar nach 20 Jahren, fliege ich auf der Stelle zurück."

„Das wird nicht gehen, die Flüge sind in der nächsten Zeit alle ausgebucht."

Er verfrachtete ihre Koffer in das Auto, setzte sich auf den Beifahrersitz, zog die Tür zu und sah sie grinsend abwartend an.

Sie riss die Beifahrertür wieder auf, setzte sich auf seinen Schoß, legte die Arme um seinen Hals und küsste ihn so leidenschaftlich als wären sie allein und nicht mitten auf einem ziemlich vollen Parkplatz. Er legte die Hände um ihre Hüften, drückte die eng an sich und stöhnte auf.

„Falls du dich bedanken willst – kannst du das bitte noch ein bisschen verschieben? Der Parkwächter guckt schon."

„Ich will mich nicht bedanken. Ich bin sauer."

„Ach so, na dann …"

„Was für Überraschungen hast du noch für mich parat? Nur, damit ich darauf vorbereitet bin."

„Das Gästezimmer ist dein Arbeitszimmer, mein Kleiderschrank ist zur Hälfte geräumt, der Gefrierschrank ist voll ebenso wie der Weinkeller und es stehen Blumen auf dem Küchentresen. Die letzte Idee stammt nicht von mir, sondern von Sally."

„Das ist alles?"

„Ja. Genügt das nicht?"

„Nein. Wo bleibt da die Romantik?"

„Falls wir heil zu Hause ankommen, werde ich mich mit einer Schleife aufs Bett legen und du darfst mich auspacken."

„Hm. Klingt nicht schlecht."

Sie rutschte von seinem Schoß auf den Fahrersitz und er atmete erleichtert auf.

„Au Mann, es hätte nicht viel gefehlt und ich hätte ..."

„Ich weiß, was du hättest", grinste Inga. „Es ist nicht zu übersehen."

Sie ließ den Motor an. „Ein bisschen Strafe muss schließlich sein. Wie hast du das Arbeitszimmer eingerichtet?"

Robert seufzte und fuhr sich mit beiden Händen durch die Haare.

„Noch gar nicht. Obwohl die Frage ausgesprochen spannend wäre, was du mit mir gemacht hättest, wenn doch. Deine Art, sauer zu sein, gefällt mir."

Sie lachten sich an.

„Ich dachte, du brauchst ein Arbeitszimmer, Schreibtisch und so. Deswegen habe ich da erst mal aufgeräumt. Du siehst, ich habe die Zeit genutzt. Möbel zu kaufen, habe ich mich nicht getraut. Und was das Auto angeht: Ich bin davon ausgegangen, dass du ein bisschen unabhängig sein willst von mir, oder nicht?"

„Ja, aber nur zum Einkaufen. Sonst nicht."

Hallo, ich habe wohl den Verstand verloren? Ja. Ja. Ja.

Es ist so schön, bei ihm zu sein. Wenn auch nur für kurze Zeit ...

Robert verdrehte die Augen. „Du weißt, dass wir in Kanada nicht so schnell fahren dürfen wie in Deutschland, oder? Tu es trotzdem."

Mein Liebling,

Du wirst diesen Brief erst lesen, wenn ich nicht mehr bin. Vermutlich wirst Du weinen, vielleicht hast Du auch keine Tränen mehr.

Ich persönlich glaube mittlerweile nicht mehr, dass es so schrecklich werden wird. Ich bin ruhig und gelassen (einigermaßen jedenfalls) und das Einzige, was ich ohnehin noch tun kann, ist warten. Jack hat mir heute das letzte Untersuchungsergebnis aus dem Krankenhaus mitgeteilt. Es sieht nicht gut aus und er vermutet, dass es bald zu Ende ist. Ich weiß, dass Du es gemerkt hast, als ich aus Lunenburg wiederkam, und ich bewundere Dich dafür, dass Du meine schrecklichen Launen erträgst. Ich bin dankbar dafür, dass Du einfach in Dein Zimmer gehst, wenn ich nicht reden will. Und dass Du Dich bis jetzt an unsere Vereinbarung hältst, nicht über die Krankheit zu reden; ich sehe Dir an, wie schwer Dir das fällt.

Ich will nicht darüber nachdenken, wann und wie es passiert. Ich wünsche mir nur, dass Du da sein wirst. Auch wenn ich weiß, dass es das Schlimmste sein wird, was ich Dir zumute. Aber ich weiß auch, dass Du unglaublich stark bist. Und ich glaube zu wissen, dass Du es auch willst, weil Du mich liebst.

Die letzten drei Monate habe ich mit Dir den Himmel auf Erden – soweit man unter diesen Umständen davon reden kann. Mir ist immer noch nicht ganz klar, womit ich Dich verdient habe, vielleicht ist es ein Abschiedsgeschenk von oben. Wenn das so sein sollte, habe ich vielleicht doch nicht so viele Verwüstungen auf der Erde angerichtet, wie ich befürchtet hatte. Trotz der verdammten Krankheit, der Todesangst, die mich ab und zu – besonders nachts – überfällt, und dieser verdammten Schmerzen, die ich ab und zu habe, ist es die glücklichste Zeit meines Lebens, seitdem wir zusammen sind.

Als ich nach diesem Aussetzer im Krankenhaus aufgewacht bin und Du warst da – kannst Du Dir vorstellen, dass ich als Erstes daran gedacht habe, wie ich in Hamburg mit meinem Auto in Deins gefahren bin?

Ich habe keine Ahnung, was Du mit mir gemacht hast.

Es ist, als wären wir schon ein ganzes Leben zusammen. Aber verdammt, wo warst Du so lange? Wieso haben wir so viel Zeit versäumt, zusammenzuleben?

Sicher hat mich die Krankheit verändert. Und ich hoffe sehr, dass ich Dir nicht als kleinkarierter, schlecht gelaunter Idiot in Erinnerung bleibe.

Auch Du hast mich verändert. Ich wollte nie mit jemandem so eng zusammenleben, wie wir es in den vergangenen Monaten tun. Und ich wollte nie jemanden so dicht an mich rankommen lassen wie Dich, die mein Innerstes nach außen gekehrt hat. Und ich habe noch nicht mal was dagegen!

Dass Du Dein ganzes Leben für mich geändert ist, macht mir manchmal ein schlechtes Gewissen. Ich weiß, dass Du Ollie vermisst und Dir Sorgen machst. Du zeigst es zwar nicht, aber wenn Ihr miteinander telefoniert, wird mir klar, was Du für mich auf Dich genommen hast. Und jetzt gerade im Moment, wo ich weiß, dass Du im Raum nebenan mit ihm chattest ... Danach bist Du immer etwas schlecht gelaunt und entspannst Dich erst, wenn ich kompletten Blödsinn z. B. über Jack oder Walter aus alten Zeiten erzähle, wir Wein zusammen trinken und ich Dich dann in die Arme nehme.

Du willst kein Dankeschön von mir, das ist mir klar. Die einzigen Streitereien, die wir haben, gehen immer ums Geld. Um mein Geld. Wenn ich nicht gleich am Anfang Deine Kreditkarte einkassiert hätte, hättest Du Dir nicht mal einen Pullover von meinem Geld gekauft. In diesem Punkt bist Du stur wie ein Maulesel und treibst mich auf die Palme! Nun, Du wirst Dich nicht wehren können, dass Du Geld und einige Häuser in Toronto von mir erben wirst. Ich weiß, ich weiß, Du empfindest es wie eine Bezahlung. Aber es ist keine! Kein Geld der Welt würde ausreichen, das auszugleichen, was Du getan hast. Da kannst Du wütend sein, wie Du willst, und es wäre ziemlich dumm von Dir, mein Testament auszuschlagen.

Du erbst nicht alles – beruhige Dich. Sally und Walter bekommen genug Geld, um ihr Geschäft weiter betreiben zu können, Eddy und Susan haben 500.000 Dollar bereits auf ihrem Konto für ihre

Ausbildung und auch Ollie habe ich in gleicher Höhe ein Konto eingerichtet.

Ich nehme an, an dieser Stelle schmeißt Du meinen Brief in eine Ecke und rennst wütend durch das Haus. Lies weiter – ich bitte Dich, Liebling.

Bist Du wieder da?

Ollies Internat ist teuer. Wenn ich Dich gefragt hätte, ob ich das bezahlen darf, weil ich ja mindestens mit schuld daran bin, dass er dort ist, hättest Du mich erschlagen und wahrscheinlich wäre Harry als Zweittäter infrage gekommen. Na ja, ich hätte dafür sogar ein gewisses Verständnis. Wenn ich Vater wäre, würde ich es schließlich auch nicht so witzig finden, dass der Geliebte meiner Frau meinem Sohn das Internat bezahlt. Jedenfalls dachte ich, dann gebe ich Ollie Geld für seine spätere Ausbildung. Als eine Art Wiedergutmachung sozusagen. Und bevor Du jetzt ganz ausflippst, mach Dir bitte eins klar: Ich brauche kein Geld mehr (Also jedenfalls gehe ich mal davon aus. Falls es anders sein sollte, habe ich natürlich ein Problem).

Wenn Du Dich noch nicht beruhigt hast und kein Verständnis für mein Handeln aufbringst, ich muss Dich warnen:

Hol Dir ein Glas Wein und lies weiter, meine Maßnahmen für Dich sind noch nicht zu Ende.

Einen Vorschlag habe ich auch deshalb nicht mit Dir besprochen, weil ich möchte, dass Du Dich allein entscheidest und zu einem Zeitpunkt, wann Du es für richtig hältst.

Erinnerst Du Dich, dass Du mir gesagt hast, wie schwierig es für Dich sein würde, mich besuchen zu kommen, wenn ich gestorben bin? Die Entfernung von Hamburg nach Lunenburg jeden Sonntag auf den Friedhof, wie es sich für eine anständige trauernde Witwe gehört, sagtest Du, sei Dir zu weit. Allein die Entfernung zwischen Dir und mir, wenn ich nicht mehr bin, erschien Dir unerträglich.

Und Du hast mich inständig gebeten, bloß kein anonymes Grab zu wählen, damit Du an der richtigen Stelle mit mir reden kannst und nicht suchend über den Friedhof irren musst. Du meintest sogar, falls Dir mein Geist erschiene, wolltest Du wissen, wohin Du mich zurückbringen kannst.

(Nun ja, ich hoffe, ich werde kein schrecklicher Geist.) Zugegeben, wir hatten ein bisschen Wein getrunken an dem Abend, dennoch erschien mir das alles auch im nüchternen Zustand plausibel.

(Ich habe übrigens nie daran gedacht, ein anonymes Grab zu wählen, man weiß ja nie ...)

Deshalb mache ich Dir folgenden Vorschlag und ich betone: Es ist ein Vorschlag. Zieh in mein Haus, das schon lange auch Dein Haus ist, aber nach meinem Tod Dir allein gehören wird. Zu einem Zeitpunkt, an dem Du es für richtig hältst. Nimm Ollie mit, schick ihn hier zur Schule, es wird ihm guttun.

Versteh mich nicht falsch: Ich will Dich nicht über meinen Tod hinaus vereinnahmen. Ich habe nur das Gefühl, dass Du Dich in Kanada und in diesem Haus sehr wohlfühlst. Und das lag nicht nur an mir (ich gebe es nur ungern zu), sondern weil Du dieses Land magst. Und dieses Land und die Leute hier mögen Dich. Du gehörst hierher, viel mehr, als Du jemals nach Hamburg gehört hast. Innerhalb von drei Monaten bist Du hier zu Hause, hast uns ein Zuhause geschaffen, das ich so noch nie gehabt habe und unendlich genossen habe. Nimm es als Chance, Dein Leben noch einmal – ohne mich – zu verändern.

Inga, Liebling, ich hätte mir so gewünscht, dass unsere Geschichte anders endet. Aber wie sagst Du immer: Es ist, wie es ist.

Auch wenn Dich der Satz einmal so getroffen hat, denk dran: Wenn es etwas nach dem Tod gibt, werde ich Dich immer noch lieben. Aber wenn für Dich der richtige Zeitpunkt gekommen ist, lass mich los. Ich habe Dich schließlich zuerst verlassen – wie ich gesagt habe: unfreiwillig. Verzeih mir. Mach aus meinem Ende einen neuen Anfang für Dich – in meiner Nähe.

Ach ja, was Du bestimmt noch wissen willst: Sally und Walter wissen Bescheid und sind sehr damit einverstanden.

Ich danke Dir für Deine Liebe. Robert.